KB260693

왜 21세기 화두는
미국과 테러인가

왜 21세기 화두는
미국과 테러인가

초판 1쇄 발행일   2002년 4월 25일

지은이   정항석
만든이   이정옥
만든곳   평민사
        서울시 서대문구 남가좌2동 370-40
        전화: (02)375-8571(代)
        팩스: (02)375-8573
http://www.pyungminsa.co.kr
E-mail pms1976@korea.com

ISBN   89-7115-369-5   33350

정 가   9,000원

왜 21세기 화두는
미국과 테러인가

정항석 지음

평민사

2001년 9월 11일 워싱턴과 뉴욕에서 발생한

전대미문의 참사 그리고 미국의 아프가니스탄 보복공격으로 희생된

무고한 양민들에게 애도를 표한다.

이들의 희생이 인류 평화로 거듭나기를 바라며……

서문

20세기를 역사의 뒤안으로 보낼 즈음 인류는 사회적 제 가치 분배에 대한 인류의 숙원을 인류 경험의 축적으로 간주될 수 있는 현대 문명의 총체로써 해결할 수 있을 것이라고 믿었다. 하지만 이러한 믿음은 바램뿐이었다. 2001년 9월 11일 어떠한 신(神)도 결코 용서하지 않을 그리고 절대로 용서될 수 없는 인류적 범죄가 발생했기 때문이다.

오늘날 이데올로기 갈등이 사라진 역사의 공백 속에서 새로운 화두가 되어 버린 9·11테러의 원인은 두 가지 측면에서 찾을 수 있다. 오사마 빈 라덴(Osama Bin Laden)과 알 카이다(al-Qaida) 그리고 미국의 대외정책이 그것이다. 왜 미국에서 9·11테러가 발생되었는가를 이야기할 때 위 두 가지 중 하나만을 선택하게 되면 편가르기적인 편견의 함정에 빠지게 됨을 경계해야 한다. 어떤 토의에서든지 끊임없이 자기도 모르게 가질 수 있는 편견을 제거하는 일이 중요하다. 9·11테러에 관한 토의에서 간과해서는 안 될 것은 9·11테러의 보복과 응징의 당사자 아프가니스탄에게 주는 비판과 비난 그리고 동정과 측은만큼 미국 역시 똑같이 받아야 한다는 것이다. 미국 역시 9·11테러를 포함한 현대 문명의 병리적 현상의 주범이며 동시에 희생자일 수 있기 때문이다.

우리는 그 동안 특정의 문제를 특정의 것으로 전가하거나 속죄양으로 삼아 자신이 가지고 있던 감정적 울분과 분노 그리고 미움을 싣는 데 익숙해져 있다. 이 같은 것은 문제를 단정하고 쉽게 해결하려는 안이함과 현재의 익숙함의 함정에 빠져 어떤 특정의 것을 기정사실화하곤 한다. 필자는 이러한 담론을 염두하고 9·11테러에 관한 토의에서 벗어날 수 없는 세 가지 의문에서 이 책을 크게 세 부분으로 나누었다. '누가 했는가', '왜 테러가 발생했는가' 그리고 '그 극복 방안은 무엇인가' 등이 그것이다.

이러한 의문에 대한 답을 하기 위해 여러 가지 의문을 제기하는 과정에서 가장 대두된 질문은 '다른 국가가 테러의 대상이었을 땐 세인의 주목을 받지 못하면서 미국 내에서 테러가 자행되면 왜 온 세상이 시끄러워야 하는가' 이었다. 이에 대한 가장 쉽고 편한 대답은 네가 '선(善)의 편에 있지 못하기 때문이다' 라고 말하는 것이다. 즉 나는 옳고 너는 그르다며(예컨대 라덴은 미국을, 미국은 라덴을 지칭하는 것). 서로를 테러리스트라고 비방하는 것과 난무하는 '테러' 라는 용어가 이를 대변한다. 이 말이 거슬린다면 내가 전적으로 옳은 것만 행했다고 주장할 수는 없지만 2001년 9월 11일에 뉴욕과 워싱턴이 테러를 받을 만큼 그리고 2001년 10월 7일부터 근 두 달 동안 융단폭격을 받을 만큼은 아니다, 라고 말할 수도 있겠다.

잘한 것은 자기로부터 비롯되지만 잘못된 것은 네 탓이라는 가장 흔한 세속적 일상이 적용된 것이다.

미국의 군사력과 경제력에 의존하는 국가와 세력 그리고 특정 인사들은 서구와 비서구 문화의 대립 혹은 문명의 충돌로 간주하기도 한다. 이밖에도 다른 이들은 힘의 논리가 지배하는 국제사회에서 미국이 가지고 있는 신념 즉 미국주의(Pax-Americana/ American-ism)가 일방적으로 확산되기 때문이라고 말한다. 사실 위 변(辯)들 중 '어느 것 하나 그르다' 라고 반대할 수 있는 것은 없어 보인다. 다만 꼬리에 꼬리를 무는 질문에 대한 궁색한 답변은 '미국이니까' 라는 말로 압축된다.

주지하다시피 미국은 민주주의의 본산이라 할 만큼 자유와 민주가 잘 적용되고 있다. 동시에 근 반세기 동안 미국은 국제사회를 주도하고 있다. 그런데 자유와 민주의 가치 수렴체인 자유민주주의가 국제사회에서 실행되지 못하는 이유는 무엇인가, '오늘날 미국주의의 폐단에 대하여 감히 No라고 말할 수 있는 용기 있는 국가나 세력이 몇이나 되는가, 다른 국가들이 현대 문명의 조종(祖宗)인 미국에게 대항하는 것은 '야만' 인가, 9·11테러를 테러로만 귀속시키지 않고 미국중심의 사회를 투영하는 프리즘으로 간주하려는 것은 어떻게 설명할 것인가? 누구나 물을 수 있는 이 같은 질문에 아무나 대답을 못하는 현실에서 어쩌면 동양인들은 황색의 피부에 하얀 가면을 쓰고 세계를 바라보는 아시아적 시각으로 고작 서구의 문명을 대변하거나 아니면 이제 겨우 그 문화에 익숙해져서는 한 번도 '이것은 No다' 라고 단호하게 말한 적이 거의 없었다. 이런 측면에서 세계에서 No라고 말할 수 있는 국가는 몇몇 이슬람 국가들 정도로 보인다.

주장하거니와 9·11테러는 당연히 선택해야 할 것을 외면하고 늦장부리며 미루었던 인류의 게으름에 대한 제재이다. 지금의 불편함이 나중의 편의보다 크게 보이는 까닭으로 오늘날 근대문명의 병리적 현상을 경험하고 있는 것이다. 2001년 9월 11일 누구도 미국이 끔찍한 테러의 희생자가 된 것을 부인하지 못할 것이다. 일상을 유지하기 위해 일터로 나갔던 수많은 사람, 피랍된 비행기의 승객들, 화염을 피해 창틀에 매달리거나 뛰어내린 사람들이 이를 말해준다. 그리고 10월 8일 아프가니스탄에 대한 보복공격 역시 같은 맥락에 있다. 보는 이로 하여금 경악과 동정의 감각을 무디게 만들 정도로 반복 방영되는 잔혹한 광경은 지극히 간단한 진리를 은폐한다. 즉 절대적 대립과 갈등은 필연적으로 폭력을 동반한다는 것이다. 인간은 본래 선하다는 맹자(孟子)의 성선설이 본래 우리 마음이라고 간주한 본성을 의심케 하는 냉소적 파괴가 오늘날 세계에 여진처럼 퍼지고 있는 것이다.

급하면 돌아가고 때로는 정통적인 방법보다 우회적이고 탄력적인 응용이 더 유용할 때도 있다. 아무리 좋은 약(藥)이라도 상황에 따라 독(毒)도 되는 법이거늘 자기가 믿는 것이 좋아도 맹신이 되면 신화와 전설의 우리에 갇혀 독선(毒腺)의 근원을 만들 수 있다. 그리고 그 해독은 테러의 잔존과 특정세력의 이기주의의 가능성을 보이고 있다. 양자 모두 그 동안 인류가 일궈놓은 자유와 평등과 같은 시민적 권리(civil right)를 제한하고 특정 권력을 강화하려는 반시민적 행동을 강화시킬 수 있어 보인다. 만일 9·11테러와 아프가니스탄 보복공격을 특정 국가의 대결이 아닌 국제사회의 문제로 인식한다면 9·11테러와 아프가니스탄 보복공격에서 승자는 특정세력의 이익을 획책 유지하려는 이들이며 그 희생자는 미국 주민과 아프가니스탄 주민을 포함해 오늘을 사는 세계 시민들이다.

되돌아보면 오늘날 인류는 현대적 그리고 최첨단의 편의시설과 지식으로 사회적 제 가치를 공평하고 공정하게 분배해야 하는 인류의 숙원을 해결할 수 있으리라고 생각했던 것처럼 보인다. 근 2~300년 동안 과학기술은 인간을 옭아매고 있던 사슬들을 풀어줌과 동시에 편의적 시설들을 만들어냄으로써 정신적으로는 인간 해방을 그리고 물질적으로는 안락한 삶을 만들어냈던 것을 부인할 수 없다. 분명 과학기술은 위대했다. 하지만 과학으로 인류의 숙원을 해결하지 못하는 것도 있었다. 엄청난 경제발전만큼 양차 대전과 같은 커다란 재앙을 초래했기 때문이다. 그리고 새천년을 맞이하고 있는 지금에도 문명의 창조와 야만적 파괴는 동시에 존재한다. 창조와 파괴, 전쟁과 평화, 테러와 사랑, 첨단과 원시 등은 마치 빛과 어둠처럼 대칭적으로 존재하고 있었던 것이다.

그래서일까? 이번의 테러는 왠지 기존의 테러와 매우 다른 면을 보여주고 있다. 통상적으로 수반되던 테러리스트들의 요구도 제시된 바 없었고 협상의 여지도 없이 불특정 다수를 공포로 몰아넣었을 뿐만 아니라 칼과 같은 가장 원시적 무기를 가지고 미국의 자존심인 최첨단의 총체 즉 항공기와 거대 건물을 위협하고 허물어 버렸다. 테러는 증오의 범죄라는 것을 확인시킨 것이다. 죽음을 불사하면서까지 이러한 테러를 해야 할 만큼 그들의 가슴속에 잔존하고 있는 한(限)의 응어리의 본질은 무엇인가? 극도의 증오심이 아니고서야 제정신으로 항공기를 무고한 시민이 밀집해 있는 건물로 몰아가 자살 공격할 수는 없다. 최첨단 무기도 이 증오에 대처할 수 없다는 것을 보여주었다. 미국의 심장부를 겨냥한 전대미문의 9·11 테러는 미국에 대한 이 과격분자들의 증오가 얼마나 중증인지 짐작

케 한다. 이보다 더 두려운 것은 9 · 11테러가 갈등과 마찰의 끝이 아니라 이러한 테러가 계속 진행될 수 있고 동시에 그 보복이 이어질 수 있다는 데 있다. 타협도 없는 자살 테러와 무차별적 보복이 '성전과 자유 수호'라는 미명 하에 행해질 야만의 반란이 두렵기만 한 것이다.

　앞서 언급했다시피 9 · 11테러에 관한 토의는 '누가 참사를 발생시켰는가' 그리고 '왜 테러가 발생했는가'에 대한 질문과 그것에 대한 대답이다. 전자에 초점을 맞출 경우 반드시 평화와 질서를 위해 응징되어야 할 것이다. 하지만 후자의 질문에 답하기 위해서는 많은 것을 뒤적거려야 한다. 과거라는 역사 속에서 뫼비우스의 띠처럼 끝없이 순환되는 길을 따라나서야 한다. 어쩌면 과거의 오랜 경험에서만이 아닌 9 · 11테러와 아프가니스탄 보복공격의 잔해 속에서도 21세기를 여는 열쇠가 있을지 모른다. 그 아비규환의 현장에서 서로 어울리지 않은 '테러와 사랑'이라는 말이 동시에 존재하고 있었기 때문이다. 사라지는 잔상 속에 세상에 짙게 남아 있었던 것은 9 · 11테러의 무고한 희생자들이 그들 가족들에게 남긴 '사랑한다'는 소중한 말 한 마디였다.

　늘 그랬듯이 인류는 이 위기를 슬기롭게 극복할 것이다. 조물주는 인간에게 완벽함을 주지는 않았지만 지혜와 희망을 남겨 주었기 때문이다. 수백만 년 전부터 인류는 자연, 종교, 과학을 발견하면서 인류 공존을 위한 문명들을 정립해왔다. 인류사는 야만보다 문명의 역할이 크게 작용했다는 것을 극명히 보여주고 있다. 이제 인류 상호간 갈등과 대립을 이해와 협력으로 조정하고 조율하는 일만 남았다. 야만을 개화하고 문명으로 지도하기 위해서 많은 비용과 인내 그리고 때에 따라서는 희생이 뒤따를 수 있다. 역사적으로 선각자의 삶이 순탄하지 않았다는 것은 이를 증명한다. 이제 인류는 편리한 삶을 가져다준 과학과 이성 못지않게 홍익(弘益)을 바탕으로 하는 윤리와 도덕이 필요하다. 지난 역사는 생존 경쟁 게임에서 패자는 승자를 위한 들러리나 희생물이 아니라 양자 모두 세상을 같이 살아야 하는 피조물임을 증명하고 있기 때문이다. 그래서 이기고 지는 갈등 구도를 초래할 수 있는 이분법적 게임이 아니라 게임 자체가 선의의 협력이 될 수 있는 공존의 지혜가 필요하다. 자유주의의 가치, 자본주의의 효용 그리고 사회주의의 평등을 혼합해서 새로운 사상의 패러다임으로 치환될 수 있는 매개체 즉 근대의 시장적 가치와 미래의 도덕적 가치가 동시에 운용되어야 하는 부분이다. 인간을 중시하는 도덕 사상을 씨줄로 물질주의 시장 논리를 날줄로 해서 인간적 가치와 물질적 가치, 도덕적 가치와 시장적 가치를 융합한 새로운 선택이 요청하게 된 것이다.

이 책은 그 동안 어설프나마 현상에 대한 필자의 조그맣고 조그마한(小하) 생각을 투영하려는 시도이다. 정제(淨濟)된 사고(思考)가 아니라 무한(無限)한 사고(事故)가 아닌가 하는 우려를 떨쳐버릴 수 없었다. 게다가 그 동안 보고 들었던 것들을 엮었으되 고르지 못하고 들쭉날쭉하고 때로는 앞선 분들의 가르쳐 주신 바를 그대로 옮겨 제대로 이해하지 못한 채 적었다는 꾸지람을 피하고자 하는 아둔한 꾀를 묻힌 것 같아 한없이 부끄럽다. 그럼에도 불구하고 뻔뻔하게 내어놓는 것은 미래에 대한 불확실을 현재에 끌어다가 자신의 불만을 정당화하려는 시도들을 차단하고 싶었다. 즉 누구를 미워하면 자신의 마음이 상하는 법인데 그가 하는 모든 것 중에는 잘하는 것도 있을 것임에도 불구하고 ‘짓’으로만 간주하는 것은 ‘나 아니면 너‘라는 단순 사고에서 벗어날 수 없음을 지적하고자 했다.

끝으로 이 책은 9 · 11테러에 관해 토의하는 과정에서 생성된 것이기 때문에 학생들의 적극적 참여와 자료정리에 힘입은 것이다. 이들에게 고마움을 표한다.

청량산 문필봉을 바라보며

2002년 2월

차 례

제1장
9·11테러와 아프가니스탄 보복공격

1. 뫼비우스 띠의 역사 현상

지난 것에 대한 기록과 평가를 포함하는 역사는 과거의 사실을 각자 다른 눈으로 바라보고 각자 다른 해석을 내리는 사관에 의존한다. 그리고 그로 인해 발생하는 역사적 결과는 많은 견해차를 나타내는 바 특정의 역사적 사건을 기록하는 이가 어떤 시각(歷史觀)으로 기술했는지 그리고 그것을 평가하는 이가 어떤 시각으로 해석하는지에 따라 전혀 다른 평가를 도출하기 때문이다. 따라서 특정 시대의 역사적 사건이 당대에 기록될 경우 후세에 그 기록된 역사를 전적으로 신뢰할 수 있는가 하는 의구심을 먼저 던질 수 있다. 왜냐하면 당대의 세력을 옹호하거나 빌붙어서 사는 이들이 붓 장난할 수 있으며 그 반대세력들의 견해는 무시되거나 아예 제거되어 약자의 입장이 고려되지 않을 수 있기 때문이다. 이는 일방적으로 한쪽 편만의 이야기만을 듣고 상대를 몰아세우는 것과 같을 수 있다. 게다가 특정시대를 주도하던 세력과 국가들에 관한 것이라면 더더욱 그렇다.

약자에 관한 역사의 기록이란 기껏해야 약자를 영향력 하에 두었다는 전리품적인 측면에서 강자가 필요에 의해 기술하는 경우가 적지 않다. 이런 면에서 기록된 역사는 강자를 추켜세우는 것으로의 역할을 다하기도 한다. 무엇보다 역사를 통해 나타나는 안타까운 것은 역사는 감춘다고 감추어지지 않고 왜곡한다고 왜곡되지 않지만 아쉽게도 감추어지고 왜곡된 역사도 진실된 역사만큼 사람들의 뇌리에서 꽤나 오랫동안 진실인 양 자리잡곤 하는 까닭이다. 더욱 안타까운 것은 감추어지고 왜곡된 역사와 그렇지 않은 역사를 구분하기란 매우 어렵고 때로는 매우 불가능해 보이기도 한다는 데 있다. 역사가 교묘히 때로는 강압적으로 기술되는 특이한 사관에 의해 기록되기 때문이다. 왜곡과 진실 사이를 오가는 역사기술에서 혹자들은 마치 지난 역사를 쓰레기 속에서 귀한 보물을 건져내기 위해 갖은 고초와 난관을 극복하고 때로는 목숨마저 위협받아 가면서까지 자신의 관점을 관철하기도 하였다. 역사가 권력을 중심으로 기록되는 것을 부인할 수 없지만 진실을 알리려는 시도도 동시에 진행되었다는 것을 알 수 있다. 이렇듯 어떤 사관을 가지는가는 각자의 지적 수준과 이용 의도에 따라 그리고 시대에 따라 유행되기도 하고 사장되기도 그리고 아주 오랫동안 특정 관점이 특정의 시대뿐만 아니라 시대를 아우르며 풍미하기도 한다.

그중에서 '역사는 돌고 돈다'는 순환사관은 아주 오래 전부터 지금까지 생명력을 이어오고 있다. 이 순환사관은 과거와 현재를 포함해서 앞으로도 지속될 속성을 보이고 있다. 수많은 역사 기록들 속에는 엄청난 파장을 주는 역사적 사건들뿐만 아니라 무시되거나 간과되는 사건들도 있지만 지난 역사에서 어떤 사건이 때로는 현재의 어떤 것과 매우 흡사하거나 유사하다는 것을 발견하는 경우가 왕왕 있기 때문이다. 즉 역사는 특정 시대의 산물이 아니라 어느 시대에나 유사한 문제에 대해 인간들이 고민하고 그 문제를 해결하는 과정들이 각 시대마다 유사하게 전개되고 있다.

이는 현재 우리가 살고 있는 시대가 유일한 시대가 아니며 과거에도 현대와 유사한 시대가 존재했었다고 간주하면서 현재 진행되는 문명 역시 물상화된 주체가 아니라 생물체처럼 생성, 성장, 발전, 그리고 노쇠하는 과정을 거치며 반복하여 생노병사하는 것으로 인식되고 있다. 마치 해마다 봄이 되면 씨를 뿌리고 여름이 되면 열

심히 일하며 가을이 되면 추수를 하고 겨울이 되면 다음 해를 준비하는 것처럼 인류의 일상은 이러한 반복에서 벗어나지 못하는 것과 같다.

이런 주기적인 변화는 권력과 부와 같은 사회적 제 가치들을 둘러싸고 더 많이 획득하고 더 높이 오르려는 인간 군상들 사이에서 끊임없이 마찰과 갈등을 겪는 데 기인한다. 이러한 군상들이 겪는 인류의 자취가 주기로 재현되는데 이런 현상들을 일컬어 역사가 순환하는 것으로 간주하는 것이다. 결국 이러한 사고는 영원한 것은 없으며 과거의 연원에서 헤어날 수 없다는 가르침을 주고 있다. 오늘날 순환론적 사관에 입각한 사회적 가치 분배에 대한 고민이 현대에 국한되지 않는다는 것은 옛 사람들의 문헌에서도 발견되기 때문이다. 예를 들어 플라톤(Platon BC 427?~347)은 『티마이우스(Timaeus)』에서 '위대한 해(a great year)'라는 개념을 언급하고 있는데 그에 따르면 그 특정한 해(年)에는 모든 천체들이 상호 관련을 맺으면서 처음의 상태 즉 원 위치로 되돌아간다고 한다. 즉 특정한 문제로 인해 특정 시기의 시대가 대재난으로 막을 내리지만 또다시 다음 어느 시대에 동일한 형태로 재현된다고 믿는 것이다.

이와 같은 순환론적 해석은 이후 많은 역사기록에서 자주 인용된다. 투키디데스(Thucydides 460?~400?)는 『펠로폰네소스 전쟁』에서 과거에 발생한 역사적 사건이 언젠가 아주 동일한 방식으로 미래에 반복될 수 있는 순환론적 견해를 암시하며 이 세상에는 새로운 것이란 없으며 모든 일들은 이전 시대의 것과 유사하게 반복된다는 것을 이야기하고 있다.

이러한 사관은 근대에 들어 슈펭글러(Oswald Spengler 1880~1936)에 의해 재확인되었다. 슈펭글러는 역사를 생물체와 동일한 주기를 갖는 유기체로 간주했다. 이 같은 그의 사고는 『서구의 몰락(1918)』에서 잘 나타나고 있는데 그는 세계대전을 바라보며 유럽 중심주의적 사관을 비판하고 유럽 이외의 다양한 문명을 역설하며 대전의 원인으로 나치즘과 파시즘 같은 국가 사회주의적인 체제, 제국주의와 산업주의를 지적하고 서구는 돌이킬 수 없는 파멸의 길로 접어들었다고 기술하였다. 그는 흥망성쇠의 순환 주기를 필연적으로 간주하기도 했지만 사고의 다양성만큼 문화의 다양성도 존재할 수 있으며 상호 유기적인 관계 속에 기존의 가치와 새로운 가치의 충돌을 지극히 원만하게 타결 지을 수 있을 것이라고 해석하고 있었던 것이다.

이러한 견해는 토인비에게로 현저해진다. 토인비(Arnold Toynbee 1899~1975)는 앞선 이들과 맥을 같이 하면서 역사의 순화과정을 도전과 응전에서 기인한 것으로 보고 이를 『역사의 연구(1934, 1939, 1954)』에 담았다. 그 역시 21개의 주요 문명의 흥망성쇠를 언급하고 있다는 면에서 순환사관에 기초를 두고 있다. 다만 토인비는 슈펭글러보다 더 진보적이고 낙관적 사고를 유출했다. 역사에 대한 그의 독특함은 기존의 비관적 순환사관을 극복하는 낙관적 순환사관을 탄생시켰다. 그는 순환의 각 주기가 단지 수레바퀴의 반복처럼 지루하게 과거와 동일한 과정을 답습하는 것이 아니라 창조적인 특정 목표를 향하여 움직이는 것으로 보았다. 오늘날이 같은 역사적 인식은 케네디(Paul Kennedy)의 『강대국의 흥망성쇠』에서 그리고 기번(Edward Gibbon)의 『로마제국 쇠망사』에서 문명이 어떻게 교체되며 그 흥망성쇠가 반복적으로 이루어 왔는가를 말하고 있다.

새로운 것을 추구하는 변화가 그러하듯 문명의 교체와 흥망성쇠는 좋은 환경에서 발생되는 것이 아니라 당대의 문명에서 오는 불만과 문제들로부터의 정화작용에서 기인한다는 것을 역사는 보여주고 있다. 현대 문명이 불가피하게 교정하지 않으면 안 될 문제에 봉착하게 되면 대중은 이를 변화시키려는 시도를 취할 수 있다는 것을 역설한다. 즉 더이상 특정문명을 주도하는 소수 세력의 창조적 능력이 떨어지면 이를 흉내내거나 닮으려는 다수의 모방력이 하락하게 되어 사회의 균열이 발생하게 되고 이전의 문명과는 별개의 새로움을 추구하게 된다. 다수의 불만을 삭히고 낡은 것을 새로운 것으로 교체하려는 시도는 대체로 집착과 맹신을 상대에 강요하고 피상과 본질을 구분하지 못하거나 외면할 때 이로 인한 사태는 걷잡을 수 없게 불거진다. 이런 측면에서 새천년에 발생한 9·11테러와 아프가니스탄 보복공격은 인류사의 수많은 현상 중 하나이거나 그저 스쳐 지나가는 역사적 에피소드가 아니라 인류 스스로 해결할 수 있음에도 불구하고, 외면하거나 무시하고 때로는 내심 즐기기까지 할 때, 사탄의 미소가 묻어 있는 이 비극은 뫼비우스의 띠처럼 계속된다는 것을 보여주고 있다.

　모든 역사가 그러하듯 현상의 진위를 증명하기란 쉽지 않다. 게다가 어떤 것은 진실이라고 제시하여도 도저히 믿기 어렵듯, 수레바퀴처럼 정해진 삶을 산다는 관념을 수용하기란 힘들다. 무한히 반복되는 역사 속에서 인간의 노력들과 자유의지는 무력해지며 인간은 자신의 존재 의미를 찾을 수 없게 되기 때문이다. 하지만 딱히 이를 부정할 수 있을지도 의심스럽다. 역사는 새로운 것을 창조하는 진화론적인 것인지 아니면 과거의 음영을 답습하는 기계론적인 것인지는 각자가 현상을 바라보는 방향에 따라 결정되기 때문이다. 그럼에도 불구하고 부정할 수 없는 것은 인간은 자유의지를 가진 존재이며 그 의지에 따라 행할 때 비로소 자신의 존재 의의를 찾을 수 있다는 것이다. 이 가치는 무시될 수 없고 무시되어서도 안 된다. 다만 순환사관이 제시하는 것은 현재의 불만과 불평은 과거로부터 연원하며 미래로 이어지지만 이것은 단지 거역할 수 없는 운명을 강요하는 것이 아니라 문제를 원만히 해결하기 위한 노력과 모두가 수긍할 수 있는 설득력 있고 호혜적인 지식의 전환이 절실하다는 것을 암시하고 있다.

그리고 역사는 이러한 새로운 추구의 해결방법 과정에서 대체로 매우 비문명적 수단이 사용된다는 것을 잊지 않고 알려준다. 80여 년 전 슈펭글러가 역설했던 바와 같이 순환사관이 주는 교훈은 어느 사회이든지 자기중심적 사고에 갇히면 그 해결은 처절한 투쟁이었다는 것을 인지해야 한다.

2. 과거의 음영: 9월 11일 테러와 10월 7일 보복

내가 서 있는 것은 앉았기 때문이다(Where you stand depends upon where you sit).[1] 이는 누구도 과거로부터 자유로울 수 없다는 소름 끼치도록 두려운 과거의 음영을 대변한다.

2001년 9월 11일과 10월 7일. 이 두 날은 분노와 보복이 인류역사에서 끊임없이 지속되고 있다는 것을 확인시켰다. 마치 오늘날이 갈등과 마찰로 분기(憤氣)된 지난 역사 속에 있고, 미래의 역사 속에 사회적 제 가치를 둘러싸고 발생되었던 역사적 사건들 중 하나로 끼어 있어 보였다. 그저 '자기 것에 대한 집착(執着)과 맹신(盲

信)이 얼마나 두렵고 모진 것인가'를 유감없이 보여주었다. 2001년 9월 11일 워싱턴과 뉴욕에서 미국민의 약 3,500여 명이 일시에 사망하는 전대미문의 끔직한 참상 그리고 10월 7일 아프가니스탄에서 9·11테러와 무관한 아프가니스탄 인이 첨단무기에 의해 무수히 죽어갔던 것이 이를 증명하고 있다.

2001년 9월 11일 비행기 자살 테러로 인해 영원히 안전하고 존속될 수 있을 것 같은 미국 영화의 상징은 힘없이 주저앉았고 미국민은 자존심이 상한 채 분노하고 공포에 떨어야 했고 약 한 달 후 이러한 미국의 분노가 보복으로 변하는 것에 대하여 세계는 노심초사해야 했다. 9·11테러와 2001년 10월 7일부터 시작된 미국의 아

↓ 그림 1.　110층의 세계무역센터가 비행기 두 대의 충돌 공격으로 화염에 휩싸인 후 건물 한 동이 붕괴되고 있다.(출처:http://www.hani.co.kr/section)

↘그림 2.　아프가니스탄 카불 시내의 피폭된 건물 앞에서 망연자실한 표정으로 서 있는 카불 시민들.

프가니스탄 보복공격으로 희생된 이들이 남긴 '사랑'의 목소리가
또 다른 군사적 마찰이라는 살얼음 속에 묻힐 것 같아 유감이다. 이
라크 공격이라는 다른 군사적 대립이 순차적으로 대기하고 있기 때
문이다.

그림 1은 9·11테러로 붕괴되는 뉴욕의 세계무역센터를 나타내
고 그림 2는 이로 인한 아프가니스탄에 대한 미국의 보복공격으로
인한 처참함을 보여주고 있다. 두 그림이 보여주고 보다시피 세계
는 안됐다며 동정하기도 했지만 동시에 제 몫을 챙기는 것도 잊지
않았다. 게다가 이를 내심 즐기는 사덴브로이데(Die Schadenfreu-
de)의 미소도 보였다. 힘겨운 역사의 수레에서 2001년은 신의 카지
노판 주사위처럼 인류의 시련 속으로 던져져 20세기보다 더 새롭고
더 좋은 것을 기대했던 것과는 달리 소름 끼치는 사탄의 비웃음이
전세계를 공포의 도가니로 몰아넣었다. 9·11테러와 아프가니스탄
보복공격으로 인류는 나락으로 떨어지는 것 같았다. 단지 양초날개
로 태양 가까이 가려고 했던 '이카루스(Icarus)의 어리석음이었지
만 인간의 무모함에서 비롯되었다'라고 보기에는 너무나 가혹한 신
의 시험이었다. 태초에 아담의 자식인 카인과 아벨이 사소한 시기
와 질투로 죽음에 이르렀듯 이제 아브라함의 자식인 이삭과 이스마
엘의 후손은 죽음으로 서로의 의지를 교환하며 과거의 음영에서 벗
어나지 못한 이들이 그렇게 다투고 있다. 2001년 9·11테러와 직
간접으로 연계된 이들은 이를 다시 한번 확인하였다.

9·11테러 용의자와 단체

2001년 5월 ABC 인터뷰에서 〈빈 라덴〉은 "미국이 오히려 우리를 억압하
는 테러리스트다. 이것이 성전해야 하는 이유이다."

2001년 10월 9일 〈알 카이다〉는 "자신들을 억압하는 누구에 대항해서도
투쟁하라. 전세계 이슬람 신도들은 미국에 대항해 성전에 나서
라. 우리는 미국인들이 삶에 열성인 만큼 죽음에 열성인 젊은
이들이 수천 명이나 있다. 미국에 대한 추가 공격이 있게 될 것
이다."

2001년 10월 〈탈레반 지원자〉들은 "이것은 믿음에 대한 시험으로, 죽더라
도 두렵지 않다. 내 조국과 종교를 지킬 것이다."

미국

2001년 9월 12일 〈부시 대통령〉은 "모든 수단을 동원해 21세기 첫 전쟁을
승리로 이끌 것이다."

2001년 9월 16일 〈부시 대통령〉은 "십자군 전쟁을 벌이겠다. 이번 전쟁은
새로운 종류의 악에 대항하는 투쟁이며 테러를 응징하는 십자
군 전쟁이다. [2]"

2001년 9월 20일 〈부시 대통령〉은 "9·11테러 가담세력들은 빈 라덴과 알
카이다로 밝혀지고 있다. 이들은 기독교도와 유대교도 그리고
여성과 어린이를 포함해 모든 미국인을 살해하라고 명령했
다.……각국 정부는 미국과 테러리스트 중 어느 편에 설지 선
택해야 한다."

사덴브로이데

1991년 8월 16일 〈뉴욕 타임스〉에 따르면 걸프 전에서 미국은 막대한 이
익을 남겼다. 전쟁에 투입된 비용 610억 달러에서 540억 달러
를 우방이 분담하였다. 이중 전쟁 전 계상된 국방예산 일부와
장비교체 비용 등이 포함되어 있어 결국 남는 장사를 한 셈이
다.

2001년 10월 29일 〈고이즈미(小泉 純一郎) 일본 수상〉은 미국을 지원한다
는 명목 하에 '테러대책 특별조치법'을 서둘러 통과시켰다. 일

본의 군사력 사용이 금기시되어 왔던 것을 일시에 해결하였다. 2001년 10월~지금 9·11테러 복구와 아프가니스탄 보복에 든 비용은 확실하지 않다. 다만 몇 달러도 되지 않는 아프가니스탄의 건물을 부수기 위해 몇 백 달러 되는 무기를 날리고 쏟아 부었다. 앞으로 제2단계 대테러전에서 얼마나 많은 비용이 투입될지 아무도 모른다. 그만큼 사회복지에 쓰일 창조적 비용이 상실되는 것으로써 샤덴브로이데의 극치이다.

요컨대 오늘날 위와 같은 9·11테러와 아프가니스탄 보복공격을 통해본 갈등의 비극에 관한 함의는 종전의 삶의 방식에서 탈피해서 화합과 교류를 통한 상대의 모든 것을 인정하고 내가 원하면 상대도 원하고 내가 싫으면 상대 역시 싫어한다는 상호선호(相互選好)의 법칙에 충실할 필요가 있다는 명백한 담론을 담고 있다. 하지만 문제의 심각성은 '시시비비를 가릴 수 있는 장치가 없다'는 데 있다. 오히려 어떤 면에서는 이를 즐기는 샤덴브로이데의 음흉함이 이를 더해준다. 이런 세상에서 오직 다투는 이와 이를 즐기는 이만이 있는 것처럼 보여 불화의 여신이 자신의 분풀이를 인간 세상에 던져버린 듯하다.

그렇다면 어떻게 해결해야 할 것인가? 오직 힘의 사용 그리고 이를 부추기는 제3의 구경뿐이던가? 아니면 테러를 받은 이가 무력 사용을 자제하고 구경꾼은 다툼을 뜯어말리지는 못할망정 이를 부추기지 않은 채 무관심하게 방치하면 되는가? 지금까지 인류가 그래왔던 것처럼 역사의 바퀴를 평화의 쪽으로 돌려놓아야만 한다. 비온 후 땅은 더욱 굳어지고 시련이 극복되면 사이좋게 지낼 수 있는 인류 공존을 증명할 수도 있다. 하지만 그 과정에서 무고한 이들이 희생된다는 것이 9·11테러와 아프가니스탄 보복공격을 통해 극명히 드러났다. 뿐만 아니라 과거 천하를 호령하던 제후들도 오만함과 무지 그리고 새로운 이들의 등장으로 과거 속으로 묻혀 생성, 성장, 발전 그리고 쇠망이라는 삼라만상의 노정에서 한 치도 빗나가지 않았음을 보여주고 있다.

이제 신을 빙자한 이슬람의 전사들과 기독교 전사들과의 사이에서 흥정은 붙이고 싸움은 말려야 한다. 야만이 아닌 문명의 이름으로 시시비비를 가려야 하는 것이다. 지금 주어진 것에서 가장 다가가기 쉬운 것부터 그리고 할 수 있는 것부터 시작해야 한다. 주사위를 다시 던져 새 판을 시작하듯 상대에 대한 질시, 미움, 오만, 편견으로 가득 찬 마음을 관용, 찬사, 포용 등으로 돌려 평화와 공존의 인류사를 짜야 하는 것이다. 물론 아직 이러한 바람은 요원할 것이다. 오랫동안 길들여진 것은 찌들고 묵은 때처럼 일순간에 지우기 쉽지 않고 새로운 것에 대한 두려움, 과거를 껴안으려는 지속의 속성 등으로 인해 지금을 개혁하기 위해서는 희생과 시간 등 많은 비용이 요구되기 때문이다. 하지만 교통과 과학 그리고 폭넓은 교육적 수단을 통해 자유, 평등, 민주의 확산을 통한 인류공존과 평화를 가져올 수 있는 기회는 많아졌다. 사회적 제 가치를 둘러싼 다툼이 도덕적 가치에 기초하여 대화와 협상 등 조율과정을 거쳐 사회구성원들을 설득시킬 수 있는 국제사회의 노력이 수렴된다면 과거의 음영으로 오는 비극은 충분히 종식될 수 있다.

3. 갈등의 현상

1) 9 · 11 테러

두 시간의 공포

9 · 11테러는 테러 당일 AM 8시에서 AM 10시 사이, 즉 결코 짧지 않은 두 시간 동안 이루어졌다. 짧게는 45분, 길게는 120분(두 시간)이었다. 테러가 발생한 직후 지금까지 적어도 두 가지 의문이 의혹으로 제기되고 있다.

첫째, 조종사와 일부 승객은 기내의 긴박한 긴급 상황을 알려왔고 이렇게 알려진 테러행위는 길게는 두 시간 동안 진행되었다. 이 긴 시간 동안 미국의 군사기관과 정보기관은 어떠한 조치도 취할 수 없었나 하는 점이다. 이토록 미국의 군사와 정보가 허술하다고 보는 이들은 없을 것이다.

둘째, 참사 지역은 한결같이 비행 금지 구역이다. 비행 금지 구역에서 비행할 경우 즉각적인 조치가 취해지는 것은 상식이다. 혹자는 뉴욕과 같은 인구밀집지역에서 군사적 조치를 취하는 것이 무리라고 주장하기도 한다. 하지만 산악지역이 많은 피츠버그의 외곽지역에서는 왜 군사적 조치를 취하지 않았는가에 대해서 대답이 궁한 것은 무엇 때문일까? 조그마한 위반도 용납하지 않는 곳에서 이 같은 사태가 벌어진 데 대한 미국의 대응 조치에 관한 설명은 설득력이 없어 보인다. 뉴욕과 피츠버그에서의 발생한 테러 참사를 시간별로 정리하면 다음과 같다(여기서 기술되는 시간은 자료에 따라 1분의 오차가 있을 수 있다).

상황 1 — AM 8시 콜 싸인(Call Sign) 아메리칸 에어라인 보잉 767 항공기
(이하 AA11)는 92명의 승객을 태우고 로스앤젤레스를 향해 보스
턴 로건(Logan) 국제공항을 이륙했다. 이륙 후 AA11편은 운항실
로부터 허가받은 순항 고도인 3만1천 피트에 도달하기 전에 뉴
욕주 알바니 인근 상공에서 이탈한 것이다. 알려진 바로는 조종
사가 기내 비상 상황을 알리기 위해 비상 코드(일명 squawk
7700)를 켰지만 허사였다. 20여 분 뒤 항공기 위치 발신 장치 등
모든 통신수단은 무용지물이었다. 이런 절박한 상황은 조종사가
몰래 켜놓은 조종석 안의 마이크로폰을 통해 알려졌다(이 상황
은 상황 2, 3, 4와 동일하다). 저항하는 일부 승객들은 칼에 찔려
기내 곳곳에서 승객들의 비명소리가 터져나왔다. 한 승무원은
무선 전화기를 통해 이 사실을 지상에 알렸다. 칼로 무장한 테러
리스트들은 AA11을 장악하고 기수를 뉴욕으로 돌렸다. AA11편
은 허드슨 강을 따라 남쪽으로 직진하고 뉴욕 맨하탄의 빌딩으
로 돌진했다. 8시 45분 테러 목표인 세계무역센터 북쪽 빌딩의
84~85층에 충돌하며 화염만 남기고 사라졌다. 상황 1은 비행기
가 이륙한 뒤 45분 후에 종료되었다.

상황 2 — AM 8시 UA(United Airline) 93편은 93명의 승객을 태우고 샌프
란시스코를 향해 뉴저지주 뉴워크 공항을 이륙했다. 이륙 몇 분
후 클리블랜드 영공을 통과할 때 상황 1과 같이 테러리스트들은
이륙 후 항공기를 무력으로 장악했다. 조종사와 승객들의 반항
에도 불구하고 상황은 바로 종료되었다. 테러리스트는 기내 안
내방송을 통해 기내에 폭탄이 있으니 공항으로 귀환한다고 말하
고는 항로를 이탈해 목표물을 향했다. UA 93편은 10시(?) 피츠버
그시 인근 숲 속에 추락했다. 상황 2는 이륙하고 120분 후에 종
료되었다.

상황 3 — AM 8시 10분 AA77편 보잉 757기는 64명의 승객을 태우고 로스
앤젤레스를 이륙해 워싱턴 댈러스(Dallas) 공항을 떠났다. 이 항
공기도 이륙 후 얼마 안 돼 수명의 무장 테러리스트들에게 피랍

됐다. 테러리스트들은 곧 조종실을 탈취했다. 알려진 바로는 테러리스트들을 제외한 기내 승무원과 승객은 항공기 뒷부분으로 밀려나 두려움에 떨고 있었고 테러리스트들은 그들의 목적지인 워싱턴으로 기수를 돌렸다. 테러리스트들의 목표는 포토맥 강변 버지니아주 알링턴의 5각형 국방부 건물이었다. 9시 40분 AA77편은 기수를 급강하고 펜타곤을 들이받았다. 상황 3은 이륙하고 81분 후에 종료되었다.

상황 4 — AM 8시 14분 65명의 승객을 태운 콜싸인 유나이티드 에어라인(UA) 175편 보잉 767항공기 역시 로스앤젤레스를 향해 보스턴을 이륙했다. 상황 1과 같이 테러리스트들은 이륙 후 항공기를 무력으로 장악하고 기수를 북쪽으로 돌려 뉴욕으로 향했다. 테러리스트들이 납치한 항공기가 허드슨 강 상공에 들어서자 이미 세계무역센터는 화염을 내뿜고 있었다. 빌딩에서 사람들이 추풍낙엽처럼 날리고 있었지만 UA175편은 이에 아랑곳없이 세계무역센터 남쪽 60층으로 불나방이 불에 날아들듯 사라졌다. 상황 4는 이륙하고 54분 후에 종료되었다.

2001년 9월 11일 테러 공격을 받은 미국 뉴욕 맨하탄의 세계무역센터, 워싱턴 근교의 국방부(펜타곤) 등은 모두 미국을 대표하는 상징적인 건물이라는 것 이외에도 미국의 자존심이 무너지는 묘한 운명을 같이 했다. 펜타곤은 인구밀집지역이 아니기도 했지만 테러 발생전에 테러와 방어를 위한 보수를 했던 탓에 뉴욕 무역센터보다 피해가 상대적으로 적었다. 하지만 뉴욕 무역센터는 참혹했다. 대형 민간 항공기가 이 건물을 들이받는 순간 모든 것이 무너진 쇳덩어리와 콘크리트는 먼지와 함께 산더미를 이루었다. 폭발하면서 만들어낸 화염의 온도로 철제 기둥은 열에 녹아 흘어졌다. 불길에 휩싸인 층의 잔해가 겹겹이 쌓이면서 110층 건물은 순식간에 그 자리에 주저앉고 말았다. 쏟아내릴 때 떨어지는 가속도 가속이려니와 그 속의 희생자들을 찾기 위해 치워야 하는 잿더미는 가히 가공할 양이었다. 세계적인 도시 뉴욕은 도시 전체가 온통 먼지에 쌓일 정도였다. 미국의 영화(榮華)가 창고의 고물처럼 먼지에 쌓여 지난 번영을 회고하는 듯하였다. 무엇보다 미국이 입은 피해 중 가장 큰 피해는 9·11테러로 인해 흠집이 난 미국의 자존심이다. 이밖에도 테러리스트들은 죽음으로 미국의 영화에 흠집을 내고 공포와 두려움을 심어주었고 설상가상으로 뉴욕에서 재난이 발생했을 때 구조 통제를 지휘해야 하는 비상지휘센터(Emergency Command Center)까지 붕괴되어 버렸다.

9·11테러는 계획된 참사인가?

뉴욕 번영의 상징적 건물인 무역센터는 건축 이후 몇 번이나 테러로 인한 붕괴위협을 겪다가 2001년 9·11테러로 폭삭 주저앉았다. 첫 번째 테러는 1993년이었다. 당시 건물 지하에서 차량 폭탄 사건으로 6명의 희생자가 났다. 놀랍게도 테러의 주모자였던 람지 아메드 유세프(Ramzi Amed Yusef)는 세계무역센터 건물을 무너뜨리기 위해 테러를 했다고 당당히 밝혔고 미국 정보국도 이를 무시하지 않았다. 테러리스트들이 1999년 12월 31일 새천년 축제를 방해하기 위해 테러를 할 것이라는 정보를 획득할 때까지 그리고 7월 4일 미국의 독립 기념일에 테러가 발생될지 모른다는 의혹을 떨치지 못할 때까지만 해도 긴장을 늦추지 않았다.

일어탁수(一魚濁水). 한 마리 미꾸라지가 온 저수지를 흐리게 한다는 것을 안다고 해도 이를 사전에 막기란 쉽지 않은 모양이다. 미국 정보계의 성패를 거론하기 이전에 항공기 자살 테러를 감행한 테러리스트들이 죽음을 각오하고 사전에 치밀하게 준비했다는 것을 지적하지 않을 수 없다. 세계무역센터 건물을 공격한 수법을 보면 테러리스트들이 과거의 실패를 면밀하게 연구해 공격법을 철저하게 보완했다는 것을 알 수 있다. 자신들의 움직임이 사전에 조기 탐지될 수 있는 기회를 최소화했고 가능하면 많은 피해가 발생하도록 공격 효과를 극대화했다. 이들이 치밀하게 준비했다는 것은 다음과 같다.

첫째, 각기 멀리 떨어진 공항에서 이륙한 항공기들을 거의 동시에 공중 납치한 것과 보안 검색 장치를 쉽게 통과할 수 있는 칼과 같은 원시적인 무기를 반입한 것 역시 치밀한 계획에 따른 것이다.

둘째, 9·11테러 공격에 사용된 보잉 767기는 최대 40만 파운드 이상의 무게가 나간다. 항력을 위한 속도와 가속 등을 고려할 때 항공기가 건물에 부딪혔을 때의 충격은 여느 항공기 물체보다 크다.

셋째, 항공기는 이륙 이후 수분 내 피랍되었다. 항공기 연료가 가득 차 있었다는 것을 의미한다. 항공기는 실제 거리의 연료보다 예기치 않은 비상사태에 대비해서 비상용 연료를 더 비축한다. 게다가 항공기는 원유를 분리해서 가장 휘발성이 좋은 것을 연료로 사용한다. 767기의 연료 정도면 충격으로 폭발될 때 세계무역센터의 강철 기둥을 녹이기에 충분하다고 판단하였다.

넷째, 무역센터 건물을 들이받는 항공기의 진입 각도 역시 고도로 계산된 것이다. 세계무역센터를 들이받은 항공기가 완만한 횡경 각도를 유지해 목표물에 충돌한 것으로 보아 고도로 훈련된 비행술이 아니고서는 불가능하다.

다섯째, 항공기는 건물이 무너질 수 있도록 최대한 충격을 줄 수 있는 층을 들이받았다. 세계무역센터 북쪽 건물을 공격한 항공기는 건물의 96층과 103층인 상단부에, 15분 후 남쪽 건물을 공격한 항공기는 건물의 87층에서 93층 사이를 들이받았다. 건물에 최대의 충격을 가할 수 있는 지점을 정확하게 들이받아 희생자 수를 극대화한 것이다.

2) 아프가니스탄에 대한 미국의 보복공격

작전명 무한정의(Infinite Justice)

비록 동정은 가지만 2001년 10월 7일 미국의 아프가니스탄의 보복공격은 꼭 그렇게 해서라도 분풀이를 해야 하는가 하는 눈살 찌푸리는 군사적 행동이었다. 그럼에도 불구하고 미국이 탈레반 정권과 알 카이다를 공격하기 위해 세운 작전명은 무한정의이다. 이 같은 작전명은 모든 테러리스트들이 섬멸될 때까지 소탕할 것이라는 의지를 표현한 것이지만 역사적으로는 1998년 미국이 아프가니스탄에 있는 빈 라덴의 훈련 캠프를 공습할 때 수립된 무한 접근 작전(Infinite Reach)에서 근원한다. 이밖에도 미국을 지키겠다는 미국 의사 결정자들은 갖가지 상징을 고안해 내기도 했다. 예를 들어 항공 테러로부터 미국을 지킨다는 노블 이글(Noble Eagle) 작전 그리고 테러 사건의 전모를 규명하기 위한 펜톰(Penttom) 수사 작전이 그것이다.[3]

아프가니스탄의 반탈레반군(북부동맹군)과 함께 무한정의 작전을 벌인 미국은 탈냉전 시대에도 한 해 국방예산만 약 3천억 달러를 투입하며 람보(Rambo) 같은 135만 명의 군인들을 보유하고 있었기 때문에, 감히 미국에게 대적할 국가는 없었다. 설령 이라크, 시리아, 이란 등 아랍국과 북한과 같은 적성 국가들의 군사력을 합한다 해도 미국과 대적하기 어렵다. 치밀한 작전에 걸맞게 투입된 병력도 많지만 1979년 이후 옛 소련-아프가니스탄 간 전쟁 당시 빈 라덴에 충성하는 이슬람 전사 무자헤딘에게 스팅어 미사일 사용법 등 군사훈련을 시킨 적이 있는 테러 전문 특수부대인 SAS (Special Air Service), 유명한 영국 첩보영화 〈007〉로 유명한 첩보기관 MI6, 미육군의 대테러 비밀부대인 델타포스(Delta Forces), 미 해군 엘리트 특수부대인 실(SEAL) 등이 포함되었다. 게다가 각종 특수군과 다른 국가연합군을 포함하면 가히 엄청난 지구군(The Earth Forces)이 창설된다. 이러한 미국이 겨우 3만 명의 병력과 미그기 10대에 불과한 탈레반군을 상대로 보복공격을 단행하였다.

그리고 아프가니스탄 보복공격에 사용된 무기는 다음과 같다. 중량이 무려 6.8t에 달하는 폭탄으로 대형 수송기인 C-130에서 투하되어 터지면 알루미늄 파편이 쏟아지고 강력한 후폭풍이 불어 반경 9백m 이내 지역이 초토화되고 그 안에 있는 사람은 전멸하고 주변지역 사람들은 내장 파열을 일으키는 데이지 커터, 10㎝ 정도의 물체도 파악해낼 수 있는 최신 첨단무기로 캘리포니아 반덴버그 공군 기지에서 발사된 이후 빈 라덴을 포착하기 위해 아프간 상공을 돌고 있는 키홀(KeyHole) 전기광학 영상 위성, 항공기에 탑재하여 공중에서 지상에 투하하는 유도 미사일인 AGM65-매버릭, 대륙간 탄도탄 폭탄, 특수한 형태의 동체와 전파를 흡수하는 외면 도장에 의해 레이더에 잘 잡히지 않으며 걸프 전에서 이미 위력이 입증된 B-2(Stealth) 폭격기 그리고 이밖에도 F/A14 톰캣(Tomcat), F/A15 이글(Eagle), F/A-18 호넷(Hornet), E-3 센트리 AWACS

그리고 이지스함, SSN-21 공격용 핵잠수함이 투입되었다. 그리고 아프가니스탄의 구형 소련제 무기에 비해 미국의 개인화기는 분당 260발씩 자동발사되며 사람뿐만 아니라 경장갑차 정도까지 피해를 입힐 수 있는 신형 이중총열 소총과 유사한 신형 기관총(OCSW: Objective Crew Served Weapon) 등이 사용되었다. 이밖에도 알려지지 않은 무기들이 선보였을 것이다. 이러한 무기들이 세계의 안정적 평화와 무한한 정의를 이끌어낼 수 있는 일등공신이 될 수 있을까?

끝나지 않은 전쟁

테러와의 전쟁을 벌인 부시 미 대통령은 2001년 10월 7일을 시작으로 토마호크 크루즈 미사일 수백 개를 쏟아 붓는 융단 폭격의 대상 속에 무고한 민간인이 포함될 수 있다는 국제적 비난에도 굴하지 않고 탈레반군 괴멸에 온통 신경을 썼다. 애초부터 아프간 공습에만 관심을 쏟았던 부시 대통령에게 이슬람권을 포함해 주변국 눈치 보기는 보복공격에 포함되지 않았다.

그럼에도 불구하고 탈레반 잔군을 아프가니스탄에서 몰아낼 즈음 미국은 이겨도 이긴 것 같지 않은 승리를 애써 자축해야 했다. 비록 9·11테러의 유력한 용의자는 잡지 못해서 람보와 같은 전쟁 영웅은 아직 선발되지 못했지만 탈레반 정권과 알 카이다가 많은 전사자를 냈던 것에 비하면 미국의 전투 사망자는 공식적으론 아직 한 명도 없기 때문이다. 기껏해야 헬기, 해상 사고로 인한 여섯 명이 고작이다. 미국은 총격이 치열한 최전선은 철저하게 북부 동맹군에게 맡기고 공중에서 폭탄 투하하며 많은 군사비용을 들였다.[4]

한 마디로 빈 라덴과 알 카이다 소탕이라는 작전의 목적은 달성하지 못하고 돈만 쏟아 부어 '아기 팔 비틀어 사탕 뺏기' 같은 전쟁을 벌인 것이다.

2001년 아프가니스탄 공격에서 미국은 완전한 승리를 거두지 못했다. 이유는 다음과 같다.

첫째, 미국은 빈 라덴을 체포하기 위해 엄청난 예산을 사용하고 있다. 2001년 10월 말 세계 40개국에서 혐의가 있어 보인다며 조지 W. 부시 대통령에게 체포사실이 통고된 테러리스트만 250여 명이다. 그럼에도 불구하고 정작 주범으로 의심되고 있는 빈 라덴의 핵심 측근이나 알 카이다에 대한 체포는 없었다.

둘째, 미국 일간지 유에스에이 투데이와의 인터뷰에서는 국가안전보장회의(NSC)에서 빈 라덴의 자산 추적을 담당했던 윌리엄 왁슬러(William Waksller)가 '아무리 노력해도 빈 라덴의 자금줄을 완전히 끊기는 힘들었다' 라고 밝힌 바 있다. 미국은 모두 81개국에서 빈 라덴의 테러 조직 알 카이다와 관련이 있어 보이는 2400만 달러의 자산을 동결했다. 하지만 실제로 빈 라덴에게 흘러 들어가고 있는 테러 자금은 연쇄테러 발생 전보다 더욱 늘어났다는 것이 일반적 평가다. 게다가 금융기관을 통하지 않고 인편을 이용하는 이슬람권의 전통적인 송금방식, 각국 금융기관이 파악하지 못한 알 카이다의 금융 자산, 그리고 약 400만 달러로 동결된 알 카이다의 자금과 빈 라덴의 3억 달러 넘는 상속액 등으로 미루어 보아 이들을 소탕하기에는 역부족이다. 설령 빈 라덴이 체포 혹은 사망한다 하더라도 반미투쟁은 지속될 것이기 때문이다. 그들의 항미(抗美) 의지뿐만 아니라 테러에 쓰일 수 있는 돈의 여지를 남겨두었다는 면에서 미국은 빈 라덴과의 전쟁에서 어려운 게임을 벌이고 있다.

셋째, 아프가니스탄 보복공격이 끝나지 않은 전쟁이라는 것은 9·11테러에 대한 보복전쟁이었던 아프가니스탄 공격이 전형적인 비대칭 전쟁이었기 때문이다. 금방 들에서 일하다 동원된 옷차림과 퀭한 눈으로 어깨에 총을 둘러멘 탈레반의 40대 아프가니스탄 병사와 혈기왕성한 젊은 군인 사이에 이루어진 전쟁은 양자의 전쟁이라기보다 미국의 일방적 공격이었다. 하지만 미국이 미군의 희생에 무척이나 신경 썼던 것과 달리 탈레반군이 가진 것이라고는 붙어있는 목숨이 다하는 날까지 투쟁하겠다는 정신뿐인 것처럼 보였다. 물질과 정신의 대결이라고 할 만큼 죽음을 두려워하지 않고 이민족과의 전쟁이 일상화되어 버린 그들에게 영토에 국한되는 투쟁은 끝나지 않아 보인다. 그들이 투쟁의 의지를 보이지 않을 때까지 아직 전쟁은 끝나지 않았다.

4. 갈등의 연원

미국의 심장부를 강타한 9·11테러를 두고 문명간 충돌 혹은 회색 전쟁 등으로 일컬으며 문명권에 대한 야만 세력의 침략 등으로 규정하려는 시도들이 쏟아지고 있다. 혹자는 9·11테러 이후 아프가니스탄 보복공격에 많은 국가가 참여했기 때문에 테러를 응징하기 위한 국제적 공조가 이루어진 것으로 간주하고 싶은 모양이다. 그렇다면 9·11테러에 참가했다고 의혹 받은 이들을 모두 처벌하면 이 사태가 해결되는가? 그리고 17개국이 동원될 수 있었던 것은 미국의 역량이라기보다는 약소국의 미국 눈치 보기와 강대국의 미국 견제하기가 작용했던 것을 왜 보지 못하는가? 또 미국의 중동정책과 세계적 패권 전략을 못마땅하게 여기는 국가들까지 참여하여 각기 다른 속셈이 복잡하게 얽혀 있는 요인들을 간과하면 안 된다. 만일 9·11테러를 단지 빈 라덴의 테러라고만 간주하면 그것은 단세포적 사고밖에 될 수 없다. 그리고 여기에 유대와 아랍의 갈등이 개입되어 있음을 배제할 수 없다. 흔히 유대인과 아랍의 대립은 물과 기름에 비유되며 양자의 갈등의 뿌리는 종교적 측면에서 아랍과 이스라엘 간 피비린내로 점철된 갈등의 역사에 두고 있지만 이들의 다툼은 결코 종교적인 것만이 아닌 삶에 대한 사유방식을 두고 벌이는 집안 싸움이 아닐까 생각한다. 그 갈등의 연원은 아주 오래 전부터 깊은 심연에서 비롯되고 있었다. 그 심연이란 인간의 사유와 행위를 제어하는 삶의 지혜와 슬기가 궁극적 선에 도달하지 못하면 나타나는 현상들로 인한 것이 대부분이다.

인간의 사유와 행위를 제어하기 위해서는 하나의 사고 체제 하에서 이루어지는 사회가 필요하지만 이것이 오히려 다른 문화를 자기 문화권으로 끌어들이기 위한 시도로 비춰져 갈등으로 비화되는 경우가 종종 있다. 가령 기존의 방식에 불만이 있을 경우 새로운 방식에 관한 검증이 없는 상태에서도 기존 방식의 가치를 흠집내고 폄하하며 상대적으로 새로운 것을 매우 세련되고 훌륭하며 결함이 없는 것으로 간주한다. 역사적으로 헬레니즘에서 헤브라이즘으로의 이행과정에서 이러한 것이 나타났고, 또다시 헤브라이즘 내부에서 결코 다양성을 불허하는 집착과 맹신을 나타내고 있다.

신화가 인간들이 닮고자 하는 최고의 이상향이란 측면에서 희랍신화는 희랍인들의 총체적 사유체제 즉 헬레니즘을 대변한다. 돌이켜보면 지난 2천 년 동안 인류의 역사는 그리스·로마 문화의 중심을 이루었던 희랍인들의 사유체제 즉 헬레니즘(Hellenism)의 영향을 많이 받아왔다. 오늘날에도 영미를 포함한 서구 문학도 그리스·로마 신화를 인용하지 않고서는 설명할 수 없을 정도다. 알려진 바와 같이 헬레니즘의 장점은 가능한 많은 것 즉 다양성을 추구한다. 그 대표적인 것은 많은 신들에게서 나타난다. 그리고 희랍의 민주주의에서 알 수 있듯이 의사 결정 역시 신속함보다 과정을 중시한다. 가령 최고 의사 결정자인 제우스가 있지만 그의 역할은 신들의 의견을 조정하고 조율하고 최대한 마찰을 줄이는 것이 대부분이다. 가능한 많은 이들의 불만을 줄이고 좋은 견해를 수용하는 것은 회의를 운영하는 최선의 대책이다. 하지만 때로는 신속함을 요구하는 상황과 이를 빙자한 세력들의 간악함이 스며들기도 한다. 무엇보다 문제는 이러한 사유방식을 모두가 선호하지 않는다는 것이다.

그래서 사람들은 생산적이지 못한 사유방식의 인간 중심의 논의가 때로 이를 이해하기 싫어하거나 어려운 이들에게는 주어진 것만 추구하게 한다는 사실을 가끔 잊는다. 생각하기보다는 그냥 있기, 복잡보다는 단순, 어려운 것보다는 쉬운 것, 우회하기보다 직진하기 그리고 더욱더 움직이지 않고 편한 것이 더 좋기 때문이다. 역사적으로 로마는 이를 십분 발휘했다. 곡선적인 표현이 많은 인문학보다는 직선적인 건축과 법으로써 인간의 사유 행위를 제어했다. 그리고 굳이 정신을 풍요롭게 할 수 있는 인문 문화 창조를 고집하지 않았다. 손쉬운 방법을 택했던 것이다. 예컨대 제우스(Zeus)와 헤라(Hera) 등 희랍어 신들의 이름을 주피터(Jupiter)와 주노(Juno)와 같은 로마어로 바꾸어 로마 신화로 각색한 것이 그것이다.

　　모든 신화에는 자신들의 정치적 이상이 담겨 있다. 신화가 신화로서의 역할과 능력을 발휘하지 못하면 신화는 더이상 가치가 없다. 희랍의 신화 즉 헬레니즘 문화는 여러 신들을 등장시킴으로써 각자가 맡아 처리해야 할 주어진 영역이 있다. 그러나 그 역할에 충실하지 못하면 여러 신들의 존재는 때로는 무질서와 혼란이 되기도 한다. 예를 들어 하늘의 불(火)을 훔쳐다 인류에게 가져다 준 프로메테우스(Prometheus)의 이야기는 대표적이다. 신들의 눈부신 역할 못지않게 계율을 어기는 신화에서 자신의 역할을 하지 못하거나 일탈행위를 하게 되면 사회는 사회적 약속을 어기게 되어 혼돈을 연출하게 된다. 자신이 해야 될 일의 선택을 외면하면서 제 역할을 충실하게 도맡지 못하면 오만함이나 거만함으로 비춰지고 그 오만과 거만의 빛이 다하면 다른 것에 대체되고 만다. 결국 헬레니즘을 승계한 로마는 스스로 이를 지각하지 못하는 우둔(愚鈍)함을 보임으로써 자신의 일을 외면하였고 오도아케르에게 A.D. 476년 망한다.

　　왜 로마가 망했는가 그리고 어떻게 살 것인가를 고민하는 인간들은 신이 많았기 때문이라고 단정한다. 그리고 여러 신을 모방하려는 인간의 아둔함은 한 분의 신을 모시는 헤브라이즘(Hebraism)으로 대신하게 된다(이 같은 유일신 모시기는 무함마드가 메디나에서 메카로 돌아온 이후 제일 먼저 시도한 것과 같다). 헤브라이즘은 칼 대제와 오토 대제 그리고 그의 아들 피핀과 같은 과거 헬레니즘의 추종자들이 재빠르게 헤브라이즘으로 개종하면서 그 빛을 발하게 된다. 이로써 유럽에서는 자연스럽게 유럽의 홍범구주(洪範九疇)가 헬레니즘에서 헤브라이즘으로 옮겨진다. 어느 신으로부터 안위를 보장받을 것인가 하는 염려가 사라진 것이다. 그리고 각자의 선택이 옳았다는 것을 증명이라도 해야 하는 듯 그리고 한 분의 신만 모시면 해결될 것 같은 인간군상의 문제는 또 다른 문제를 야기하였다. 좋은 신을 모시는 우리처럼 너희들도 같이 섬겨야 한다는 것이 그것이다. 나의 믿음체계가 존속되기 위해 주변과의 반목도 불사해야 했다. 2천 년의 역사에 헤브라이즘과 이슬람의 반목은 그 대표이다. 그리고 십자군 전쟁은 이를 증명하고 있다. 헤브라이즘과 이슬람 양자 각자의 입장에서 상대의 잔혹함과 이단의 저항을 역설하고 원망, 동정, 보상, 위안 받기를 원했다. 예컨대 구약의 성전(聖戰) 개념에 따라 단지 예루살렘 수비대를 함락시키는 정도를 넘어서서 인근의 모든 사람을 완전히 멸절시키는 일이 벌어졌고 이 아비규환 속에서 일시적이나마 양자는 승전에 대해 감사 기도를 올렸을 것이다.

하지만 같은 조상의 후손으로 유일신 앞에서 행하는 이들의 대결은 철저히 집안싸움이다. 기독교 경전인 구약에 따르면 아브라함(Abraham)은 고대 셈 족의 일원으로 85세에 하녀 하갈(Hagal)에게서 이스마엘(Ismael)을 그리고 그가 100세가 되던 해 정실부인 사라에게서 이삭을 낳았다. 이삭은 유대인의 조상이 되고 이스마엘은 아랍인의 조상이 되었다. 이 같은 내용은 이슬람의 꾸란에서도 확인된다. 다만 이슬람 교도들에게는 당연하겠지만 꾸란에서는 이스마엘이 큰아들로 되어 있다. 610년 마호메트가 이슬람교를 포교하면서 이슬람 신자는 모두 신도로서 형제가 되었기 때문에 종교적인 이유에서 아랍계 이슬람 세력과 팔레스타인이 같은 편이 되어 유대인과 맞서고 있지만 역사적으로 아브라함의 자손들이 같은 유일신을 신봉하면서 부모 앞에서 자식들이 다투고 있는 꼴이다.

기실 그들이 중동 땅에 모여 살면서 아옹다옹 시작된 다툼이 '죽기 아니면 까무러치기'로 변화된 것은 얼마 되지 않는다. 서기 637년 버려진 땅에 이슬람 교도들이 새로운 주인으로 들어왔을 때만 해도 이 땅의 주인은 팔레스타인 인들이었다. 또한 1800년대 말 유대인들이 예루살렘 시온산으로 돌아가자는 '시오니즘'을 일으켜 팔레스타인 땅으로 돌아오기 시작할 때까지만 해도 이들은 그럭저럭 지내고 있었다. 제2차 세계대전 중 나치(Nazi)의 유대인 대학살 이후 유대인의 비극을 동정한 세계, 미국과 유럽 국가들이 정치적으로 그리고 경제적으로 영향력을 행사하거나 이를 이용하려 하기 전까지는 그랬다. 하지만 이민족의 이간질적인 개입을 일삼는 중개자 같지 않은 이들이 들어오고 나서는 사정이 달라졌다. 후술하겠지만 소위 벨포어(Balfore) 선언과 맥마흔 선언 그리고 UN으로부터 팔레스타인과 유대인에게 분할된 영토비율은 52대 48이었다. 같이 살지 말라는 것이나 다름없다. 이러한 UN의 결정은 이 지역을 곧 폭발할 화약고로 만들었다. 1948년 5월 14일 선포된 이스라엘의 독립은 곧바로 괴멸의 죽음을 부르는 전쟁이었다. 이집트, 요르단, 사우디아라비아, 시리아, 레바논 등 아랍 국가들이 이스라엘 독립선포와 동시에 선제공격을 감행했는데, 제1차 중동전이 그것이다. 팔레스타인인 90여만 명이 난민길에 오른 것도 이때다.

이후 3차례의 전쟁을 더 치렀지만 이스라엘이 모두 승리했다. 특히 1967년 6월 5일 제3차 중동전쟁은 현재 아랍 이스라엘 분쟁의 사실상 불씨이다. 이 전쟁은 당시 이집트의 가말 압델 나세르(Gamal Abdel Nasser) 대통령이 유엔 평화 유지단을 추방하고 이집트 및 시리아가 대규모 군사 동원을 실시함으로써 촉진되었다. 이집트가 시나이 반도에 주둔 중인 유엔군을 추방하고 전군 동원령을 내리면서 촉발된 이 전쟁에서 이스라엘은 단 6일 동안 이집트로부터 시나이 반도와 가자 지구를, 요르단으로로터는 요르단 강 서안 지구를, 시리아로부터 골란 고원과 동예루살렘을 빼앗았다.

팔레스타인에서 국한된 갈등이 이슬람 전역으로 확산된 것이다. 이들의 싸움을 말리려는 1979년 캠프 데이비드 협정 등의 시도도 있었지만 이스라엘은 시나이 반도만 이집트에 반환했을 뿐 점령지 철수라는 UN의 요구를 묵살했다. 그리고 1987년 12월 팔레스타인인들이 민중 봉기를 의미하는 집단적인 저항, 즉 인티파타를 일으키면서 타협 없는 악순환이 피의 보복전으로 되고 있다. 이 같은 양자의 갈등사를 간략히 살펴보면 두 가지 교훈을 얻을 수 있다.

첫째, '개구리 올챙이적 시절을 잊는다'는 평범한 진리다. 내가 어려우면 남도 어려운 법이다. 유대인들은 과거 떠돌이 생활이 얼마나 참혹하고 견딜 수 없는 것인가를 몸소 체험했음에도 불구하고 이를 망각한 모양이다. 아니면 이들이 떠돌아다닐 때 쪽박 깨지 않고 동정을 할망정 누구 하나 살 곳과 쉴 곳을 주는 이가 없었기 때문에 남의 자리라도 차지해야 한다는 냉혹한 생존 법칙만 체득한 것인가? 그것이 생존의 법칙이라고 우기면 어쩔 수 없다. 하지만 자연에는 공존을 위한 문명사회의 법칙도 존재한다. 이 문명사회의 법칙이 무너지면 공존을 위한 조율 작업 즉 타협은 없다는 것이 두 번째 교훈이다.

5. 샤덴브로이데의 미소

각국의 파병 속셈

9·11테러에 대한 보복을 위해 미국은 많은 심혈 그리고 비용을 들였다. 빈 라덴의 행방에 관한 정보와 군사 작전을 실행하기 위해 파키스탄과 인도와 러시아에 영공과 기지 사용을 요청하였다. 그리고 그 동안 자신들이 불량국가로 지목해왔던 리비아, 시리아, 이란, 수단, 북한 등의 국제적 지지까지 이끌어내려고 했다. 미국은 파키스탄과 인도에게 지난 1998년 핵실험을 했던 이유로 가해진 경제제재 해제를, 동티모르 학살문제로 제재를 받아오던 인도네시아에게는 6억 5,000만 달러의 원조와 군사제재 해제를, 러시아에는 나토 가입을, 중국에 대해서는 세계무역기구(WTO) 가입을 적극적으로 주선했다. 게다가 9·11테러 직후 유엔 분담금을 외면하던 미국은 코피 아난 유엔 사무총장이 미국의 분담금지급을 재촉하자 즉각 5억 8,200만 달러에 이르는 지급안을 가결시켰다. 미국의 이 같은 정책 변화는 아프가니스탄을 보복하기 위한 단기적 목적에서 기인하고 있기 때문에 부시 정부가 일방적 외교 노선을 바꿀 것인지는 불확실하다.

그리고 9·11테러와 아프가니스탄 보복공격 과정에서 대부분의 국가들은 9·11테러에 대한 애도를 표시하며 반테러를 표시하였다. 테러 자체를 미화하거나 옹호할 수 없을 뿐만 아니라 미국에 대한 반대가 테러 옹호로 비춰질 것과 미국과의 마찰이 자국의 손실로 돌아올 수 있기 때문이다. 아프가니스탄에게는 안된 일이지만 내 코가 석자이니 어쩔 수 없었다. 이런 상황에서 각국의 파병은 동상이몽이 아닐 수 없다. 하지만 미국의 추가 파병 요구에 대해 각국은 각기 다른 목적을 가지고 있었다.

일본 : 9·11테러와 미국의 아프가니스탄 보복공격의 최대 수혜자는 일본이다. 2001년 9월 19일 고이즈미 준이치로(小泉純一郎) 일본 총리는 긴급 기자회견을 갖고 자위대 파병, 난민 지원 등 7개 항목의 미군 지원에 관한 정책을 발표했다. 미국의 전세계적 테러 근절 요청에 기다렸다는 듯 회심의 웃음으로 기꺼이 화답하였다. 미군 지원을 위한다는 고이즈미 총리의 자위대 파병은 일본 자위대를 기정사실화하기 위한 것이라는 비판에도 아랑곳하지 않았다. 역사교과서 왜곡, 그리고 신사 참배에 대한 주변국과 일본 내 반대의 목소리에 '나는 내 방식대로 산다' 라는 신념 아닌 아집으로 대응해왔던 그였다. 게다가 일본 경제는 지난 10년 동안 벌어놓은 '돈' 을 까먹기만 했다. 이러한 일본 내 분위기를 십분 이용한 고이즈미 정권은 1991년 걸프 전 당시 무려 130억 달러라는 거액의 전비를 부담했으면서도 국제사회의 문제해결은 외면한다는 비난을 받았던 지난 '걸프 전의 전철' 을 되풀이해서는 안 된다는 점을 명분으로 내세웠다. 그리고는 일본 정부와 여당은 테러 공격 지원의 법적 근거 마련 등 법 정비를 서둘렀다. 2001년 10월 29일 미국의 테러 보복공격 지원을 위한 '테러대책 특별조치법' 통과 그리고 심의 중인 'PKO활동에 관한 법률안' 이 그것이다. 그리고는 재빠르게 인도양 디에고 가르시아 섬에 있는 미군 기지에 연료와 물자 수송을 지원하기 위해 보급선 2척과 구축함 3~4대 등으로 구성된 1천 명 규모의 해상 자위대 함대를 파견하였다. 이번 사태로 미·일 동맹 관계를 전후 일본 외교의 기축으로 삼아온 일본은 미국의 테러를 지원하기 위한 파병을 기회로 일본의 무력행사 금지를 규정한 헌법 저촉 논란을 일거에 해소하려는 노골적 의도를 드러냈다. 하지만 이러한 행위가 과거연원에서 자유롭지 못하고 오히려 스스로의 발목잡기가 될 수 있다. 일본은 결코 주변 국가들이 수긍하는 정상국가가 될 수 없다.

중국 : 중국 정부는 어떤 종류의 테러에도 반대하지만 테러 사태 해결을 위

한 국제적인 협력과 유엔의 역할만을 강조하였다. 미국 주도하의 2001년 WTO가입이라는 것을 감안하면 9·11테러 이후 중국은 미국의 아프가니스탄 보복에 대해 명확한 지지와 반대 의사를 밝히지 않음으로써 미국의 군사력 사용을 묵인하였다. 나아가 2001년 11월 15일 정례 외신 브리핑에서 외교부 장치웨(章啓月) 대변인이 아프가니스탄의 평화와 안정을 유지하기 위한 국제 평화유지군 참여를 배제하지 않고 있다고 공식적으로 언급함으로써 미국에게 명시적인 지지를 표명했다. 물론 중국이 파견할 수밖에 없었던 이유는 먼저, 중국은 9·11테러 이후 미국의 아프가니스탄 공격을 유엔안보리에서 결정해야 한다는 입장을 줄곧 개진해 왔던 만큼 UN 상임 이사국으로서 평화유지군 활동은 불가피했다. 둘째, 자칫 반테러 전쟁을 하는 미국의 오해로 인한 외교적 마찰을 피하고자 했다. 나아가 중국의 신장(新疆) 위구르 자치구 내에서 테러 단체들이 공작과 훈련 등 아지트로서의 역할을 하고 있다는 것을 간과할 수 없기 때문이다. 셋째, 일본이 자위대를 파병하는 등 적극 움직임을 보이고 있는 시점에서 일본의 군사 대국화를 견제할 수 있는 적절한 국가는 중국이다. 역사의 구원(舊怨)이 있는 일본이 파병된 상황에서 중국이 파병을 하지 않을 경우 아프가니스탄 문제 해결 이후 각국이 군대를 철수할 때 일본에게 평화를 위한 대의명분을 제시할 수 없다.

독일 : 2001년 11월 9일, 독일은 미국의 아프가니스탄 공격을 지원하기 위해 3천 9백 명의 군대를 파견키로 결정했다. 게르하르트 슈뢰더 정부의 파병 결정은 외견상 미국의 요청을 받아들이는 형식을 취했다. 그렇다고 해서 미국의 요청과 압력에 의해 결정한 것은 결코 아니다. 오히려 독일 정부가 내심 원해왔다고 볼 수 있다. 기본적으로 독일은 미국이 혼자 세계 경찰 노릇을 하는 시절은 지나갔다는 입장을 갖고 있다. 하지만 그 동안 독일이 미국의 반(反)테러 전쟁에 파병하는 등 적극적인 동참 의사는 새로운 독일의 역할 모색으로 보인다. 예컨대 독일의 현 슈뢰더 정권은 사민당과 녹색당의 좌파 연정이다. 반전(反戰)은 좌파 정당의 상징이다. 무고한 민간인까지 다수 희생되고 있는 이번 전쟁에 참전을 선언한 것은 정치적 의도가 있다는 것을 의미한다. 사민당, 녹색당, 그리고 민사당(동독 공산

당 후신) 그리고 보수파 야당 기민당과 자민당 모두 찬성하고 있기 때문이다. 물론 아프가니스탄 참전을 계기로 독일은 제2차 세계대전 후의 원죄를 조금이나마 보상하려 할 수 있다. 그러나 우리가 염려하는 것은 독일이 국제무대에서 경제력에 걸맞은 정치적 대우, 즉 아프가니스탄 사태 이후 국제사회에서 당당히 독일의 역할을 요구하려는 것은 아닌가 하는 것이다. 참전을 통한 내부 단합과 독일 통일이 10년이나 지난 시점에서 독일 내부의 분열을 외부로 전화하려는 의도가 묻어 있어서는 안 된다. 제2차 세계대전 이후 가장 위험한 전쟁 상황에 독일군을 파병키로 한 슈뢰더 총리의 결정은 일본 자위대 파병과 마찬가지로 독일군의 임무를 국내 방위에 한정한 연방 헌법 위반 여부에 대한 논란 그 자체이다.

불란서 : 불란서 국내 여론조사에 따르면 많은 불란서 국민들은 아프가니스탄에 대한 파병을 원하지 않았다. 그럼에도 파병을 하였는데 그 이유는 크게 두 가지로 볼 수 있다. 하나는 대통령과 총리가 권력을 분담하는 동거 정부의 특성으로 인해 대외적으로 서로 외교적 실세임을 강조하려는 제스처로 보인다. 권력을 분담하고 있는 동거 정부의 대통령과 총리 모두 2001년 대통령 선거를 의식한 것으로 보인다. 또 하나는 지금까지 영국에 비해 부수적인 지원만 하고 있는 상황에서 자칫 독일, 이태리 등보다 국제사회의 외교적 위상이 뒤질지 모른다는 불안감이다.

영국 : 9·11테러 이후 서방과 이슬람으로부터 미국 무력행사를 위한 국제적 지지를 끌어내는 데 앞장섰던 일등 공신이다. 이로 인한 군사 외교적 위상은 날로 증가하고 있다. 영국은 그 동안 공헌을 확인하듯 2001년 11월 14일 토니 블레어(Tony Blair) 영국 총리의 하원 연설에서 아프가니스탄 내 비행장 장악, 폭발물 제거 등 구호물자 공급로 확보, 탈레반 잔군과의 교전 참여 등을 밝힘으로써 인도주의적 활동과 평화유지군 역할을 병행할 것임을 시사했다. 서방 국가로는 처음으로 그리고 카불에서 철수한 지 12년 만에 카불에 외교관을 배치했다. 아프가니스탄 내 국가 기관의 재건에도 관여함으로써 아프가니스탄에 대한 영국 영향력은 더욱 커질 전망이다.

반테러와 평화를 명분으로 내건 이유는 모두 같다. 또한 정치적 타결의 필요성을 외치면서도 국익을 위한 파병, 이것이 세계 정치권의 냉혹한 현실이기도 한다. 전쟁 초기에 미국은 군사 작전 참전국을 영국만으로 제한해왔다. 미국이 각국의 파병을 촉구하기 전까지 아프가니스탄에 군대 파견을 결정한 나라는 영국과 호주뿐이었다. 영국은 특수부대인 SAS 병력을 포함해 1,000여 명의 지상병력을, 호주는 2001년 10월 23일 정예부대 병력 150명을 파견하였다. 아프가니스탄 보복전쟁에 참전국이 증가하면 군사 작전의 의사 결정 구조에 혼선을 빚게 된다는 것이었다. 그럼에도 불구하고 참전국을 확대키로 한 미국의 정책 변화는 세계 최빈국 가운데 하나인 아프가니스탄 공습에 대한 국제적 지지가 최근 약화된 데 따른 것이다. 다시 말하면 미국의 파병 요청은 미국과 영국만으로도 아프가니스탄 보복을 성공리에 마칠 수 있지만 국제사회에서 '잘한다'라는 지지 도출을 위한 것이다. 즉 미국은 독일, 불란서, 이태리 등의 파병에 대해서 내키지 않았던 것이다. 예컨대 럼스펠드 미 국방장관은 '미국은 광범위한 지지를 요구했을 뿐 독일군의 파병을 특별히 요구하지는 않았다' 면서 '독일군의 배치는 독일 정부의 소관사항이다' 라고 불쾌하게 말한 것이 이를 대변한다. 아프가니스탄 전쟁에서 미국이 이길 수 없기 때문에 우방들의 지지를 호소한 것이 아니라는 것을 다른 국가들이 알면서도 파병했던 것이다.

아프가니스탄의 후유증

2001년 10월 7일부터 이루어진 미국의 보복공격이 있은 지 두 달 후 탈레반은 붕괴되었다. 탈레반이 무너졌지만 미국은 또 다른 고민에 싸이게 되었다. 카불 함락은 아프가니스탄 과도정부 수립을 위해 열강들이 물밑 각축전을 벌인다는 것 이외에도 미국에게는 또 다른 비극의 태동이기 때문이다.

첫째, 탈레반 정권 붕괴 이후 친미 정권 수립이 용이하지 않은 문제는 미국이 북부 동맹을 신뢰하고 있지 않다는 것이다. 왜냐하면 타지크, 우즈베크, 하자르 족 등 소수 민족의 연합체인 이 조직이 최대 부족인 파슈툰 족의 지지를 얻지 못할 것이라고 말하지만 사실 북부 동맹은 이슬람 원리주의를 신봉하면서 과거 친소경향이 있는 세력들이기 때문이다. 친미 정권을 수립하려는 미국으로서는 문제가 아닐 수 없다.

둘째, 카불의 비무장지대 주장이다. 국토의 6분의 1 가량을 차지하는 북서 변경은 병참 기지이다. 그리고 파키스탄 인구의 16%는 탈레반과 동족인 파슈툰 족인데 이들과 밀접해 있어 북부 동맹이 집권하게 되면 분쟁이 발생할 소지가 있다. 각기 다른 목적으로 정쟁과 내분은 자명해진다. 따라서 카불은 비무장 상태가 되어야 한다.

셋째, 북부 동맹을 지원해온 러시아와 인접한 이란, 우즈베키스탄, 타지키스탄 등 중앙아시아 국가들은 이슬람을 중심으로 하는 새로운 정권을 지지하고 있다. 하지만 러시아는 외부의 어떤 세력도 아프가니스탄에 대리 정권을 세우려는 기도를 용납하지 않겠다며 미국의 영향력 확대를 경계해왔다. 아프가니스탄에 친미 정권이 들어서는 것은 곧 반러시아적인 성격을 포함하게 되므로, 어떤 식으로든 등장하게 될 러시아와의 대립을 피할 수 없다.

넷째, 위와 같은 상황에서 정작 아프가니스탄 전쟁 당사자인 미국은 평화 유지 활동에는 참여하지 않을 것을 천명했다. 미국은 전

세계 대 테러 전쟁을 수행해야 하는 임무를 띠고 있기 때문이라고 말했지만 아프가니스탄 내 또 다른 내전과 같은 복잡한 문제 해결에는 관심이 없고 오로지 자신이 원하는 것만 하겠다는 데 대한 전 세계의 비난을 불러일으킬 수 있다.

6. 9 · 11테러의 특징 · 문제 · 과제

테러는 대중적 기반이 없는 소수의 극단주의자들이 유괴, 암살, 폭파, 공중 납치, 해상 납치 등 명백하고도 비합법적인 폭력을 통해 군사적으로 압도적인 우위에 있는 적으로부터 그들의 목적을 달성하고자 하는 정당하지 못한 수단이다(Ivan Arreguin-Toft 2001, 93~128). 넓은 의미에서 테러는 대중의 행동, 사상, 감정을 테러리스트 자신들의 행동, 사상, 감정과 일치하는 방향으로 변화시키는 것을 목적으로 하는 최종적 수단으로, 조직적 파괴 또는 살해를 함으로써 개인, 단체, 특정 공동체 혹은 정부를 공포 분위기로 몰아넣어 테러 집단의 정치적 목적을 달성하려고 하는 행위이다.

하지만 9 · 11테러에는 이러한 테러의 특징이 없다. '타협도 조건도 없고 내가 공격했다'고 밝히지도 않는 목적 지향적 자살 공격이다. 이전의 테러는 자신들의 위상을 높이거나 특정 목적, 테러 명분을 대외에 알리기 위해 테러 이후에 그 정체를 밝히는 데 비해 9 · 11테러는 그렇지 못하다. 그러나 두 가지는 분명하다. 첫째, 적과의 싸움에서는 적의 궤멸이 목적이므로 승리 이외에 요구 조건이 있을 수 없으며 상대방에게 최대한 타격을 입히는 것이 목표이다. 9 · 11테러는 이를 담고 있다. 이전의 테러가 극단적 수단을 동원하여 특정의 목적을 달성하기 위한 행위였던 데 반해, 9 · 11테러는 새로운 형태의 뉴 테러리즘으로 극적인 효과를 전쟁 수준으로 확대한 것이다. 둘째, 자살 테러리스트들은 한결같이 죽음을 두려워하지 않았다. 두려워하기는커녕 오히려 종교적인 순교 정도로 여기고 있었다.

두 사태 이후 분쟁형태도 크게 변화할 것으로 예상된다. 기실 제2차 세계대전 이후 세계는 전쟁의 부당함을 알리는 데 주력했고 이에 따라 평화적으로 세계 문제를 해결하려 하였다. 전쟁을 위한 선전포고는 전쟁을 일으키는 국가로 지목될 수 있기 때문에 전쟁의 직접적인 형태보다는 진행 중인 전쟁에 개입하거나 사주하는 형태로 나타났다. 따라서 앞으로의 전쟁과 분쟁은 목적 달성을 위해 선전포고 없이 진행되는 게 보편화될 것이다. 이런 논리로 보면 테러는 특정 목표 달성을 위한 일부 불순분자들의 선동과 책동뿐만 아니라 향후 이루어질 모든 분쟁을 이르는 말이 된다.

21세기의 전쟁은 테러와의 전쟁이 될 것이다. 영역에 국한되지 않은 보이지 않는 형태와의 싸움을 의미한다. 그렇기 때문에 예고 없이 발생되는 테러와 같은 군사적 갈등이 21세기 새로운 분쟁양상이 될 것으로 보인다. 따라서 새로운 테러리즘이 어떤 모습으로 등장할지는 쉽게 상상할 수 없지만, 그 방향이 정치적 목적 달성의 도구를 본질로 하는 테러의 기능을 극대화시킬 것이라는 데에는 이론의 여지가 없어 보인다. 이것은 다음 몇 가지로 구분할 수 있다.

첫째, 테러 행위가 저렴한 비용으로 높은 효율을 기대할 수 있는 매력적인 폭력으로 비춰진 데는 핵무기와 전면전의 기능이 크게 줄어든 상황과도 직접 관련이 있다. 즉 재래식 전쟁은 제2차 세계대전을 끝으로 그 수명을 다했고, 강대국들에 의한 핵무기 개발은 미묘한 위장 평화, 즉 공포의 균형을 만들어냈다. 누구도 핵무기를 쓸 수 없고 누구도 전면적인 전쟁을 벌일 수 없는 상황이 상당 기간 지속됐다.[5] 전후 장기적 평화를 경험하고 있던 세계는 세계 질서의 성격 변화를 의미하는 몇 가지 커다란 국제적 사건 즉 1992년과 1998년 두 번의 걸프 전 그리고 1999년 코소보 지역에서 사용된 무력과 1997년 동아시아 금융위기에서 나타난 국제 경제 질서의 지역화 경향으로 21세기 새로운 갈등형태를 맞아야 했다.

둘째, 미국과 전세계를 일시적 혼란에 몰아넣었던 9·11테러가 정규전에 버금가는 수준이었기 때문에 정규전의 보조적인 수단으로서 많이 활용될 수 있음을 시사한다. 따라서 테러가 저강도 분쟁(Low Intensity Conflict)의 개념보다 선전포고 없는 전쟁(War without Declaration) 식의 더 호전적이고 도발적인 개념으로 보편화될 수도 있다.

셋째, 국제사회에서 분쟁 당사국(troublemaker)을 제재할 방법은 없다. 그럼에도 불구하고 국가와 국가간 그리고 지역과 지역간 발생되는 정치적 갈등이 여전하다는 것은 국제사회의 딜레마이다. 게다가 제3세계 나라들은 서구 제국의 식민지 상태에서 벗어났음에도 여전히 과거의 식민주의에서 자유롭지 못하다는 주장을 끊임없이 하고 있다. 강대국의 지배 논리 아래 약소 국가는 자신의 의사에 반해 정치적 해결이 진행될 때 이에 대해 공식적이고 직접적인 군사력으로 대항할 수가 없었고, 비공식적이고 간접적인 폭력으로 대항할 수밖에 없었던 것이다. 따라서 분풀이식의 자력 구제적 방법을 도입하게 되는데, 이렇듯 서방 국가와 국내 지배계급의 지배논리 함정에 빠져 있다고 믿고 있는 제3세계에게 테러리즘은 바로 이런 상대적 박탈감을 돌파할 수 있는 도구가 되고 있다.

넷째, 70년대 이후 비국가 행위자(Non-state actors)가 테러리즘의 주요 주체가 되었다. 즉 극좌 극우 이념이나 종교적 신념을 관철시키는 것을 목표로 하는 비정규 무장 조직들의 등장이 그것이다. 이에 비해 국가가 소유한 정규군은 나날이 감소했고 과학기술의 발달로 인해 무기가 점점 작아지고 강력해졌다.

다섯째, 9·11테러 이후 발생된 탄저병에 관한 공포는 미국 내에서 발생한 헤프닝이었다. 하지만 이러한 생화학 테러는 제2차 세계대전 중 일본제국의 생화학 생체실험 만행에서 드러났듯 매우 잔인한 방법이다. 기원전의 역사와 구약성서에도 등장하는 생화학 무기는 20세기 두 차례 세계대전과 냉전을 거치며 발전을 거듭했다(탄저병의 경우 구약성서에서 모세가 이집트를 탈출하기 위해 퍼뜨린 병균으로 알려졌다. "생화학전 역사"『文化日報』2001. 10. 13). 1915년 독일군의 염소가스와 겨자가스, 일본의 남경대학살, 한국전쟁의 유행성 출혈열균 그리고 1995년 일본 옴 진리교의 사린가스 테러는 통제 불능의 병원체를 무기로 사용한 무차별 대량 살상의 후유증이 얼마나 처참한가를 인류에게 알려주었다. 특히 생화학무기는 개발과 사용을 자제하려는 각국의 노력에도 불구하고 국제사회의 이해관계에 밀려 끊임없이 인류를 위협하고 있다.

따라서 오늘날 테러는 국가가 전쟁 수단을 독점하지 못하는 현실에서 "전쟁은 외교의 다른 수단"이라는 클라우제비츠(Carl Von Clausewitz)의 전쟁관을 수정하게 만들었다.[6] 20세기를 마감하는 1999년 한 해에도 세계 곳곳에서는 여전히 크고 작은 분쟁이 끊이지 않았지만, 전면전이 벌어지는 곳은 거의 없다는 사실이 이를 입증한다. 21세기에 들어선 지금 세계 최대의 분쟁 지역으로 아프가니스탄, 소말리아, 이라크, 체첸, 앙골라를 꼽을 수 있으며 여전히 대량살상무기 개발과 인구증가로 국제적 상황이 비관적이다.

이번 테러의 유력한 용의자인 빈 라덴은 왜 '미국과의 전쟁'을 선포해야 했는가? 이 세상에는 죽음을 불사해야 할 만큼 귀중한 것은 없다. 따라서 이들이 죽어가면서까지 해야 한다고 믿는 것은 '그들에게 절대절명의 절실함이 아니었겠는가' 라고 반문할 수 있다. 9 · 11테러는 미국과 동맹국들의 입장에서는 테러이다. 하지만 테러리스트들에게는 성전이고, 그들의 입장에 동조하는 사람들은 자신들이 하지 못하는 것을 그들이 해주었다고 생각할 것이다. 도대체 미국이 어떻게 하였기에 그들의 마음에 죽음도 불사할 정도의 증오를 키워주었단 말인가? 9 · 11테러에 참가한 테러리스트들 가운데 미국에서 대학 교육을 받은 이들이 포함되어 있는 것을 볼 때 그들이 일시적이고 즉흥적인 감정에 치우치지 않을 만큼의 교육을 받았다는 것을 알 수 있다. 그렇다고 그들의 행위가 결코 정당화되거나 미화될 수 없다. 수단과 방법이 목적을 정당화시킬 수 없기 때문이다. 같은 맥락으로, 아프가니스탄에서 자행된 미국의 오폭으로 인한 보복행위 역시 결코 정당화되거나 용서될 수 없다는 것과 궤를 같이 한다. 아프가니스탄 보복공격에 참여한 미국의 의사 결정자들 그리고 탈레반과 알 카이다 모두 국제사회의 질서와 평화를 흐려놓았기 때문이다. 양자 모두 용서받을 수 없는 테러와 보복공격을 했지만 탈레반은 미국의 지원으로 정권을 창출하였고 알 카이다는 미국만을 테러대상으로 선택했다는 데서 이제 인류는 9 · 11테러에서 테러리스트들이 사용한 수단이 항공기표, 칼 그리고 그들의 목숨뿐이었다는 것을 곰곰이 되새겨야 한다.

결론적으로 9 · 11테러와 아프가니스탄 사태는 '미국이 의도하면 안 되는 일이 없다' 는 것을 보여준 단적인 예이다. 알 카이다와 연관이 있을 것으로 간주된 소말리아가 미국의 공습을 피하기 위해 건물에 성조기를 걸며 미국의 환심을 사려고 한 것은 미국과의 직접 대결을 얼마나 두려워하는가를 알려주었다. 9·11테러에 대한 보복은 국제사회에서 '아무리 명분이 있다 하더라도 이를 실천에 옮길 수 있는 수단으로써 힘은 절실하다'는 것을 보여주었다. 그리고 미국의 영향이 얼마나 무서운지를 실감시켰다. 미국인을 죽인 것도 확실하지 않고 다만 정황 증거로만 유력한 용의자를 잡기 위해 투입한 비용은 가히 천문학적이다. 사실 그 비용이 얼마나 되는지 추산할 수 없을 것이다. 다만 인도와 파키스탄의 경제 제재를 해제하는 것뿐만 아니라 한 나라의 부채를 탕감하기까지 했다는 데서 짐작할 수 있을 뿐이다. 여기에 미국이 쏟은 전략적 비용까지 합산하면 미국이 얼마나 두려운 나라인가를 느끼게 한다.

또한 이번 9·11테러는 아무리 소수일지라도 사무친 원한을 갖거나 또는 철저하게 극단적으로 나아갈 경우 사회 전체를 또는 국제사회의 질서를 훼손할 수 있다는 것을 확인하는 실증적 계기이다. 물론 미국의 공화당원 중에서 매파들이 반미 테러 단체들의 극단적 테러 행위를 감수하고서라도 9·11에 대한 자존심을 회복하기 위해 응징을 해야 한다고 한 것을 보면 더이상 할말이 없다. 하지만 속이 풀릴 때까지 그리고 다시는 그러한 참사를 일으키지 못할 만큼 철저하게 응징할 수 없고 상대방의 존재를 부정하고 그 근원을 뽑아버린다는 것은 불가능하다. 더욱이 특정 지역에서 일어나는 지리적 분쟁의 개념이 사라지고 있고 절대적인 군비 우위의 미국이라 하여도 더이상 테러에서 자유로울 수 없게 되었기 때문이다. 9·11테러는 '너에 대한 나의 미움이 이 정도에 이르고 있다'는 것을 보여주고 있다. 거기에는 아무런 협상도 대가도 없이 그저 죽음으로써 그들의 마음을 보여주고 싶었던 것으로 군사적으로 응징한다고 해결되지 않는다는 것을 보여주고 있다. 그렇기 때문에 다른 방법을 모색해야 한다.

9·11테러에는 어떠한 말도 없었지만 테러리스트들이 남긴 무언 (mime)은 적어도 평화와 질서를 유지하기 위해서는 군사력이나 경제력에 의한 전쟁 억지력 못지않게 정치적 협상이 중요하다는 것이다. 돌이켜보면 인류는 인간적 삶의 기본인 평화를 얻기 위해 얼마나 많은 희생을 지불하였는가? 희생자와 희생시킨 자 모두 사람들이었다. 사람들은 현실에 적용될 수 있는 당위가 무엇인가를 모르고 있지 않다. 미국인이든 아프가니스탄을 포함한 회교도인이든 더 이상의 희생은 막고 협상은 계속되어야 한다. 갈등은 서로를 이해하려 하지 않는 데서 기인한다. 정치적인 협상을 위해서는 우선 상대방의 존재를 인정하고 서로의 속내를 드러내고 상대의 주장을 일단 경청해야 한다. 그리고 일의 결말이 양자 공히 만족 수준을 도출할 수 있도록 긍정적인 방향으로 타협과 조정을 해야 한다. 비록 협상에서 상대에 대한 감정적 비난이 있을 수 있다. 그렇지만 적어도 상대가 무엇을 원하는지, 무엇 때문에 격렬하게 반응하는지, 무엇을 오해하고 있는지, 그리고 나와 생각이 어떻게 다른지를 알 수 있게 된다. 서로의 속내를 드러내놓고 하는 토론이라면 격렬해도 좋다. 토론이 격렬할수록 협상이 의외로 쉽게 풀리는 경우도 있다. 그러나 절대로 상대방을 협상 테이블에서 몰아내서는 안 된다. 상대를 몰아내고 혼자서 토론할 수 없다. 서로가 다 멸망하지 않고 공존하는 길은 오직 하나 서로가 인내하면서 끊임없이 조정하고 타협 협상하고 이견을 조율하는 것이다.

오늘날 테러에 대비하는 현실적인 방법 중의 하나는 정황을 분석하되 제3자적 입장에서 제2, 제3의 테러에 대비한 보호막을 형성하는 것이겠지만 9·11테러에 대해 미국은 분노하되 문명국답게 이성을 잃지 않으면서 제3자로 하여금 미국과 극단적 반미 세력들간의 완충 역할을 맡겨야 한다. 그 동안 미국이 자유와 민주를 확산하고자 노력해왔다고 자부하던 것처럼 말이다. 이것이 9·11테러가 너무나 참혹하고 큰 희생인 만큼 그들의 희생이 헛되지 않게 하기 위해서 값진 교훈을 새겨야 하는 까닭이다.

　이하에서는 왜 이슬람 근본주의에 기초한 알 카이다와 자유주의에 바탕을 두고 있는 미국이 다투어야 하는가, 그리고 이러한 갈등과 마찰이 역사 속에서 반복되는 것을 막기 위해 무엇이 제시되어야 하는가를 살펴본다.

제2장
9·11테러와 이슬람

2001년 9·11테러를 이해하고 접근하기 위해서는 적어도 두 가지 시각에서 조명해야 한다. 하나는 9·11테러의 주체가 누구인가 또 다른 하나는 9·11테러의 원인이 무엇인가 하는 것이다. 이 장에서는 많은 문명권 중에서 중동(Middle East), 근동(Near East), 이슬람 세계(Islam World) 등으로 불리며 찬란한 메소포타미아 문명을 건립했던 이슬람권과 현대 문명을 주도하는 기독교권의 사유와 삶의 방식이 왜 그리고 어떻게 상이한가를 살펴본다.

대저 주어진 영역 혹은 사회에서 약자가 살아가는 방법은 크게 두 가지이다. 하나는 강자에 빌붙어서 삶을 유지하는 현상유지이고, 다른 하나는 현상을 급격히 변화시켜 강자로 부상하는 것이다. 어느 것 하나 쉬운 것은 없다. 전자는 주권과 내정을 내주며 자주와 자존심을 떼어낸 채 살아가는 것이고, 후자의 경우는 많은 비용과 희생이 따르는 모험이다. 점진적이고 기능주의적 발상에서 가장 안전한 방법은 강자로 부상할 수 있는 기회가 주어지기 전까지 힘을 기르고 강자가 될 기회를 엿보는 것이다.

그러나 오늘날 많은 국가 혹은 세력들이 이 방법을 현실적으로 수용할 수밖에 없는 현실에서 극단적 방법을 통해서라도 이슬람의 문화를 유지하려는 이슬람 국가들에게 위와 같은 방법을 권유하는 것은 별로 유용해 보이지 않는다. 강자에 빌붙지 않으며 때로는 엄청난 비용과 희생을 치르면서도 그것이 강자로 부각되려 하거나 혹은 강대국이 될 수 있는 조건을 충족시키려는 것이 아니기 때문이다. 그런 상황에서 어느 정도 더 혹은 덜 하는 형식을 취하는가 하는 미묘한 차이가 삶의 방식을 다르게 만든다. 그리고 이러한 삶의 방식은 사유방식까지 바꾸어 버린다. 말하자면 빌붙어 사는 것에

익숙한 이들은 강자를 일찌감치 피하거나 그를 달래려고 애쓸 것이
지만 그렇지 못한 문화권에서는 이와 다른 사고방식으로 형성된 그
들의 독특하고 고유한 태도를 보이는 것이다. 결국 이러한 양자의
관계에서 알 수 있는 것은 기독교 문화권이든 이슬람 문화권이든
각자가 살아가는 고유한 방식이 존재한다는 것을 암시한다. 즉 주
어진 조건 속에서 형성된 각자의 삶의 방식, 힘의 세기 그리고 사고
의 차이가 극명하게 차이 난다는 것을 보여준다. 따라서 오늘날 갈
등과 마찰을 극명하게 나타내는 미국과 중동의 상황에서 '누가 옳
은 것인가'를 이야기하는 것은 매우 어설픈 짓이며 또한 이런 것들
로 국력 그리고 권위를 저울질한다면 조화보다는 세력을 지향하여
파생된 자기 것에 대한 '편의의 갈망'일 뿐이다. 대체로 이러한 가
분적(可分的) 사고는 극단의 상황에서뿐만 아니라 일상적 삶에서
극명히 드러난다.

　모든 것이 신의 말씀이 중시되는 이슬람 사회는 많은 베일에 쌓
여있는 동시에 정신적 가치와 공동체 사회와 매우 밀착되어 있다.
반면 서구는 개방적이고 경제적 가치를 중시하되 물질과 그 가치에
매우 고착되어 있다. 물질에 의존할 수밖에 없는 우리들로서는 물
질편의만을 따지면 분명 서구문화가 앞서 있을 것이지만 정신적 가
치를 중시하는 이들에게는 물질이 한낱 허상에 불과할 수 있다. 따
라서 어느 것이 중요한 것인가는 각자의 선택에 달려있기 때문에
양자의 구분으로 보면 이슬람 문화와 서구 문화로 대변되는 미국의
문화가 섞일 수 없는 단면이다. 오늘날 두 문명의 삶의 방식이 매우
상이하며 동시대를 살면서도 동상이몽식의 관계일 수밖에 없다는
것을 보여주는 대표적인 것은 경제에 관한 사고이다. 예를 들어 중
세 이슬람에서는 오늘날 세계적 기호 식품이 된 커피를 근 천 년 동

안 금기시하여 외부에 누출시키지 않았다. 이슬람은 커피의 경제적 가치를 폄하하였다기보다 커피에 내재하고 있는 몽환적인 카페인 성분에 대한 폐해를 지적하였다. 하지만 서구인들은 커피를 '돈벌이' 수단으로 십분 발휘했다. 먼 여행길에서도 커피만큼은 애지중지할 만큼 최고의 값어치 있는 것이었다. 커피를 팔아 국부를 획득하는 수단으로 사용했으면 하는 아쉬움은 서구에 물든 몇몇 이슬람 장사꾼에 지나지 않았던 것이다. 오늘날 이슬람에서 흘러나온 커피는 서구를 풍요롭게 하고 있지만 정작 경작자들은 빈자들이 대부분인 것처럼 근대성(modernity)의 원천인 원유로 인해 서구는 경제성장을 이룩했지만 몇몇을 제외한 산유국 대부분이 후진국 혹은 개도국이라는 것은 분명 아이러니이다. 물론 이것으로 양자관계를 다 설명할 수 없지만 각기 문화가 추구하고자 하는 바가 상이했다는 것은 서로 부합할 수 없는 면이 있다는 것을 고지시킨다.

이밖에도 양문화권이 동석하기 어렵다는 것은 오랜 격언 중에서도 확인할 수 있다. 서구에서는 캘빈(Jean Calvin 1509~1564)이 부자도 천당갈 수 있다는 이익추구의 사상을 마련했고 이로써 서구는 자본주의의 싹을 띄웠고 부자도 천당갈 수 있다는 발판을 삼았다. 반면 이슬람에서는 '부자가 천당에 가는 것은 낙타가 바늘구멍 들어가기보다 더 어렵다' 라고 보았다. 낙타가 바늘구멍으로 들어갈 수도 없거니와 낙타 등에 혹 때문에 더더욱 어려운데, 이보다 더 어려운 것이 부자가 천당에 가는 것이라는 발상이다. 바로 이와 같은 격언에서 조금이나마 양자의 관계에 관한 답을 모색할 수 있다. 이 격언은 몇 가지를 암시하고 있다.

첫째, 이슬람 사회는 부자가 되는 것보다 다른 것을 추구한다는 것이다. 현세 중심적 물질추구가 아니라 현세와 내세에 충실할 수 있는 종교적 가치를 더 중시하는 것을 시사한다. 둘째, 공동체적 사고이다. 동서고금을 막론하고 부자가 되는 데는 세 가지 방법이 있다. 상속, 장사 그리고 뜻밖의 횡재가 그것이다. 방법이야 어쨌든 부자들은 부를 유지 혹은 극대화할 요량으로 다른 이를 부리거나 권력과 결탁하는 방법을 주로 이용한다. 비록 방법이 지극히 합법적이라고 하더라도 인간적 유대가 돈에 의해서 유지되는 사회는 인간관계가 지배와 피지배라는 필연적 결과를 동반하게 된다. 따라서 불만을 초래하고 공동체 내의 평등관계를 이룰 수 없어 개인주의적 사상이 만연하게 된다. 게다가 장사는 적절한 그리고 정당한 장치에 의해서 가격이 이루어지기보다는 구매자의 구매능력과 지적능력에 좌우되는 경우가 많다. 반면 이슬람 사회에서는 필요한 재화나 용역을 복잡한 계산에 의해 구매하거나 판매하지 않는다. 물론 물질적 평등을 이루고 있다는 것은 아니지만 신의 계시와 예언자 무함마드(Muhammad)의 가르침에 따라 적용하고 부의 분배가 사회전체에 균형적으로 이루어질 수 있도록 하는 공동체적 사회를 지향하여 부자와 빈자 사이를 물질로 구분하지 않고 있다.

이와 같은 정신적 차이는 물질적 차이를 동반하고 물질적 차이는 국력차이를 수반한다. 물질적 발전이 정신적 발전과 동일하지 않지만 대체로 양자 관계를 정비례하는 것으로 오인할 경우 주변 현상을 임의적이고 자의적으로 해석하고 판단하는 경우가 허다했다. 전후 미국의 대외전략은 미국의 국익을 해하는 것은 물론이고 그럴 기미가 보일 경우 절대 묵과하지 않았다. 게다가 전쟁했다 하면 항복을 받아야 직성이 풀리는 미국이다. 이런 맥락에서 아프가니스탄에 대한 보복공격을 마친 후 이라크를 테러 지원국으로 간주하고 공격할 가능성을 짙게 시사하고 있다.[7] 왜냐하면 두 번이나 공격하

고도 굴복시키지 못한 반미국가인 데다가 9·11테러의 주요 용의
세력과 밀착되어 있다고 의심하고 있기 때문이다. 물론 사실 검증
없는 이 같은 불확실한 의심은 매우 금기되어야 할 것이다. 아울러
아프가니스탄 보복공격은 그렇다치고 미국이 '왜 이라크를 공격해
야 하는가'에 대한 답은 쉽지 않다. 걸프 전은 종결되었고, 지역 경
쟁자인 이란과 화해하고 이라크를 안보위협으로 간주하지 않게 되
면서 사우디 정부는 미군의 존재를 더욱 부담으로 인식하고 있다.
또한 미군이 없을 때 더 안전할 것이라는 사우디 왕가의 주장에도
불구하고 미군은 왜 사우디에서 철수하지 않는가 하는 의혹이 증폭
되면서 '왜 이라크인가'를 가늠할 수 있다.[8]

그리고 오늘날 90년대 대규모 전쟁은 거의 중동의 이슬람 지역에
서 발생되었다는 점을 주목할 필요가 있다. 10년 전 부시 대통령의
아버지 조지 부시 전 미 대통령의 걸프 전과 10년이 지난 오늘날 아
프가니스탄에 대규모 공습을 시작했던 부시 대통령의 전쟁은 세 가
지 공통점을 가지고 있다. 첫째, 미국과 이슬람 국가와의 전쟁이다.
기독교 국가와 이슬람 국가와의 대리전 양상을 보이고 있다. 후세
인과 빈 라덴은 한결같이 미국과 이스라엘에 대항하는 무슬림들의
단결을 촉구하고 지하드를 선포한 것이다. 둘째, 미국의 지원 혹은
사주에 의해 정권이 수립되었다가 다시 미국에 의해 정권 붕괴 위
기를 맞았다. 제2차 대전 이후 25곳에서 미국의 지원이 반미감정으
로 변화되었던 대표적인 지역이다. 셋째, 속전속결이라는 예상과는
달리 전쟁이 오랫동안 지속되었다. 그러면서 미국의 신무기가 실험
되듯 등장하곤 했다. 미국주의와 아랍 민족주의의 충돌로 간주될
수 있는 이들의 다툼은 과거와 현재의 사슬에서 벗어나지 못하고
있다. 설령 살아온 길과 가야 할 길이 다르다고 하더라도 이같이 반

목과 갈등을 오랫동안 지속하고 원수처럼 지내야 하는 것인가?

주지하다시피 탈냉전시대인 오늘날은 물론이고 냉전시대에도 미국을 능가할 국가나 세력은 없었고 전후 국제사회의 빈국으로 분류되며 영향력이 미미한 제3세력으로 구분되는 이슬람권 국가들은 약소국이다. 대다수 이슬람을 포함해 미국진영 소련 진영에 속하지 않는 비동맹국가들이 미국에 대해 갖은 불평과 불만을 토로하기도 하며 반미세력과 미국은 종종 다투었다. 그리고 기껏해야 외국 주재 미국 대사관과 미국의 자산에 흠집 내는 경우가 있었다. 하지만 미국 내 깊숙이 침투하여 엄청난 재화(災禍)를 던져주며 'No 미국'이라고 말하며 행동에 옮길 수 있는 극단적 반미주의를 보인 세력은 이슬람권에서도 알 카이다가 처음이었다. 약자와 강자가 섞여 사는 세상에서 당장은 약자가 비굴해 보이지만 약자는 강자에 의한 질서에 그럭저럭 살다가 기회를 엿보는 것이다. 약자가 새로운 강자로 부상할 수 있는 절호의 기회가 없는 상태에서 약자가 강자에게 대적할 경우는 극단적인 경우다. 그렇게 하지 않으면 안 되는 절박함 이외에 다른 설명이 요구된다. 그렇다면 왜 절대적 약자 세력이 미국과 견주려 하는가? 이하 미국에 대한 성전을 언급한 빈 라덴의 언사 그리고 이슬람이 근대역사에서 외면되고 무시되었던 사건을 중심으로 9·11테러의 원인을 살펴본다.

1. 빈 라덴의 항변

2001년 6월 아프가니스탄 남부의 한 곳에서 빈 라덴의 성전을 지지해온 후원 단체들에 따르면 그는 신장염을 앓고 있는 것으로 알려졌지만 미국과 이스라엘을 상대로 한 무차별 공격을 부단히 촉구하였다. 왜 빈 라덴과 알 카이다는 미국을 상대로 저항하는가?

세계가 이들을 주목하기 시작한 것은 1991년 걸프 전이 발발하기 전 미군을 공격목표로 삼은 빈 라덴이 종교 판결을 내리며 아랍에 주둔한 미군 부대들에 대한 공격 촉구, 1992년 걸프 지역을 통과하면서 미군 병사들이 자주 이용하였다는 이유에서 아덴의 한 호텔 공격, '이슬람 해방전사'를 자처하는 알 카이다가 1993년 뉴욕 세계무역센터 폭파 시도, 1996년 사우디 다란의 미군기지 폭파, 1998년 케냐 주재 미 대사관 폭탄 테러, 2000년 예멘에서의 미 해군 구축함 콜(Kohl) 호 폭파 등으로 대미 테러의 초강경 세력 중의 하나로 부각되면서부터다. 그리고 케냐와 탄자니아 미국 대사관 폭파 사건 등 반미 군사행동과 관련해 기소된 17명의 기소자 중 모하메드는 법정에서 미국인들을 살해하기 위해 빈 라덴 등과 함께 테러에 가담했다고 밝힘으로써 빈 라덴은 미국 정보국으로부터 제1의 테러리스트로 지목되었다.

빈 라덴은 혐의를 부인하고 있지만 1998년 케냐 및 탄자니아 미국 대사관 폭탄 테러의 배후조종 혐의로 미국에서 기소된 상태다. 위의 사건에 빈 라덴이 직접 개입했는지는 확실하지 않지만 그 동안 진행된 일련의 정황으로 미루어 보아 유력한 용의자로 지목되고 있다. 따라서 빈 라덴과 알 카이다는 9·11테러가 아니더라도 미국이 응징하고자 하는 제1의 응징대상이다. 2001년 10월 5일 미국이 발표한 테러 단체 명단에 9·11테러에 대한 유력한 배후자로 지목된 사우디아라비아 출신 빈 라덴이 이끄는 알 카이다가 제1의 테러 단체로 올라있는 것은 이를 말해준다. 1996년에는 빈 라덴을 제거하기 위한 작전에 돌입한 적도 있었다.

위와 같은 미국의 응징시도에도 아랑곳하지 않고 알 카이다는 테러훈련을 해왔다. 레바논, 리비아, 수단, 이란 등지의 테러 조직과 함께 '국경 없는 테러단'을 만들려 한다는 빈 라덴이 이끄는 알 카이다'의 조직원들은 죽음을 고사하고 실천할 만큼 충성심이 강하고 철저하게 비밀리에 운영되고 있어 완전히 베일에 가려져 있다. 세계 각지의 조직원들은 작전 시에만 인터넷 등 첨단 통신 기술을 이용해 교신하며 유사시 빈 라덴이 붙잡히거나 사망할 것에 대비해 차남인 모하메드를 후계자로 지명해 놓을 만큼 철두철미하게 운용되고 있다. 1998년 탄자니아와 케냐 주재 미 대사관 폭탄테러 사건 재판이 최근 진행되면서 그나마 일부가 알려진 것이다. 알 카이다는 70년대 대소련전, 아프가니스탄 내전 등에서 전투 경험을 쌓은 신앙심이 강한 이슬람 교도를 모집하여 수단과 아프가니스탄 등지의 훈련캠프에서 조직원을 양성해왔다. 이슬람권에서 이러한 테러 조직에 관한 것은 파키스탄의 외곽 마을에 '테러 학교 학생 모집' 포스터가 버젓이 붙어 있을 정도로 보편화되고 있다.

세계가 빈 라덴을 주목하였던 것은 1993년 세계무역센터 폭탄테러의 배후 조종자로 지목되면서부터지만, 미국이 세계에서 가장 위험한 테러리스트로 간주하는 것 이상으로 그는 일부 이슬람 세계에서는 이슬람 급진세력의 정신적 지도자로 추앙 받고 있다. 2001년 쿠웨이트의 한 신문이 아랍국가의 성인을 상대로 여론조사를 실시한 결과 69%가 그를 '성전을 수행하는 전사'로 간주하고 있을 정도였다.

9·11테러 사건의 배후 조종자로 유력시되는 빈 라덴은 1957년 사우디아라비아에서 원전과 건설 회사를 경영하는 대부호의 아들

로 태어나 부유한 집안에서 풍족한 생활을 하였는데, 무장 테러 단체와 관계를 맺은 계기는 1979년 소련이 이슬람 국가 아프가니스탄을 침공하면서부터다. 무슬림이었던 그는 이슬람 형제국인 아프가니스탄이 이교도(러시아의 그리스 정교)에게 유린되자 '성전을 행하는 전사'를 뜻하는 무자헤딘(Mujahidin)이라는 아프가니스탄 무장 게릴라 단체에 투신했다. 1986년부터 2년간 아프가니스탄에 인접한 파키스탄의 페샤와르 등지에 6개의 훈련캠프를 열고 아프가니스탄 반군과 반군 돕기에 나선 의용군(당시 총규모 10만 명)을 위해 많은 자금을 지원하는 등 헌신하였다. 소련과 냉전 상태에 있던 미국은 아프가니스탄 반군에 무기를 제공했으며 군사 훈련을 지원하였다(미국 정부는 2001년 5월까지만 해도 아프가니스탄에 대해 4,300만 달러의 원조를 승인하기도 했다). 당시 그는 직접 훈련한 요원과 게릴라 단체, 사우디의 과격단체 등을 묶어 근거지라는 의미의 알 카이다를 조직했다.

9 · 11테러가 발생하기 전까지만 해도 미국과 빈 라덴은 소련 퇴출이라는 공동의 목적을 수행했던 '동지'였다. 하지만 1996년 사우디의 다란 미군기지가 폭파되자 미국은 빈 라덴을 테러 배후로 지목했다. 이후 미국 정부가 수단에 은신하고 있던 빈 라덴을 미국에 잡아 넘기라고 수단 정부에게 압력을 행사하자 빈 라덴은 이슬람 근본주의를 신봉하는 아프가니스탄으로 도피처를 옮겼다. 그리고 1998년 2월 빈 라덴은 「유대인과 십자군에 저항하는 세계 이슬람 전선의 성전」이라는 문건을 발표했다. 이슬람 교도들에게 미국인과 동맹자들을 죽이는 지하드에 나설 것을 촉구한 이 문건은 빈 라덴의 대미의지를 강력히 보여주었다.

알라는 꾸란에서 '금욕의 달들이 지나가면 이교도들을 발견하는 즉시 그들을 붙잡아 죽이고 모든 전략을 동원해 그들이 오길 기다려라' 고 말씀하셨다. 창세 이후 아라비아 반도는 십자군과 같은 외세의 침입을 받아본 적이 있다. 그러나 지금은 외세가 이슬람 교도를 공격하는 일이 일어나고 있다. 오늘날 어느 누구도 다음의 세 가지 사실에 반박하지 않는다. 첫째, 미국은 지난 7년 넘게 아라비아 반도의 신성한 이슬람 영지를 점령해 재물을 약탈하고 통치자를 억누르고 이웃을 공포에 떨게 했다. 둘째, 십자군과 시오니스트들이 연합해 이라크 국민을 유린하고 100만 명이 넘는 사람이 목숨을 잃었는데도, 미국은 계속해서 이웃 국가들을 모욕하려 든다. 셋째, 미국은 이슬람 국가들을 끊임없이 공격함으로써 유대인의 예루살렘 점령과 이슬람 교도에 대한 살육을 숨기는 데 일조하고 있다. 미국은 이라크를 파괴하고, 사우디아라비아, 이집트, 수단 등을 소국으로 약화시킨 뒤 잔인한 십자군적 점령을 유지함으로써 이스라엘의 생존을 보장하고 있다. 미국인이 저지른 모든 범죄들은 알라와 그의 사자(使者)인 이슬람 교도에 대한 명백한 선전포고다. 이에 맞서는 성전은 개인적 의무다. 이러한 바탕 위에서 우리는 다음과 같은 율법적 결정을 선포한다. 전투원이든 민간인이든 미국인과 동맹자들을 죽이는 것은 모든 이슬람 교도의 의무다. 이는 예루살렘의 알 아크사 사원과 신성한 사원(메카)을 그들의 손아귀에서 해방시키고 그들의 군대를 이슬람 땅에서 몰아내기 위해서다. 이는 전지전능하신 알라신의 말씀과도 일치한다. 모두 힘을 합쳐 이교도와 싸워라. 더이상 소란이나 압제가 없도록, 그리고 알라의 정의와 믿음이 퍼지도록 싸워라.

대저 한꺼번에 수천 명이 죽은 전쟁과 같은 테러가 발생하기 위해서는 단순히 한 가지 원인에서 기인한다기보다 복잡하고 다양한 근원에서 비롯되는 경우가 일반적이다. 빈 라덴의 경우도 예외는 아니다. 그렇다면 미국과 손잡고 대소항전까지 벌이던 빈 라덴이 왜 미국과 등지게 된 것인가? 대체로 개인적, 정치적 그리고 종교적 이유가 복합적으로 작용하고 있지만 그의 반미운동은 1991년 걸프 전이 끝난 뒤 미국은 중동 지역에서 철수하지 않고 사우디를 미국의 군사거점으로 선택하고 미군상설기지를 만든 데서 시작된다고 할 수 있다. 이슬람 성지가 있는 사우디에 '이교도 미국'의 군사 기지를 인정할 수 없다는 일부 과격한 이슬람 단체가 미군 기지를 공격했다. 이교도인 소련이 1979년 이슬람 국가인 아프가니스탄을 침공하자 머나먼 길을 떠나 무자헤딘이 되어 대소 투쟁하였던 빈 라덴에게 미국의 기지상설화는 다시금 대미 투쟁의 빌미를 제공한 셈이다.

종교적 측면에서 가시적으로 드러나는 힘의 세기에 의한 가치판단과 목적달성은 사소한 것에 불과할 수 있다. 즉 누가 군인과 무기를 많이 보유하고 있는가 하는 것은 죽음을 담보로 하는 이들에게는 그다지 중요한 것이 아니다. 이런 측면에서 빈 라덴의 대미 항전은 미국에게는 치졸하고 더러운 테러이지만 그의 입장에서는 신의 영역을 사수하고 신으로부터 부여받은 업무(Mission, 신의 명령)를 이행하는 것으로써 죽음 따윈 안중에도 없다. 빈 라덴과 미국의 숨바꼭질 같은 사생결단의 추격과정은 이를 증명하고 있다. 물론 종교적 이유 이외에 개인적 원한도 제외할 수 없다.

미국과 이스라엘에 대한 극도의 반미·반유대 행위로 인해 1998년 케냐, 탄자니아 미국 대사관에 대한 폭탄 공격 이후 미국은 그를 죽이기 위해 수단의 코스트와 잘라라바드(화학공장 포함)에 있는 그의 훈련 캠프에 75발의 크루즈 미사일을 발사했다. 당시 빈 라덴은 미사일 공격 1시간 전에 코스트의 훈련 캠프를 떠나 화를 면했다고 알려졌다. 그리고 2년 후 이에 대한 보복으로 추정되는 폭탄 테러가 발생했는데, 2000년 9월 예멘의 아덴 항에서 급유 중이던 미 구축함 콜 호에 대한 폭탄 공격이 그것이다. 빈 라덴과 연계된 테러 사건에서의 공통점은 그가 담당한 역할이 무엇인지 미루어 짐작할 뿐 밝혀지지 않았지만 분명한 것은 극도로 미국을 증오하고 있다는 것이다.

그의 대미항전은 개인적인 것 이외에 매우 그럴듯한 명분을 가지고 있어 보였다. 2001년 5월 아프가니스탄의 은신처에서 빈 라덴은 미국 ABC 방송과의 인터뷰를 통해 미국과 전쟁을 벌여야 하는 이유에 대해 다음과 같이 말했다(요약).

> 소련의 붕괴 이후 미국은 더욱 오만해졌다. 미국은 세계의 지배자를 자처했고 신국제질서라는 것을 획책하고 있다. 그리고 미국은 이중 잣대를 설정해 미국에 저항하는 이들은 누구를 막론하고 테러리스트로 몰아붙인다. 그러면서 미국은 우리 국가들을 무력으로 점령하고 우리의 자원을 뺏으려 하며 친미 지배 대리인을 강요한다. 우리가 이를 거절하면 미국은 '너희는 테러리스트이다'라고 말한다. 이스라엘 점령에 항의해 돌을 던지는 가난한 팔레스타인 어린이들조차 테러리스트라고 부른다. 그리고 이스라엘 조종사가 어린이와 여자들에게 폭격을 가할 땐 눈을 감는다. 이슬람교(와 연계된 반미 저항 세력)를 무조건 비난하면서도 IRA와 연계된 개리 애덤스(Gary Adams)는 백악관으로 초청해 정치 지도자로 대우한다. 금수조치 때문에 이라크의 수십만 우리 아들들과 형제들이 식품과 의약품 부족으로 죽어가도 미국은 그것을 테러리즘이라고 생각하지 않는다. 이것이 미국과 성전해야 하는 이유다.

이러한 그의 주장이 전적으로 옳은가 혹은 그른가에 대해서 무 자르듯 말하기 어렵다. 왜냐하면 한 번도 그는 세인 앞에 나서 자신의 주장과 행위가 '왜 정당한가'를 말하지 않았기 때문이다. 어느 면에서는 빈 라덴의 개인적 종교적 신념과 반미 감정은 동정받기에 충분한 면이 있다. 뿐만 아니라 반미주의자들에게 매우 용감한 영웅으로 추대될 수 있을지 모른다. 하지만 미국의 지난 대외전략의 부도덕함이 합리화될 수 없는 것처럼 라덴의 테러 역시 미화되거나 정당화될 수 없다. 라덴의 말이 옳은 것이라면 떳떳이 나서서 밝혀야 할 것이다. 게다가 미국이 자신의 희생을 무릅쓰지 않고 권위를 내세우는 것과 같이 빈 라덴도 자신의 희생을 대가로 하지 않고 있다. 대가와 희생이 반드시 좋은 결과를 초래하는 것은 아니지만 자기가 가지고 있는 것을 내놓지 않는다면 자기 행위를 정당화할 수 있는 취지는 무색해진다. 세상을 바로 잡거나 세계평화를 수호하는 것은 오만과 기만으로 하거나 혹은 숨어서 할 수 있는 것이 아니기 때문이다.

국제사회의 잘못됨을 바로잡기 위해 9·11테러와 같은 극단적 방법을 사용해야 한다고 주장하지만 잘못을 바로잡는 데 반드시 채찍만이 능사는 아니다. 설령 그것이 필요하다면 그렇게 해야 할 명분과 설득력 있는 지지와 동의를 제3자로부터 요청해야 할 것이다. 아무리 좋은 결과가 불 보듯 뻔하다 하더라도 그리고 국제사회가 제국주의적 요소가 있다 하더라도 논리적인 설득으로 국제사회를 바른 길로 인도하면서 자유와 평등 그리고 민주주의를 지탱하려는 이들이 있다. 이들 역시 사회의 부조리를 고발하며 사회를 바로잡고 있으며, 어려운 길을 걸으면서도 바로잡아야 할 것들을 몸소 하나씩 개혁하고 있다. 일시적이고 단기적인 변혁은 개혁이 아니라 혼란을 초래하는 경우가 대부분이다. 빈 라덴이 알아야 할 것은 자신이 언급한 부도덕한 미국의 정책으로 수많은 무고한 이들이 죽음과 공포에 떨었던 것처럼 자신이 저지른 9·11테러로 인해 공포와 몸서리를 치는 이들 역시 있다는 것을 기억해야 한다.

2. 이슬람에 대한 문화적 편견

아랍 지역은 아라비아 반도와 시리아 사막의 베두인 족이 거주하는 지역, 즉 아라비아 반도와 북아프리카 이슬람 지역의 20여 개 국가들을 포함하고 지리적으로는 인도양과 면하는 아라비아 반도의 동부에서 북아프리카의 모리타니아(Mauritania)로 연결되는 대서양의 해안까지 이른다. 이렇게 넓은 지역에도 불구하고 근대사에서 이슬람은 간과되었고 세계의 주목을 받은 것은 그리 오래되지 않는다. 또한 그들의 문화는 서구의 문화만큼 알려지지 않았고 사막, 오아시스, 회교 그리고 테러와 분쟁이 많은 곳으로만 알려졌다. 그나마 아랍에 대한 비서구인으로서의 긍정적 인식은 순전히 근대화의 근간이었던 석유 때문이었다. 이 지역의 안정이 석유의 원활한 수급을 좌우하기 때문에 석유와 관련된 이슬람, 팔레스타인 문제가 아랍을 이해하는 기본적인 요건이 되었다. 이런 면에서 근대사에서 이슬람은 묻혀진 유산이었다.

그러다 보니 비서구권의 문화와 역사는 간과되기 일쑤였고 혹은 심하게 왜곡되는 부분도 없지 않았다. 뿐만 아니라 이슬람 세계에 대한 시각은 상당 부분 서구적 관점에 근거하고 있다. 17억 이슬람의 문화를 이해하기 위해서 마호메트와 꾸란은 필수적인 요소이다. 그러나 근대 이후 이슬람은 근대 원동력의 공급지로서의 역할(예를 들어 OPEC) 그리고 테러를 많이 일으키는 정도로만 알려졌다. 그리고 이와 같은 문화적 편견을 몇 가지로 집약할 수 있다.

첫째, 이슬람의 믿음 체제에 대한 서구의 오류는 심한 편이다. 미국의 천문학자 마이클 하트(Michael H. Hart)는 『세계사를 바꾼 사람들(1998)』에서 불교와 기독교보다 회교가 역사에 영향을 더 많이 끼쳤다고 기술하고 있다. 그에 따르면 마호메트는 부처님과 예수님보다 앞서서 첫 자리를 차지하고 있다. 이는 '어느 분이 더 위대하는가' 하는 비교가 아니다. 동양과 서양에서 부처님과 예수님만큼 인류사에서 마호메트의 역할이 지대하다는 것을 이른다. 서구의 양식있는 학자의 평가에도 불구하고 마호메트와 이슬람교에 대한 서구의 평가는 냉혹했다. 회교도들이 신봉하는 알라(Al-lah)는 이슬람의 유일신으로 영어로는 'The God'에 해당한다. 말하자면 이슬람교는 마호메트의 개인숭배를 위한 종교가 아닌 것이다. 아랍 세계에서 이슬람은 종교적 차원만이 아니라 정치 경제 문화 사회를 아우르는 체계인데도 마호메트 개인의 종교로 폄하시키고 있다. 따라서 이슬람교는 마호메트 교가 아니고 마호메트는 이슬람교의 예언자 즉 무함마드인 것이다. 그럼에도 불구하고 서구에서 이슬람교가 '마호메트 교'로 부르는 것은 이슬람을 제대로 이해하지 못한 것도 있겠지만 제대로 알리는 것을 꺼려하고 중동을 폄하하기 위한 문화수단으로 사용했던 것이다.

둘째, 왜곡된 호전성이다. 중세 십자군이 이슬람 원정에서 최후로 패할 무렵 이탈리아 스콜라 철학자인 토머스 아퀴나스(Thomas Aquinas 1225~1274)가 사용한 것으로 알려진 '한 손에 꾸란, 한 손에 칼'이란 표현도 이슬람교를 상징하는 말로 회자되고 있다. 하지만 아랍어로 평화를 의미하는 '이슬람'은 헤브루어의 '살람(Salam 혹은 Salon)'에서 파생되었는데 그 뜻은 알라(Allah)의 뜻과 명령에 순종한다는 것이다. 여기서 평화는 절대신에게 순종함으로써 얻어지는 것으로 개인적인 것보다는 공동체적인 신앙을 추구하는 것으로 인식하고 있다. 하지만 이러한 본래의 의미와는 달리

기독교 문화권인 서구에서 이슬람은 다분히 호전적이고 과격한 이미지로 각인되어 있다.

　주지하다시피 이슬람 원년 622년, 이교도의 반발을 피해 메디나로 피신한 헤지라(Hijrah 聖遷)가 있었던 해를 시작으로 무함마드의 가르침에 의해 이슬람교는 교세를 확장하게 된다. 이슬람이 발생한 지 100년도 안 된 짧은 시간에 전세계에 종교적 영향을 줄 수 있었던 것은 단순히 무력만이 아니라 여러 사상과 문화를 수용하고자 했던 융화력과 관용성이 있었기 때문임에도 불구하고 이에 대한 평가는 상당 부분 곡해되었다. 뿐만 아니라 20세기 초 터키의 사상가인 베디유자만 사이드 누르시에 의해 집대성된 이슬람 경전 꾸란의 주해서『빛의 가르침(Risale-i Nur)』중 어디에도 야만을 내용으로 하는 곳은 없다. 그런데도 이슬람 문화에 대하여 배우고 알기도 전에 '그러했을 것이다' 라는 지레짐작을 앞세우곤 한다. 사실 확인에 앞서 상대를 인정하지 않으려는 무지(無知)함과 알면서도 인정하기 싫어 꾀를 내는 술수(術數)가 접목된 것이다.

3. 이슬람 근본주의

　미국에 대한 테러의 배후가 국제 테러리스트 빈 라덴이 분명해짐에 따라 빈 라덴과 아프가니스탄의 탈레반이 신봉하는 이슬람 근본주의에 이목이 집중되었다. 이슬람 근본주의가 본격적으로 세를 확장하기 시작한 것은 1979년 이란-이슬람 혁명이 성공하면서부터다. 호메이니가 반서방화를 외치며 왕권과 신권을 하나로 합친 이슬람 국가를 세우고자 한 것이 그 시발이었다. 2001년 3월 세계가 경악했듯이 이슬람 근본주의를 정체(政體)로 채택하고 신봉한 탈레반은 세계 최대 불상인 바미얀(Bamiyan) 석불[9]을 이교도의 우상숭배라는 이유로 파괴하는 등 철저하게 비이슬람적인 것을 배척하는 극단적 배타주의를 보여줌으로써 외부세계로부터 경계의 대상이 되기도 했지만 파키스탄과 이집트 등 비이슬람 국가에도 이슬람 근본주의가 확산되는 추세다.

　이슬람 근본주의는 『꾸란』이라는 경전에 모든 진리가 담겨 있기 때문에 그 가르침을 그대로 실천해야 한다는 철저한 종교 지상주의이다. 이슬람 교리에 따라 정치 경제 그리고 사회 문화 등 모든 분야에서 이슬람 공동체를 위한 이슬람화를 추구하는 것으로 이슬람 근본주의는 교리에 따른 공동체를 건설하기 위한 신념에 의존하여 형제애를 강조하고, 정치, 경제, 사회, 문화 등 모든 분야의 이슬람화를 추구한다. 즉 서구의 세속과 물질주의를 강하게 거부하고 서구의 제도와 사상을 빌려오지 않아도 이슬람 교리에 따라 이슬람 공동체 건설인 움마(Ummah)가 가능하다고 간주한다.[10] 이러한 경향은 세속적이고 물질적인 성향이 강하게 나타나는 개인주의에 바탕을 두고 있는 서구의 자본주의를 포함해 서구의 제도나 사상과 결합될 수 없는 물과 기름의 관계 같은 문화적 차이를 보여준다.

　외세의 사상과 제도에 의존하지 않고서도 이슬람 교리에 따라 사회 공동체의 형성이 가능하다고 믿기 때문에 교리나 이슬람의 이익에 반하는 외세에 대해서는 극도의 적개심을 표출한다. 하지만 이슬람 근본주의 역시 교리를 철저히 수행한다는 데서 출발한 만큼 기본적으로는 유일신 알라의 가르침대로 평화와 형제애를 추구하고 폭력을 배격한다. 성전(聖戰)만으로 곡해되어 이민족과 다투는 것을 골자로 하였던 것이 일반화되었지만 사실은 이에 따라 훈련하는 것을 일컫는다. 이를 지하드(Jihade)라고 한다. 지하드는 이슬람교가 근본 교리로 삼는 6신(信:알라신, 천사, 꾸란, 예언자, 내세, 천명)과 5행(行:고백, 예배, 단식, 희사(喜捨), 순례)의 신앙 의무를 이행하라는 것으로 이교도에 대한 무장 투쟁을 의미하지는 않는다. 1941년 자마아티 이슬라미(Jamati Islamami)를 창설해 인도와 파키스탄, 아프가니스탄 등에 강한 영향을 끼친 인도의 알 마우두디(Al Maududi)에 따르면 지하드라는 개념도 이교도에 대한 무력 투쟁만을 의미하지 않는다는 것을 주장하기도 하였다(이병승 외 1991, 14~16). 지하드는 이슬람인의 의무인 신앙 행위이며, 연설 교육 자금제공 등 여러 단계를 거치고 무력 투쟁을 마지막으로 행하는 방법이라는 것이다.

이와 같은 본래의 의미에도 불구하고 지하드가 폭력, 선동의 이미지를 갖게 된 것은 급진적 무장 조직들이 자신의 테러 활동을 알라신의 계시를 구현하는 방법으로 대중 선동하고, 서구 역시 이를 문명사회에 대한 도전으로 정치 도구화한 결과이다. 지하드를 무력 투쟁으로 보는 서구의 편견은 상당 부분 근본주의 조직에서 갈라져 나온 알−지하드 등 급진적 무장 세력의 테러 공격 등에서 비롯된 측면이 있다. 교세를 확장하는 과정에서 이슬람 근본주의자들이 반미의 기치를 든 것은 미국을 정점으로 한 서구의 세속주의와 물질문화가 이슬람 공동체 달성의 어려움이라고 판단했기 때문이다.

물론 미국의 이슬람에 대한 대외정책의 편향성이 구체적 행동을 촉발시키는 계기로 작용하기도 했다. 아랍이 이스라엘에 일방적으로 패배한 네 차례 전쟁에서 미국은 모두 이스라엘을 지원했고, 이스라엘은 지금도 미국으로부터 어느 국가보다 많은 군사원조를 받고 있다. 더욱이 부시 정부가 이스라엘-팔레스타인 분쟁에서 성의 있는 중재 노력을 보이지 않고 일방적으로 이스라엘을 편드는 중동 정책을 편 것이 기름을 뿌린 결과가 됐다. 이슬람 세속 정권인 이집트와 터키에 대한 미국의 지원 때문에 이슬람 근본주의자들은 이집트와 터키를 변절자로, 미국을 유혹의 사탄으로 여기고 있다.

4. 팔레스타인과 이슬람 과격 테러 단체

팔레스타인 지명의 어원은 이 지역에 살고 있던 팔레스티나 족에서 유래한 것으로 전해오는데, 근 2천 년 동안 팔레스타인에서는 95%의 팔레스타인 인(인종적으로 이슬람교를 신봉한 히브리 인이 대다수)과 5%의 유대인들이 함께 평화롭게 생존해왔다. 하지만 이 민족의 개입으로 이곳은 같은 하늘 아래 살 수 없는 두 원수가 존재하면서 서로 죽이지 못해 안달나는 곳이 되었다.

오늘날 전체 팔레스타인 인은 450여만 명으로 추정되며 그중 이스라엘 지배하에 200여만 명, 요르단에 100여만 명 거주하고 있는 것으로 알려진다.[11] 오늘날 팔레스타인 인은 크게 잔류자와 이산자로 나뉘는데 잔류자 중 1차 중동전쟁 이후 이스라엘의 지배하에 들어간 사람들은 거의 이스라엘 국적을 취득했다. 그후 이스라엘 점령 하에 들어간 요르단 강 서안과 가자 지구에 사는 팔레스타인 인은 이스라엘 국적자, 요르단 국적자, 무국적자 등 각양각색이다. 이들 대부분은 미숙련 노동자로 상류층 유대인과 달리 하층 계급을 형성하고 있다. 그리고 이산자들은 주변 아랍 국가들이나 유럽으로 이주하여 '현대의 유랑민족'이 됐다. 그나마 같은 종교를 믿는 형제 자매라는 이유로 잠시 쉴 곳을 찾은 쿠웨이트에서 거주하던 팔레스타인 인은 걸프 전쟁 때 이라크의 협력자로 간주돼 정전 이후 대다수가 국외로 추방되기도 했다. 이러한 상황에서 그들의 경제는 경제라고 할 것도 없다. 이스라엘이 미국 등 서방의 지원으로 급속한 경제성장을 이룬 것에 비하면 국토회복을 위해 투쟁하였던 팔레스타인의 경제는 바닥상태에 있다. 가자 지구의 1인당 GNP는 700~800달러에 불과하고 80만 거주민 중 절반 정도가 아직도 난민촌에서 생활하고 있다. 원래 가진 것도 없었거니와 그나마 기름지고 가치 있는 땅은 유대인의 것으로 유엔이 손들어 주었고, 지난 20여 년 동안에 형성된 미약한 경제 기반도 철저하게 이스라엘에 종속되어 있어 팔레스타인 경제는 바닥을 헤매고 있다. 가자 지구는 수출과 수입의 80% 이상을 이스라엘 시장에 의존하고 있는 상황이 이를 말해준다. 게다가 UN 등에서 경제 지원을 추진중이나 계속된 분쟁으로 진척을 보지 못하고 있다.

경제적 기반은 취약하고 이를 만회할 기미는 보이지 않고 투쟁이라는 명분은 울분을 삼키는데 최적인 상태에서 과격단체는 마치 필요악의 버섯처럼 번지고 있다. 대표적인 과격 이슬람 테러 단체로는 팔레스타인 계 '이슬람 지하드(Islamic Jihade)'와 '하마스(Hamas)', 레바논 계 '헤즈볼라'가 있고, 이밖에도 이번 9·11테러의 주범으로 지목되고 있는 빈 라덴의 '알 카이다'와 알제리의 '이슬람 무장그룹(GIA)' 등이 활동하고 있다. 이렇듯 성전(聖戰) 기치를 내걸고 많은 이슬람 단체들이 이란, 팔레스타인, 레바논, 아프가니스탄 등지에서 이스라엘, 러시아 등 서방국가에 대항하여 무장투쟁을 벌이고 있다.

하마스는 1928년 하산 알 반나(Hasan al Banna)가 창시하였다. '열정의 이슬람 저항 운동'을 의미하는 하마스는 80년대 반이스라엘 투쟁을 주도했던 대표적인 연합단체 무슬림 형제단의 팔레스타인 지도자 셰이크 아흐메드 야신(Sheik Ahmad Yasin)이 주도하는 팔레스타인의 대표적인 무장단체이다. 1993년 이스라엘과 팔레스타인 해방기구(Palestine Liberty Organization, PLO) 사이에 맺은 평화협정을 결렬시키기 위해 일련의 자살 테러 공격을 가해 유명해졌고 이스라엘에 대한 테러와 인티파타를 대표적으로 주도하고 있다.[12]

팔레스타인 안에서 이스라엘 세력을 몰아내어 팔레스타인 국가 건설을 목표로 삼고 있는 이슬람 지하드는, 1979년부터 팔레스타인 여러 정치 소조직들이 시리아와 이란으로부터 재정 지원을 받으며 시리아 다마스커스에 근거지를 두고 활동하고 있으며 헤즈볼라(Hezbollah)는 1983년 레바논의 이슬람교 시아파 무장단체 가운데 가장 규모가 크고 잘 알려진 무장 조직이다. '신의 당'이라는 뜻을 가진 이 조직은 약 5,000명의 게릴라 조직과 세계 피압박민 기구와 같은 비밀 결사 조직을 거느리고 있다. 레바논으로 납치되었거나 피랍된 서방 인질들의 대부분은 이 단체가 억류하고 있는 것으로 알려져 있다.

이밖에도 1980년에 설립한 최초 이슬람 근본주의 과격단체인 지하드는 1983년 3월 베이루트 주재 미국 대사관 폭탄 테러와 10월 미 해병대 사령부 자살 폭탄 공격 등을 일으키는 등 격렬한 테러로 투쟁을 전개하며 항공기 납치와 자살 테러를 주로 이용하고 있다. 이들 조직의 공통적 목표는 이스라엘이 점령중인 팔레스타인 영토에 이슬람 국가를 재건하는 것이며 이를 위해 반제국주의 그리고 반이스라엘 무장 투쟁을 주도하고 있다.

5. 유대인과의 잘못된 만남

이스라엘 민족의 조상들이 최초로 팔레스타인에 등장한 것은 B.C.1900년 경이다. 이 무렵 아브라함(Abraham)의 지도 하에 유대인들이 메소포타미아 서북 지방에 정착했고, 그후 야곱(Jacob)과 B.C.1300년 경에서 1250년 경 모세(Mose)의 지도 하에 팔레스타인(젖과 꿀이 흐르는 땅) 지역에서 살기 시작했다. 여러 세대를 거치면서 B.C.722년 앗시리아(Assyria)와 B.C.586년 칼데아(Chaldea), 그리고 페르시아 제국(Persian Empire B.C.539~B.C.332), B.C. 332년 마케도니아(알렉산더 Alexandros), B.C.63년 로마(Rome)의 지배를 받게 되어 노예로 끌려가거나 세계 각지로 흩어졌다. 이들의 역사는 노예와 떠돌이 신세로 점철되어 있다. 비빌 때 없으면 눈치라도 빨라야 사는 법이다. 다신교적 성향이 강한 헬레니즘 문화에서 살려면 눈치 보는 것도 필요하건만 유일신만 신봉하는 우직함으로 많은 희생을 치룬 후 결국 A.D.313년 밀라노 칙령에 이르러서야 공인되었다. 다른 문화와 접목될 수 없는 유대인들의 문화적 독특함이 다른 문명과 종교로부터 잔학한 박해와 차별을 받는 원인이었던 것이다. 예컨대 제2차 세계대전에서 600만이 희생되는 히틀러(Adolf Hitler)의 유대인 대학살은 이들의 역사에서 살 곳 없는 서러움을 가장 뼈저리게 느끼게 한 대표적인 것이다. 이러한 역사적 배경은 유대인으로 하여금 한 곳에 정착해서 살아야 한다는 절박함과 애절함, 그리고 그들의 노력을 일구어내었다.

　근대 유대인이 이스라엘을 건국할 수 있었던 것은 20세기 초 중동에 영향력을 행사하던 영국이 1917년 팔레스타인 지역을 이스라엘의 모국으로 한다는 구상을 담은 밸포어 선언을 발표한 데서 기인한다. 이 선언이 발표될 당시만 하더라도 이 선언은 그저 유대인들의 협력을 유도해 패권을 유지하려는 일환으로서의 가치뿐이었다. 그리고 2차대전 이후 이러한 분위기는 당시 영국이 국제사회에서 더이상 패권을 행사할 수 없게 되는 데서 알 수 있다. 이후 미국이 이 지역을 담당하게 되었고 미국은 이 지역을 원유 공급지로 이용하고자 했다. 동시에 트루먼(Henrry S. Truman) 역시 앞선 패권국이 그랬던 것처럼 이 지역의 문제를 유대인 유권자들을 의식하여 자신의 정치적 목적으로 이용하고자 하였다. 하지만 UN총회에서는 분쟁가능이 높은 이유 때문에 분할과 신탁 통치 사이에서 고민하고 있었다. 원유공급지 아랍권과의 적대관계를 신중히 고려하라는 미정부 내의 반발에도 불구하고 트루먼은 유대인에게는 분할 그리고 국제사회에서는 신탁통치라는 딜레마에서 현명한 판단을 내리지 못하고 있었다.

　이같은 상황에서 영국은 1947년 5월 14일 이 지역의 문제를 국제사회로 이양한다고 선언하였고 일년 후 이스라엘은 독립을 선언하였다. 1948년 아랍국들의 강력한 반대에도 불구하고 미국의 주도하에 팔레스타인 지역을 유대국과 팔레스타인 국으로 분할한다는 유엔의 표결이 채택됐고 이스라엘은 건국되었다. 미국은 소련 공산주의를 견제하기 위해 한발 앞서 이스라엘의 건국을 승인하였다. 이렇게 어수선하게 이루어진 이스라엘 건국은 그 혼란스러움이 지금까지도 계속되고 있다. 나치 독일에 의한 유대인 대학살을 경험하면서 유대인에 대한 국제사회의 관심이 높아지자 유대인 국가 건설을 위해 세계 각지의 유대인들을 집결하도록 종용했던 시오니즘(Zionism)과 디아스포라(Diaspora) 이외에도 이 같은 미국의 암묵적이고 명시적인 지지가 한몫 했던 것이다. 하지만 이후 이스라엘은 팔레스타인 인들을 내쫓고 건국한 원죄 때문에 끝없는 분쟁에 휩싸여 아랍국들과 수차례의 전쟁을 치르는 것이 그들의 숙명이 되고 있다.

그렇다면 적으로 간주되는 아랍국으로 둘러싸인 작은 나라 이스라엘이 아랍국과의 전쟁에서 한 번도 패하지 않은 이유는 무엇인가? 영국과 미국이 있었고 유태계 미국인이 있었기 때문이라는 것은 더이상 비밀스럽지 않다. 아랍국에 포위돼 생존을 위협받아온 이스라엘이 50여 년 동안 버텨오면서 발전해온 바탕에는 미국과 같은 강대국의 변함 없는 지원이 있었다. 이밖에도 1948년 5월의 건국시 미국의 트루먼과 소련의 스탈린의 승인 이외에도 미국 정부가 친이스라엘 정책을 취해온 배경에는 미국 내의 강력한 유대계의 노력과 로비가 있었다. 오늘날 미국 인구는 2억 6천 5백여만 명으로, 이중 유대인은 약 6백만여 명에 불과하지만 정부, 의회, 언론, 금융 등 각계각층에 포진해 있고 막강한 자금력으로 미국을 움직이고 있다.

근대사에서 유대인은 인류에게 지대한 영향을 끼친 민족이다. 근대 자본주의의 틀을 형성한 아담 스미스(Adam Smith), 사회주의의 대부 마르크스(Karl Marx)를 비롯해서 현대 경영학의 대가 피터 드러커(Peter Drucker) 등, 오늘의 주의(Today's ism)를 말할 때 없어서는 안 될 인물들은 한결같이 유대인이기 때문이다. 그리고 미국 격주간 종합경제지 『포춘(Fortune)』이 해마다 선정하는 미국 내 1백대 기업의 소유주를 보면 30~40%가 유대인이다. 유력지 『뉴욕타임스』와 ABC, NBC 방송도 유태계 소유이다. 미국 외교전문가 키신저(Herry A. Kisinger), 전 국무장관 울브라이트(Madeleine Albright), 그린스퍼(Allan Greensper)를 비롯해 연방 상하의원과 자치단체장 및 자치의회 의원에 이르기까지 광범위하게 유대인이 포진해 있어, 미국의 유대계 로비는 막강하기로 정평이 나 있다. 따라서 미국 정부의 반이스라엘 정책은 대부분 추진되기 어려울 뿐만 아니라 반이스라엘 성향의 의원도 정치 생명을 유지하기 어렵다. 미국 유대인들은 1984년 선거 때 반이스라엘 성향을 보인 상·하의원을 낙선시켜 힘을 과시한 적도 있다. 이렇게 막강한 힘에 맞서 다투려는 이들은 유대인과 잘못된 만남을 가지고 있는 것이다.

6. 왜 이라크를?

탈냉전 시대 중동에 관한 일반적인 서구의 인식은 1991년 이라크가 쿠웨이트를 군사적으로 점령하면서 미국과 이라크의 대결 구도가 형성되었던 때로부터 기인한다. 세계가 미국을 위시한 서방 언론에 의존한 탓에 이라크와 후세인은 제2의 히틀러쯤으로 간주되었고 중동 지역의 패권을 차지하기 위한 이라크의 침략주의의 일환으로 걸프 전을 단순화시켰다. 그리고 1991년과 1998년 두 번에 걸쳐 미국은 이라크 때리기(Bashing Iraq)에 정당화를 부여하였다.

그리고 10년이 지난 2002년 미국은 또다시 후세인 때리기를 시도하고 있다. 부시 가(The Bush家)와 후세인 가(The Hussein家)의 질긴 악연이 재현되고 있는 것이다. 대를 이어 공격해야 할 만큼 후세인은 무엇을 잘못한 것인가?

이라크에 관한 논의에서 빠질 수 없는 것은 '석유'이다. 그 동안 석유는 근 200년 동안 인류 문명의 놀라운 발전의 원동력이었다. 그리고 석유는 아랍국이 활용할 수 있는 마지막 카드였다. 1973년 10월, 그 가치는 확실히 주목받았다. 그리고 이라크는 아랍국가 중 산유량이 두 번째로 많은 국가이기 때문에 한껏 과시할 수 있었다. 주지하다시피 OPEC는 '석유를 무기로'라는 슬로건을 내걸고 이스라엘을 지지하는 미국 등 서구 국가에 석유 금수 조치를 취하는 등 원유공급량을 제한하였다. 이것이 제1차 오일쇼크로, 이로 인해 원유가는 4배로 오르는 등 한국과 같이 석유 의존도가 절대적으로 높은 개도국들에는 엄청난 파장을 가져왔다. 아랍국들은 이 지역에서 그 동안 주요 국가들이 석유 가격을 결정하는 등의 부당한 역할을 배제하고 자원에 대한 자주권을 행사하였다. 제1차 오일쇼크는 OPEC의 석유전략에서 기인한 것이기는 하지만 식민지주의에 대한 제3세계의 심리적 쾌재를 포함해 아랍의 민족 해방 운동과 연계되어 있었다. 이는 개발도상국의 자원에 대한 서구 국가들의 수탈을 막아 서방 선진국들을 흔들어 놓은 획기적인 사건이었다. 오일쇼크는 미국을 중심으로 하는 세계 경제 질서에 충격을 주어 미국의 패권에 대한 심각한 도전으로 간주되기도 했다.

제1차 오일쇼크로 재미를 본 일부 OPEC회원국은 서구 자본주의를 불황의 늪으로 밀어 넣으려 한다는 제2차 오일쇼크를 또 다시 발생시켰다. 산업원료를 획득 유지하는 것뿐만 아니라 국제사회의

맹주로 자처하는 미국으로는 매우 기분나쁜 일이 아닐 수 없었다. 이후 미국은 아랍 지역에 친미 정권을 수립하여 이를 통해 미국의 대외전략을 구사하려는 공작을 해왔다. 그중 한 나라가 이란이었다. 1979년 2월 호메이니는 혁명을 통해 샤아(Shaj)체제를 전복하였다. 이란 혁명으로 석유 공급이 불안전해지면서 원유가는 2배 이상 증가했다. 사우디와 같은 친미성향의 국가의 석유 공급에도 불구하고 미국의 중동 전략의 수정이 불가피하게 되자 미국은 이들 산유국을 압박하는 전략을 구사하여 이 지역에 식량수출금지 등으로 정치 경제적 영향력을 행사하였다. 뿐만 아니라 원유의 무기화를 통해 세계 경제 질서의 혼란을 막기 위해 비OPEC의 원유 생산량을 증가시켰다. 이러한 추세와 석유 의존의 감소 등으로 OPEC의 원유 의존도는 매우 감소하였다. 서구 선진국들의 일시적 불황 등 타격이 있었지만 석유의 무기화 전략은 그리 오래가지 못했다. 1982년 OPEC의 경상수지가 22억 달러의 적자를 기록한 것이 대표적이다. 이듬해 1983년 OPEC는 배럴당 34달러에서 29달러로 인하하지 않을 수 없었다(이병승 외 1991, 123~176).

수요와 공급의 측면에서 공급자는 가능한 재화의 값을 많이 매기려 하고 수요자는 값을 깍으려 하는것은 당연한 것이다. 하지만 공급자가 한 가지 재화만을 가지고 있다면 그 흥정은 불리할 수 있다. 왜냐하면 수요자는 그 재화 이외의 것으로 공급자를 압박할 수 있기 때문이다. 산유국 중 두 번째로 원유를 생산하는 이라크의 주요 수입원은 석유뿐이라고 할 만큼 다른 재화를 생산할 수 있는 여건을 갖추고 있지 못한 것이 사실이다. 결국 이러한 상황은 가격 인하를 주장하는 측과 석유의 수급을 조절하려는 측과의 다툼으로 번져 1990년 8월에 충돌하게 되었다. 이것이 겉으로만 볼 때 소위 걸프

전이 일어나게 된 원인이었다.

걸프 전에 관한 문헌과 견해는 천차만별이지만 걸프 전쟁이 일어난 원인을 크게 두 가지로 집약한다. 하나는 역사적 요인이다. 페르시아 만(灣)에 있는 조그마한 나라 쿠웨이트는 제1차 세계대전이 일어나기 전까지 이라크의 한 지방이었다. 1899년 이 지방을 식민화하려는 영국은 이 지역의 전략적 중요성과 석유매장을 알고 있었기 때문에 1917년 불란서와 조약(Sykes-Picot)을 맺어 인위적으로 국경을 긋고 1921년 쿠웨이트를 건설하였다. 왜곡된 것에 대한 반대작용으로 원상태를 회복하려는 복귀 현상은 당연한 작용이다.

이후 1958년 쿠웨이트의 아랍 연맹 가입 시도, 1958년 7월 이라크의 혁명 등 우여곡절 끝에 1961년 쿠웨이트가 독립선언을 하자 이라크는 쿠웨이트를 이라크의 일부로 되찾아야 할 영토임을 주장했다. 1968년 7월 후세인(Sadam Hussein)은 쿠데타를 통해 집권하자 이 문제 해결을 벼르고 있었다. 하지만 쿠웨이트는 미국의 강력한 지지를 받고 있었다. 1989년 2월 쿠웨이트는 이라크에게 합법적 인정을 요구하였지만 이라크로서는 자국의 일부가 떨어져 나가는 영토 문제이기 때문에 타협의 문제가 아니라는 것을 밝히는 동시에 위협적인 서방군의 주둔이라는 정치적 부담을 떨쳐야 하는 국가적 대사를 근심하고 있었다.

둘째, 원유공급의 문제이다. 앞서 언급했듯이, 중동지역은 석유를 제외하면 모래 없는 사막이다. 쿠웨이트 지역에 관한 정치적 문제도 문제이거니와 원유 공급에 관한 이견 차는 이라크를 군사적 대결로 치닫게 만들었다. 당시 이라크는 심각한 경제난을 해결하기 위해 원유 가격 현상을 유지하거나 증가시키려고 하였다. 갑자기 쿠웨이트와 일부 산유국은 OPEC의 원유생산을 논의하기도 전에 자국의 상황을 이유로 원유 생산량을 초과하였다. 예컨대 배럴당 18~21달러였던 유가는 10달러 혹은 그 이하로 하락했다. 반절이나 하락한 유가로 인해 경제사정이 어려운 이라크로서는 심각한 경제적 타격을 입지 않을 수 없었다.

셋째, 미국의 군대주둔이다. 사실 어떤 면에서는 이란-이라크 전에서 미국의 도움을 받았기도 하지만 전쟁 이후 철수하지 않은 미국에 대해 후세인은 철수할 것을 권고했다. 하지만 이 지역이 국제정세 및 석유수급에 관한 주요지역으로 떠오르면서 미국은 슬그머니 주저앉아 버렸다. 미국은 이 지역의 중요성에 비추어 원유독점과 무기화를 막고 그 동안 미국이 가르치고 판매해온 군사기술과 무기가 이 지역의 전략적 균형을 위협하기 때문에 이를 막기 위한 조치라고 주장했지만, 이라크로서는 영토에 대한 자주와 자존의 문제였다. 이윽고 후세인은 미국이 쿠웨이트라는 프리즘을 통해 이라크의 경제 파괴와 정권을 동요하기 위한 음모를 진행중이라고 믿었다. 그리고 1990년 8월 이라크는 쿠웨이트를 무력으로 점령하였다. 이후 1998년 걸프 전이 재개되었다. 당시 클린턴의 추문을 메우기 위한 눈가림식의 이라크 때리기라는 오명을 가지고 있다.

그리고 4년이 지난 오늘날 왜 미국은 이라크를 공격하려 하는가? 미국은 9·11테러의 유력한 용의자뿐만 아니라 테러와 관련된 모든 단체를 말살한다고 밝히면서 미국이 눈에 가시처럼 여기는 이라크가 우선대상으로 선정되고 있음을 노골적으로 피력했다. 예를 들어 2001년 9월 18일 도널드 럼스펠드 미 국방장관이 '1개 이상의 국가가 여객기 납치를 배후 조종했을 가능성이 있다'고 밝히고 이라크 정보기관 요원이 90년대 말 이후 2~3차례에 걸쳐 터키에서 빈 라덴 측과 접촉한 것으로 알려지면서 이라크 배후설은 급속히 확산되었다. 그러나 사실 여부에 대해서는 알 수 없으며 알려진 바도 없다. 게다가 9·11테러 이후 이례적으로 후세인 이라크 대통령이 9·11테러에 대해 유감을 표시하면서 미국에 유화적인 제스처를 취했다. 실로 놀랄 만한 태도가 아닐 수 없다. 미국을 두려워하고 있다는 것이 확인되었다. 그러나 이러한 이라크의 태도와 상관없이 이번 테러와의 전쟁에서 미국의 최종 목표가 이라크로 될 수있는 것은 다른 이유가 있다.

미국 이스라엘과 이라크 사이의 수퍼건(Super-gun) 문제가 그것이다. 걸프 전이 발생하기 몇 해 전 미국은 수퍼건이라는 대포 제작 프로그램을 계획한 적이 있다. 그러나 미국 정부는 도중 이 계획을 돌연 취소하였다. 이 계획을 야심차게 준비해온 불(Gerald Bull)로서는 실망이 컸다. 그러자 그는 민주, 사회주의 그리고 독재를 가리지 않고 자신의 역량과 실력을 시험하고 싶었다. 그리고 자신을 후원할 자를 모색했다. 그러던 중 수퍼건 제작 후원자로 후세인이 등장했고 이 계획을 맡은 불은 이라크에 이 대포를 설계, 제작, 설치할 것까지 맡았다. 이 수퍼건 제작으로 이라크는 군사력 증가를 획책하고 있었던 것이다. 마치 우주 로켓처럼 추진 장치를 포함하고 있는 수퍼건의 유효 사거리는 우주까지 이를 수 있고 이라크의 공격목표는 미국과 이스라엘의 수도였다.

그러나 설치 무렵 불은 암살되어 수퍼건 설치를 끝내지 못했다. 결국 이라크의 반미 성향은 미국을 위협할 수 있는 실체 건설로 이어지면서 90년대 초 미국의 보복공격이 시작되었고 98년에 또 다시 박살되었다. 하지만 아직 조립되지 않은 수퍼건은 이라크 내에 있고 그 설치의 지시자가 후세인이라는 면에서 미국의 공격 여지는 남아 있다고 할 수 있다. 이라크 때리기를 준비하는 미국의 입장에서는 미국의 수도와 많은 도시를 겨냥할 수 있는 수퍼건을 해체하기 전에는 어림없는 일처럼 보인다. 이 같은 추측에서 분명하게 노출된 미국의 의도는 전후 일본의 항복, 80년대 파나마의 노리에가의 미국 재판회부처럼 후세인을 제거하고 싶은 것이다.

결국 9 · 11테러 이후 미국의 단기적인 목표는 빈 라덴을 잡는 것이지만 장기적인 목표는 이라크의 사담 후세인을 몰락시키는 것이다. 즉 아프가니스탄과의 전쟁에서 최종 목표는 사담 후세인이었다. 왜 이라크가 최종 목표가 되는가에 대한 답은 과거 미국이 일본의 항복을 받아냈던 것처럼 완전히 군사력을 걷어낼 수 있는 걸프전에서의 항복을 받고자 하는 의도이다. 이는 미국에게 대드는 세력은 어느 세력을 막론하고 가만두지 않을 것이라는 의미이다. 역사에 대한 현재적 의미를 부여할 뿐 현재 역시 과거가 되고 있다는 사실을 잊는 것이다. 뉴욕에서 시작된 갈등의 굴레는 칸다하르, 소말리아를 거쳐 종착지 바그다드로 향하고 있다.

7. 현대 중동 문제

중동문제는 과거의 연원에서뿐만 아니라 미래로부터 끌어내린 분쟁의 가지치기 현상이 계속되고 있다는 것이다. 오늘날 이곳의 문제는 크게 세 가지로 구분된다.

먼저 현대 중동 문제의 큰 문제점 중의 하나는 과거에는 유대인들이 살 곳 없어 떠돌아다녔는데, 이제는 100만 명에 이르는 팔레스타인 난민들의 신세가 떠돌이라는 것이다. 이후 이를 해결하는 수단으로 협상(법)보다는 전쟁(주먹)이 앞섰고 오늘날까지도 미해결에 이르고 있다. 게다가 최근 세계 각지의 유대인들이 가나안으로 몰려들고 있는 것도 문제다. 탈냉전 이후 소련 내 거주하던 유대인들이 대거 이스라엘로 몰려들고 있어 이를 수용할 수 있는 영토가 필요한 것이다. 예를 들어 1990년 한 해만 해도 소련계 유대인의 이주는 10만 명에 이르는 것으로 추정된다. 이밖에도 동유럽 국가의 유대인까지 합한다면 지금의 이스라엘 영토만으로는 턱없이 부족한 것이다. 결국 팔레스타인 문제해결의 협상에서는 한쪽을 완전 밀어내는 일본식 씨름인 '스모식의 투쟁방법'이 전개될 수밖에 없다. 그러나 이 같은 방법을 사용한다면 현재의 사태를 더욱 악화시킬 뿐만 아니라 중재자의 입장을 곤란하게 만들 수도 있다.

둘째, 분쟁지역의 확산이다. 오늘날 이곳의 분쟁 지역은 크게 세 곳으로 집약되는데, 가자 지구, 골란 고원, 요르단 강 서안 등이다. 이곳은 이스라엘이 1967년 6일전쟁 당시 각각 이집트, 시리아, 요르단으로부터 빼앗은 지역으로 이 영토 분쟁을 해결하지 않는 한 중동 평화는 요원한 상태다. 먼저, 가자 지구와 요르단 강 서안은 가자의 60%와 서안의 27%를 차지한 팔레스타인이 자치 지역 확대를 요구하고 있다. 특히 서안의 동예루살렘은 팔레스타인이 독립 국가를 선포할 경우 수도로 정할 것이라고 선언하여 이스라엘과 마찰을 빚고 있다. 그리고 골란 고원은 시리아가 영토 회복을 외치고 있지만 1996년 2월 이스라엘과의 평화협상이 결렬된 후 별 진전이 없다. 시리아는 이스라엘이 1967년 점령했다가 12년 만에 이집트에 반환한 시나이 반도처럼 조건 없는 철수를 주장하지만 이스라엘의 레바논 남부 철군과 맞물려 있다. 끝으로 레바논 남부는 이스라엘이 1978년 3월 팔레스타인 무장 게릴라의 거점을 분쇄한다는 구실로 점령하여 완충 지대로 설정해 놓은 곳이다. 이스라엘은 최근 군병력을 일방적으로 철수하겠다고 발표했으나 이스라엘 북부의 안전과 레바논 주둔 4만여 시리아군의 철군을 전제조건으로 달아 합의점을 못 찾고 있다.

이밖에도 그 동안 미국을 포함한 국제사회의 무관심과 편향적 태도로 인해 일부 이슬람 국가들은 미국에 맞서야 했고 예외 없이 미국의 경제 제재 등으로 혹독한 시련을 겪었다. 뿌리깊은 반미 정서가 해소되기는 커녕 오히려 가중되고 있고 있음으로써 무슬림은 미국의 반이슬람 정책 때문에 아랍 국가가 발전하지 못했다고 믿고 있다. 이러한 상황에서 미국은 줄기차게 아프가니스탄과 이라크를 경제적으로 그리고 군사적으로 제재를 가해왔다. 매서운 바람의 입김으로 나그네의 겉옷을 벗기려 하기보다는 해의 따스함과 같이 포용할 수 있는 갈등의 해체가 절실해 보인다.

결론적으로 중동은 언제 폭발할지 모르는 화약고다. 그만큼 중동 지역이 세계평화를 위협하는 잠재적 위험성을 내포하고 있다는 뜻이다. 따라서 세계평화를 위해 중동 지역의 평화와 안정은 긴요한 문제다. 특히 세계 산유량의 절대다수를 점하고 있는 중동 지역에서 분쟁이 발생할 경우 국제 경제는 당장 몸살을 앓게 된다. 중동 분쟁이 끊이지 않고 있는 것은 이해관계가 복잡하게 얽히고설켜 있기 때문이다. 이스라엘과 아랍 국가들이 반목 대립 관계에 있는 이 지역의 내부적 갈등도 심각하지만 각 지역에서 꾸역꾸역 모여드는 유대인들을 수용할 수 있는 지역이 모자라는 것이 새로운 문제거리로 등장하고 있다.

8. 공정한 중재를 위하여

9 · 11테러가 발생하기 한 달 전쯤 2001년 8월 14일 이스라엘 군은 이슬람 지하드 세력의 본거지로 알려진 서안 지구 북부 도시 제닌에 탱크를 투입시켰다. 이곳은 2000년 10월 인티파타를 일으킨 이후 모두 20여 차례의 자살 폭탄 테러로 수십 명의 이스라엘 인이 희생된 곳으로, 오늘날에도 테러와 보복이 자행되는 곳이다. 이스라엘은 테러리스들을 말살하기 위해 왔다며 보복하기 위해 제닌을 탱크로 유린했다. 테러와 보복의 악순환! 이곳에서는 팔레스타인의 생존 방법인 인타파타와 유대인의 생존 방법인 시오니즘이 교차하는 곳이다. 비단 이 같은 보복의 악순환은 당시의 특정시기에만 발생되는 것이 아니라는 데 문제의 심각성이 있다.

민중들의 무장봉기를 의미하는 인티파타와 이를 저지하고 성서에 기록된 유대인의 건설을 의미하는 시오니즘이 어떤 식으로든 정착할 수밖에 없는 곳이다. 그렇기 때문에 갈등과 대립 못지않게 중재 속에 화해와 협력이 있어야 할 곳이다. 다른 시각에서 보면 종교에 대한 회의를 불러일으키는 곳으로 서로의 정당함을 주장하기 위해 그들은 가장 잔혹한 방법으로 상대에게 공포를 심어주기 위해 갖은 수단들을 동원했기 때문이다. 둘다 최후의 방법이 사용되는 것이 일상화되었다. 바로 순교가 그것이다. 역사의 어디쯤에서 아브라함의 비통함을 재우고자 그의 후손 이삭과 이스마엘이 손을 잡을 수 있다면 그 동안 순교라는 이름으로 희생된 이들의 목숨은 무엇으로 보상할 수 있을까? 누구도 섣불리 중재 나설 수 없는 갈등이 딜레마이다. 그래도 나서야 한다!

　이런 측면에서 1993년 9월 체결된 중동평화에 관한 오슬로 협정은 의미 있는 것이었다. 공존을 위한 만남이 이루어질 수 있는 계기를 마련했기 때문이다. 이 협정에서 양자는 '땅과 평화의 교환'을 원칙으로 요르단 강 서안의 팔레스타인 잠정 자치에 합의했으며 1995년 9월 양측은 자치 확대에 합의했다. 그러나 그해 11월 협상 주역인 이츠하크 라빈 이스라엘 총리가 살해되면서 협상은 난관에 봉착했다. 1996년 6월 이스라엘의 우익 강경파 리쿠드 당 중심의 연립 정권이 들어서면서 이 지역의 평화 중재는 원상태로 되었다. 사태는 악화되어 '안보 있는 평화'를 강조한 베냐민 네타냐후(Benjamin Netanyahu) 총리는 팔레스타인에 무장 그룹을 단속하고 테러 용의자를 이스라엘에 인도할 것을 제시하면서 서안에서 이스라엘 정착촌을 확대했다.

　이들의 본격적인 악순환은 이스라엘 건국 이튿날 요르단, 이라크, 시리아 등 아랍 5개국이 이스라엘을 침공하는 제1차 중동전을 시작으로 1956년 시나이 전쟁, 1967년 6일전쟁, 1973년 욤키푸르 전쟁(일명 10월전쟁)까지 4차례의 전쟁으로 15만 명이 희생되었다. 이로 인해 지난 날 이스라엘 인들이 겪었던 유랑으로 세계를 겉도는 난민으로 전락한 90여만 명의 팔레스타인 인들은 아라파트를 수반으로 하는 팔레스타인 해방기구를 결성, 자치 정부 수립을 꾀하면서 계속 항전했다. 하지만 전쟁의 결과는 모두 이스라엘의 승리였다. 이스라엘은 가자(Gaza) 지구, 시나이 반도, 골란 고원, 요르단 강 서안(西岸) 등 팔레스타인 지역의 80%를 자국 영토로 편입시켰다. 물론 이 같은 대립과 갈등만 있었던 것은 아니다.

　이 같은 난황 속에서도 중재는 지속되고 있었다. 6일전쟁 뒤 중동의 평화를 위해 노력하기도 했다. 안와르 사다트 이집트 대통령

과 메나헴 베긴(Menachem Begin) 이스라엘 수상은 대다수 아랍
권과 소련의 강력한 반대 그리고 이스라엘 내 반대에도 불구하고
그들의 계속된 정치적 협상 결과 1979년 3월 26일 아랍권에서는
최초로 이스라엘과 평화조약을 맺었다. 그 대가는 노벨 평화상과
암살이었지만 그들의 노력은 이곳에 평화와 공존의 가능성을 열어
주었다. 이후 90년대 들어서 국제사회의 PLO 국가 인정[13], 1993년
이스라엘과 팔레스타인 간의 오슬로(Oslo) 협정 체결, 1998년 요르
단 강 서안의 단계적 이양과 PLO의 이스라엘에 대한 적대행위 중
단 등을 담고 있는 와이리버 평화협정 등으로 평화의 기운이 상당
히 무르익는 듯했다.[14]

　1998년 10월 23일 클린턴 대통령이 적극 주도하여 이스라엘-팔
레스타인 사이에 평화 협상이 타결됐다. 1998년 평화협정의 성격
은 영토와 평화의 교환이다. 주요 내용을 살펴보면 이스라엘은 서
안 점령지에서 추가로 병력을 13% 철수시키고, 수감 중인 팔레스
타인 정치범 3천 5백 명 중 7백 50명을 단계적으로 석방한다고 되
어있다. 이에 대해 팔레스타인은 팔레스타인해방기구 헌장 가운데
이스라엘 파괴 조항을 삭제하며, 미 중앙정보국(CIA) 감독 아래 테
러리스트들을 단속하고 무기를 압수하기로 했다. 그리고 1999년 5
월 예루살렘의 지위와 팔레스타인 국가에 관한 최종 협상을 갖는다
고 합의하였다. 하지만 이 합의로 해체될 운명인 팔레스타인 무장
단체들이 거부 의사를 밝히고 있으며 점령지 정착민 중심의 이스라
엘 강경파는 이 협정을 '반역'이라고 비난했다. 따라서 이 협정이
제대로 이행될 수 있을지 의문이다. 왜냐하면 2000년 9월 28일 이
스라엘 집권 리쿠르 당(Likud Party)의 아리엘 샤론(Ariel Sharon)
의 동예루살렘 '알 아크사 사원' 방문으로 팔레스타인 주민 시위대

와 이스라엘 군과의 대규모 충돌로 동예루살렘 지위권 문제가 다시 불거지면서 팔레스타인의 유혈 사태가 오늘까지 계속되고 있기 때문이다.

지난 날 양측은 오슬로 협정으로 1994년 노벨 평화상은 아라파트(Yasir Arafat) 팔레스타인해방기구 의장, 이츠하크 라빈(Yitzhak Rabin) 이스라엘 총리, 시몬 페레스(Shimon Peres) 이스라엘 외무장관 등 3명이 공동 수상한 바 있다. 오슬로 협정과 평화상 수상은 평화와 협력이 전쟁과 미움을 대신할 수 있는 것으로 변환되기를 바라는 메시지였다.

그러나 이스라엘-팔레스타인 간 중동 평화협상은 언제 폭발할지 모를 시한폭탄이다. 협정이 순조롭게 이행되지 않을 경우 독립국가를 꿈꾸는 팔레스타인은 이스라엘에 대한 무력 항쟁에 나서고 이웃 중동 국가로 확대, 이 지역에 피의 악순환이 재연될 조짐이기 때문이다. 현재 양측은 팔레스타인 자치정부가 27%를 관장하는 서안 지역의 추가 철군범위를 놓고 팽팽히 맞서 있다. 양측의 계속되는 테러와 보복으로 대화는 중단된 상태다. 이스라엘은 안보를 희생하는 협정에는 서명할 수 없다는 입장이다. PNA는 이스라엘의 이 같은 태도를 철군약속을 저버리고 장래의 독립국가 수립을 저지하려는 의도로 인식하고 있다. 아라파트 수반은 9%의 이스라엘 안을 수용할 경우 자신들의 서안 자치지역이 40%에 못미치는 데다 이 상태가 영원히 고착될 것을 우려하고 있다. 아라파트도 과격 이슬람 무장 단체들이 서안의 완전 이양이 성취되지 않을 경우 유혈 충돌의 재발을 경고한 점 등 과격파를 의식하지 않을 수 없는 처지다.

오늘날 중동 문제를 해결하기에는 양측이 손 내밀어 해결할 수 있는 문제는 아니다. 게다가 혼자서 하는 미국의 중재력도 처음부터 자격에 문제가 있었기 때문에 한계에 부딪칠 수밖에 없었다. 과거 친이스라엘과 반아랍적인 전략의 경력은 아랍 세력들에게 극단적 반미감정을 불러일으키기 때문이다. 게다가 1993년부터 시작된 오슬로 협정은 실행되기 어려울 만큼 땅과 평화의 교환이라는 단순한 공식을 제시하였다. 협상 시작부터 아라파트 팔레스타인 자치정부 수반은 과격 단체들의 반발 등 이를 실행하기에는 많은 어려움을 가지고 있었다.

그렇다면 어떻게 할 것인가? 2001년 11월 10일 유엔총회 연설에서 미 대통령으로서는 처음으로 부시 대통령이 공식적으로 팔레스타인을 국가로 지칭하면서 팔레스타인 국가 창설을 지지한다고 말했다. 이에 대한 미국의 책임 있는 실천이 요청된다. 하지만 이곳에 대한 부시 정부의 태도는 미온적이다. 그러자 중동 분쟁의 새로운 중재자로 부상하기를 바라는 독일, 불란서 등 유럽 국가들은 미국의 방관자적 태도에 공개적으로 불만을 표출하고 나서고 있다. 이스라엘과 팔레스타인 간 유혈사태가 악순환을 거듭함에도 불구하고 부시 정부는 뒷짐만 지고 있다는 것이다.

불란서는 미국은 국제문제에 대한 책임을 인식하고 분쟁 당사자에게 막강한 영향력을 행사, 보다 적극적으로 개입하기 바란다고 비난했다. 즉 유럽의 중동 외교 주도권을 겨냥한 행동이지만 부시 정부 등장 이후 미국의 중동 평화 중재자 역할에 미온적 태도를 나타내고 유럽의 외교적인 입지를 강화하려는 것이다. 예컨대 2001년 10월 29일 이스라엘 군의 베이트잘라 마을 철수 합의 도출에도 불란서-독일-이탈리아 외무장관이 막후 역할을 함으로써 유럽의 지도력을 과시하고 있는 것은 이 지역에서 새로운 움직임이 부상하고 있다는 것을 보여준다.

　이런 상황에서 유럽의 중재는 편향적인 미국의 친이스라엘 정책
으로 인한 중동 문제를 보완할 수 있는 기회로 작용할 수 있다고 본
다. 역사적으로 불란서 등 대부분의 유럽 국가는 역사적으로 중동
국가와 강한 유대를 유지해왔기 때문에 아랍의 불만을 대변할 수
있기 때문이다. 환언하면 중동지역에서 미국과 유럽 그리고 이스라
엘과 팔레스타인 4자가 합의를 찾을 수 있는 대목이다. 그럴 경우
아랍은 미국과 이스라엘뿐만 아니라 미국과 대립해왔다는 핑계를
더이상 할 수 없을 것이며 이스라엘은 유럽이 아랍의 불만과 요구
조건을 보장하는 제3자로서 역할을 보장받을 수 있을 것이다.

제3장
9 · 11테러와 미국

지금의 현상을 설명할 때 현재의 것만으로 설명할 수 없 듯 유대인을 포함해 미국과 이슬람과의 악연은 간단하지 않다. 만약 힘의 시각으로 이들의 관계를 설명하려 한다 면 마치 1945년 나가사키와 히로시마에 원자탄을 투하한 미국의 군사적 행동만 나무라고 일본의 불순한 제국주의 행적은 못 보게 되는 어리석음에 처하게 된다. 제3장은 이를 살펴보는 것을 목적으로 한다.

9·11테러 이후 국제 문제 전문가들은 21세기 전쟁 형태를 새롭게 규정하였다. 9·11테러를 21세기형 분쟁으로 규정하면서 이른바 회색 전쟁(Gray War), 문명간 충돌, 포스트 모던 전쟁 같은 새로운 표현들을 제시하고 있다. 이들은 공통적으로 21세기 대립과 갈등이 기존의 전면전 형태가 아닌 소수 정예에 의한 테러 진압의 형태로 그리고 문명간 충돌이 새로운 분쟁 양상이 될 것으로 내다보고 있다. 예컨대 『워싱턴 포스트(Washington Post)』지가 2001년 9월 12일 냉전(Cold War)시대에서 회색 전쟁시대로 접어들었다고 보도한 것은 대표적이며 2001년 11월 서울을 방문한 키신저 전 미국무장관은 오늘날을 탈탈냉전시대(The Post-post Cold War)라고 진단했다. 미처 탈냉전을 깨우지치도 못했는데 새로운 용어들이 난무하고 있다. 물론 제2차 세계대전 이후 이루어진 냉전과는 달리 회색 전쟁은 불특정 다수를 목표로 하는, 적이 누구인지 모르며 전선도 전쟁 규칙도 없는 특징을 가지고 있다. 무기도 대량 살상 무기이거나 사이버전의 해커에서 이번처럼 공중 납치한 민간 여객기에 이르기까지 다양하다. 공격 목표도 군사시설과 상업용 건물을 구분하지 않는다. 때문에 민간인도 본인의 의사와는 전혀 상관없이 언제든지 테러 공격의 희생자가 될 수 있다는 것이 21세기

분쟁의 특징이다.

그러나 최근 진행되는 일련의 사태들에서는 종교적 갈등 양상이 뚜렷해지고 미국인을 살상하고 미국주의, 즉 아메리카니즘을 훼손하는 것이 일차적 목표가 되고 있다. 랜드(LAND)연구소의 테러 연구가 브루스 호프만(B. Hoffman)이 언급하고 있듯 21세기 전쟁의 양상은 테러리즘이며 미국인이 있는 곳이면 테러는 발생할 것이라는 무서운 표현이 사실화되고 있다. 그렇다면 왜 다른 국가들이 아닌 유독 미국만이라고 할 만큼 미국이 테러의 일차적 대상이어야 하는가? 결국 비도덕적이고 정당하지 못한 방법으로 소기의 목적을 달성하려는 테러만으로는 9·11테러를 설명할 수 없게 되었다. 물론 혹자는 '미국이 건국 이후 도덕적으로 바른 것만 행했다고 말할 수 없다. 그렇다고 9·11테러를 받을 만큼은 아니다' 라고 항변할 수 있다. 그리고 9·11테러는 빈 라덴과 알 카이다가 저지른 천인공노할 만행으로 이들만 잡으면 이 사건은 종결된다고 주장할 수 있다. 하지만 이것만으로 9·11테러가 미치는 파장을 다 설명할 수 없어 보인다.

주지하다시피 전대미문의 참사를 겪은 직후 미국은 즉각 이를 전쟁 행위로 간주하고 그 배후로 빈 라덴과 알 카이다를 지목하고 그들을 응징하고 제거하기 위해 아프가니스탄에 대한 공격을 계속하고 있다. 반(反) 보복이 우려되지 않은 것은 아니지만 미국인들의 경악과 분노, 그리고 슬픔 등 보복의 심리적 발현이 반보복보다 더 큰 까닭이었다. 그럼에도 불구하고 9·11테러를 두고 그 원인이 미국이 그 동안 국제사회에서 행한 것들에 대한 자업자득이라는 비난을 듣기도 했다. 혹은 이번 테러의 근본 원인을 미국의 국익 무한 추구에서 기인한 것이라고 비아냥하기도 했다. 냉전 시대에는 소련을 견제하기 위해 국익 추구를 많이 못했지만 이제는 미국의 행동을 제어하거나 제동을 걸 수 있는 국가가 없기 때문에 더 강력하고 더 많은 부를 획득하기 위해 세계 곳곳에서 패권의 위력을 보여줌으로써 못살고 힘 약한 나라들의 반발을 사고 있는 것으로 보는 것이다. 어느 것 하나 다 맞는 소리라고 볼 수 없지만 그른 것이라고 말할 수도 없다. 그렇다면 미국이 국제적 비난을 받아가면서 무한 추구하는 국익은 과연 누구를 위한 것인가? 두말할 것도 없이 미국 국민을 위한 것이다.

그렇다면 앞서 국제사회에서 비판받았던 미국의 행위는 다른 평가를 받을 수도 있다. 왜냐하면 세상에서 제일 기분 좋은 것이 둘 있는데 하나는 제 자식이 밥 먹는 것을 보는 것과 자기 농지(農地)에 물들어 가는 것이다. 전자는 모든 종(種)의 가족 사랑을 의미하는 반면 후자는 권력과 부와 같은 사회적 제 가치 획득을 의미한다. 후자의 경우는 많은 논의가 필요하지만 전자의 경우는 다르다. 예컨대 자연에서 어미가 제 새끼 밥 먹이기 위해 모이를 주워 나르는 과정에서 다른 것과 사투를 벌여 혼자 먹이를 차지하려 한다면 어떻게 말할 것인가? 그 동물을 비난할 것인가? 동물과 사람의 차이는 '사고하는 지능'이 가장 큰 차이점이지만 삼라만상 중에서 제 새끼를 위하지 않은 종은 없다.

만약 국제사회에서 미국 정부가 다른 국가와 사투를 벌여서라도 혹은 다른 국가의 눈살을 찌푸리게 하는 일이 있다 하더라도 그것이 자국민을 위한 것이라면 비난받을 일은 아니며 비난받아서도 안 될 것이다. 미국정부를 이루는 의사 결정자가 해야 할 일이 그것이기 때문이다. 하지만 자연을 들여다보면 막무가내로 같은 종을 죽여서까지 먹이 다툼을 하는 종은 몇 되지 않는다. 인간과 다른 종의 차이는 해야 할 것과 그렇지 않아야 할 것을 구별할 줄 안다는 것이다. 즉 해서 안 될 일로 남의 가슴 아프게 해서는 안 된다. 남의 눈에서 피눈물나게 해서 잘되는 일이 없기 때문이다. 의도하든 의도하지 않았든 나의 행위로 인해 남에게 해를 주었다면 결코 자기 마음이 편하지 않을 것이다. 편치 않은 마음은 괴로움이 되고 이를 극복하려면 많은 비용이 들게 된다. 어쩌면 그로 인해 모든 것을 내주어야 할지도 모른다. 이것이 인간과 동물이 다른 이유이다.

지금까지 드러난 미국의 대외행위의 원칙은 크게 두 가지로 대별된다. 하나는 아무리 무모할지라도 미국의 명예를 높일 수 있는 세계 최고의 것을 추구한다. 가령 아파트 몇십 층 높이의 빙벽을 올라가는데 몇 날이 걸려도 오르고 만다. 비록 그 과정에서 목숨을 잃는다 하더라도 세계 최고를 고집하는 것이다. 또 하나는 모든 국가에 적용되는 것으로 미국의 국익을 해하는 것은 결코 용납하지 않는다. 특히 미국은 현저하다. 예를 들어 아프가니스탄에서 미국의 오폭으로 인한 민간인 피해는 말할 것도 없고 빈 라덴을 죽이기 위해 1998년 수단에 몇십 발의 미사일을 발사한 것은 이를 말해준다. 다시 말하면 그 동안 반미국가는 미국으로부터 철저한 대가와 응징이 있었다는 것을 의미한다. 행위하되 세계최고를 지향하는 미국이 개입한 많은 정치개입 중에서 25개 이상의 정권들이 극단적 반미성향을 보인 것은 이를 증명한다. 전후 미국은 세계 곳곳 간섭하지 않은 곳이 없고 미국의 손길이 닿지 않은 곳이 없다. 이는 그 동안 미국이 많은 수혜적인 지원을 함과 동시에 불만의 목소리를 생산했다는 것을 내포한다. 따라서 어쩌면 9·11테러는 미국에 대한 반발이라는 곪은 종기들 중에서 먼저 하나가 터진 것에 불과할 수 있다.

바로 이 같은 염려에서 그 동안 미국이 어떻게 해왔는가를 살펴보면 향후 9·11테러와 같은 사태를 가늠할 수 있을 것이다. 이 장에서는 미국이 9·11테러와 같은 극단적 테러를 맞을 수 있었던 인디언의 소멸, 과거 식민주의, 그리고 오늘날 국제사회에서 행해지는 패권주의적 정책 등 과거 연원에서 미국이 자유로울 수 없는 요인들을 살펴본다.

1. 어메이징 그레이스 그리고 쿼바디스

오늘날 국제사회에서 다른 국가들보다 미국은 자국민을 위한 권력과 부를 많이 획득해왔다. 예컨대 세계 생산량의 20%를 차지하는 것이 그것이다. 이로 인해 근대사에서 미국은 다른 국가보다 높은 경제발전으로 신의 축복을 받았다는 평을 듣는다. 이러한 사고는 신이 우리 민족을 선택했다는 고대 선민(選民) 사상의 일종이다. 특정의 표현이나 말로써 백성과 국민을 잘 구슬리는 것처럼 자기지배를 정당화하고 합리화시키기 위한 조치 중의 하나이다. 이러한 것은 그 활동영역에서 미국내에 그치지 않았다. 미국은 자국민에게 보다 값싼 자동차 연료를 공급하고 더 많은 부를 획득하기 위해 그리고 혹 있을지 모를 석유산유국의 오일쇼크와 같은 자원의 무기화에 대처하기 위해 중동 산유국 분쟁에 개입하고, 미국민의 문화와 가치를 지구 구석구석까지 확산시켜 보편화시키기 위한 미국주의를 추진해왔다. 마치 신의 비호와 축복 속에 있는 것 같았다. 이와 같은 영화 뒤에는 미국의 순순한 자수성가(自手成家)적인 노력만이 있었던 것은 아니었다.

역사적으로 유럽에서 이주해서 첫발을 내딛으면서 친절한 인디언의 도움을 받았고, 드넓은 북미 대륙을 임자 없는 땅이라고 우길 때도 인디언의 저항이 있었지만 결국 승리하였고, 넓디넓은 남부 농토를 경작할 때도 아프리카 흑인노예와 같은 일꾼들이 잘해 주었다. 또한 그들이 북부의 공업화를 위해 필요할 때 벌인 남북전쟁(The Civil war)도 잘 마무리했다. 그리고 두 번에 걸친 세계 전쟁은 미국을 더욱더 풍요롭게 했다. 수천 년의 유럽문화와 지식을 단시일내 옮겨 올 수 있었다. 승승장구는 이럴 때 쓰는 말이다. 자유, 평등, 민주를 건국이념으로 미국이 건국된 이후 인구는 세계 인구의 4.5%이지만 최고의 군사력을 보유하고 세계 총생산의 약 20%와 세계의 달러 의존도 40% 이상으로 미국 없이 세계를 논할 수 없을 정도라면 미국은 신의 축복을 충분히 받은 나라다.[15]

그런데 신의 축복이 충만한 곳에 신의 저주가 내린 곳처럼 처참한 테러가 발생되었다. 왜 그러한 테러가 발생되었는가에 대한 철저한 반성보다 즉각적인 보복공격을 단행하고 있다. 그리고 또다시 미국은 '신이여! 미국을 다시 축복하옵소서(God Bless America Again, Amen!)'라는 간절한 기도를 하고 있다. 그 간절한 기도는 미국을 한데 모으는 데 주효했다. 9·11테러 이후 성조기의 판매량의 증가와 미국이라는 이름으로 행해지는 곳에 어김없이 '새로운 영웅만들기'를 고심하였기 때문이다. 그렇게 한다고 미국이 궁상떠는 것도 아니고 처량함으로 동정살 수 있는 것도 아니다. 왜냐하면 외부로부터의 진심어린 동정과 우정어린 염려를 했다는 소리를 들어본 적이 없다. 그저 미국내에서 그것도 일부는 제외된 일부의 의식으로 보이며 때로는 새로운 우상창조를 위한 치졸함으로 보이기까지 한 것은 미국주의로 수렴되는 미국의 세계전략 그리고 미국

중심으로 이뤄지고 있는 세계화를 비판적으로 검토할 필요가 있다는 소리를 외면하고 있는 것은 아닌가 하는 의구심을 떨치지 못하고 있다. 미국의 패권 지배체제를 재검토하고 세계 시민사회 건립을 위한 국제사회 민주화와 다자주의 확산과 그 연대가 시급하다는 경종을 울렸기 때문이다. 9·11테러는 오늘날 미국화로 상징되는 세계화에 대한 적대감의 표현뿐만 아니라 그 경고이다.

기억해야 될 것은 지금까지 신은 미국에게 축복을 내렸고 세상사람들은 이를 부러워하며 축하를 보냈다. 하지만 지상에서 자연의 섭리가 이루어지지 않는다면 신은 축복도 내리지만 벌도 내리시며 세상은 축하도 보내지만 훼방놓기도 한다는 것을 인식해야 한다. 신이 공평하다면 미국을 축복했던 만큼 다른 국가도 축복할 수 있다. 즉 미국만 축복(The God bless the America only)하는 것이 아닌 다른 국가도 축복할 수 있다(The God may bless the others, also)는 것을 명심해야 한다.

2. 미국의 중동정책

왜 일부 이슬람 세력들은 반미국적인 행위를 보이며 9·11테러를 자행하는가 하는 물음에 버나드 루이스는 매우 종교적 측면에서 대답하고 있다. 그것은 라덴이 율법적 결정(fatwa)으로 그들의 성지 그리고 많은 무슬림들 한테서 이단을 몰아낸다는 투쟁으로 몰아붙이는 경향을 보인다는 것이다(Bernard Lewis 1998, 14~19). 또한 비록 많은 문제점을 가지고 있지만 문명론적 시각에서 문명의 충돌을 필연적으로 보기도 한다. 하지만 이런 것으로 중동에서 발행하는 아랍 지역의 불만과 시위를 설명하기에는 역부족이다. 근대사에서 중동지역은 제국주의와 식민지주의의 핵이었으며 미국의 중동정책도 예외는 아니다.

지금까지 학계에서도 별 이견이 없는 것으로 보는 중동분쟁의 요인은 몇 가지로 집약된다. 먼저 제국주의 식민 지배이다. 오늘날 이에 대한 평가는 잘못되었고 반성해야 한다는 데 이견이 없다. 20세기 초 밸포어와 맥마흔 선언, 미국의 지지 발언 그리고 1948년 팔레스타인 지역의 분할에 관한 유엔총회 181호 결의의 채택 등이 그것이다. 잘못된 결정이었다는 것은 1917년 당시 그곳에 거주하고 있던 유대인들이 10% 미만에 불과하였다는 것으로 알 수 있다.[16]

좀더 구체적으로 보면 팔레스타인 2만 6,300㎢의 영토를 둘로 분할하여, 52%를 유대국가(유대인 498,000명, 아랍인 497,000명), 48%를 아랍국가(아랍인 725,000명, 유대인 1만 명)로 나눴다.[17] 근 2천 년 동안 팔레스타인에서 95%의 아랍인과 5%의 유대인들이 함께 평화롭게 생존해왔던 지역을 인위적으로 선을 그었던 것이다(이병승 외 1988, 19). 52대 48의 땅 분할은 중재의 치명적 결함이었다. 팔레스타인에게는 살고 있는 지역에서 나가라는 것도 억울한데, 그 분할이라는 것 역시 똑같이 나눈 것도 아니고 더더군다나 역사적인 증거를 제시하여 팔레스타인과 유대인이 마주앉아 협상한 것도 아닌, 제국주의에 의한 편가름의 소산으로 밖에 보일 수 없다.

둘째, 중동에서 분쟁이 끊이지 않는 것은 미국의 직접적인 개입과 이에 대한 지지에서 비롯되는 양상을 보였다. 예컨대 1948년 제1차 중동전 이후 중동분쟁에서 아랍국은 미국의 강력한 지원을 받은 이스라엘을 막아낼 수 없었다. 아랍 지역의 현상유지 즉 이스라엘이 팔레스타인 지역에서 이스라엘의 지배를 정당화하기 위한 로저스 계획(Rogers Plan) 그리고 1979년 미국은 소위 '카터 플랜' 전략을 세우고 이집트에게 150억 달러를 지원하는 대가로 이스라엘과 이집트의 관계를 무마하는 등 이집트의 친미 행위가 미국의 아랍 지역 전략을 도왔던 것도 배제할 수 없다.[18] 아랍의 반미 감정은 골이 깊을 수밖에 없었다.

이러한 미국의 일방적인 친이스라엘 정책은 이슬람 세계의 반미(反美)감정을 유발시켰던 것이다. 뿐만 아니라 매년 미국은 이스라엘에 30억 달러 이상의 군사원조를 해주고 있다. 이스라엘이 팔레스타인 공격 당시 사용하는 F16전투기와 아파치 헬기, 각종 미사일 등이 그것이다. 이후 아랍의 분노와 반발은 반유대, 반미국 그리고 반제국주의의 상징으로까지 반영되기도 했다. 미국의 지원에 힘입은 이스라엘은 아랍국들과 6차례의 전쟁을 치르면서 한때 건국 당시의 3배까지 영토를 확장하였다. 50여 년 동안 이스라엘이 발전할 수 있는 바탕에는 미국의 변함없는 지원이 있었다.

셋째, 애초 유대인과 팔레스타인 사이의 중매의 자격으로 미국은 부적격했다. 역사적으로 미국은 팔레스타인과 유사한 역사를 가지고 있다. 유대인들이 팔레스타인 사람에게 팔레스타인은 과거 우리가 살던 땅이니 비워달라고 하는 것과 인디언들이 미국인에게 북미지역은 과거 우리가 살던 땅이니 비워달라는 것과 무엇이 다른가? 경우나 논리보다 이득(利得)이 관건이다. 게다가 기독국가인 미국에게 아랍 지역은 종교적으로 다툼이 예상되는 지역이기도 하지만 경제발전의 원동력을 제공하는 곳이었다. 경제적 이익획득이 목적이고 미국과 뜻이 맞는 이스라엘하고만 어울리는 것은 그 주변 다른 국가들의 원망을 살 만했다.

제2차 세계대전 이후 많은 신생 독립국들은 대거 이들 지역에 모여 있을 뿐만 아니라 훗날 비동맹 그룹의 주를 이루고 있는데, 공산주의가 싫지만 미국을 위시한 서방 국가와도 손을 잡지 않고 독자적인 노선을 택하겠다는 제3의 동맹권 형성은 이를 잘 말해준다. 이들 국가 중 몇몇 국가들을 제외하고는 대다수 아랍인들은 이라크의 쿠웨이트 침공과 이스라엘의 팔레스타인 점령은 기본적으로 같은 성질의 행위인데도 미국이 이라크와 같은 아랍국에게만 군사 경제적인 봉쇄 조치를 내리는 것에 강하게 반발한다. 게다가 매년 미국이 이스라엘에게 수십억 달러 이상의 군사적 지원을 하는 것은 이들 국가에게는 자국을 죽이려는 수단을 제공하는 것으로밖에 보이지 않을 것이다.

최근의 미국의 중동정책도 기존의 범위에서 벗어날 것 같지 않아 보인다. 아니 어쩌면 한술 더 뜨고 있는 것은 아닌가 하는 우려를 자아낸다. 힘의 우위 외교를 구사하고 있는 조지 W. 부시 정부는 노골적인 친이스라엘 정책을 펼치고 있기 때문이다. 예컨대 2001년 4월 팔레스타인 자치지구에 국제 감시단을 파견할지 여부를 둘러싼 유엔 안보리 표결에서 미국은 거부권을 행사하여 아랍권에 타격을 가했고 2001년 9월 더반 유엔 인종차별 철폐 회의에서도 시오니즘과 인종차별을 동일시하는 안에 반대하고 이 회의에서 이스라엘과 같이 철수했다. 이것이 미국이 세계평화와 질서를 위해 취하는 국가 행위라면 '왜 다른 국가들이 이에 반대하거나 동조하지 않을까'를 생각할 때이다.[19] 이러한 요인들이 팔레스타인 지역 문제에서 아랍을 하나로 묶는 요소다. 이로 인해 아랍권의 이스라엘 적대감이 친이스라엘 정책을 펼쳐온 미국에 대한 증오로 확대되어 왔다. 팔레스타인을 지지하는 시위 현장에서 미국의 국기(國旗)와 이스라엘 기가 함께 불태워지는 것은 이를 대변한다.

미국이 9·11테러와 밀접하게 관련되어 있다고 간주하는 아프가니스탄 탈레반과 알 카이다 조직에게 어떻게 대처하든 일방적이고 압도적인 우위로 유지되고 있는 미국 주도의 국제 체제가 지속되는 한, 그리고 친이스라엘의 중동정책이 변하지 않는 한 테러와 같은 비대칭적 반미 세력의 위협은 일소되지 않을 것이라는 데 문제의 심각성이 있다. 9·11테러에서 가장 심각하게 우려되는 점은 그 동안 간헐적으로 발생되던 반미 감정이 미국 내에서 극단적으로 폭발되었을 뿐만 아니라 향후 이러한 테러 발발 가능성이 지속될 수 있다는 것이다.

3. 미국의 전쟁들

미국 정치학자 존슨(Chalmers Johnson)은 『역타격: 미 제국의 비용』(*Blowback : The Costs and Consequences of American Empire*, 2001)에서 냉전 시대 미국이 공산주의의 성공적인 팽창 저지와 냉전이 끝난 지금 미국을 적대해 공격해오는 상황을 설명하며 9·11테러를 계기로 미국은 왜 세계무역센터와 국방부가 테러 공격의 목표가 됐는지, 무엇이 그들로 하여금 미국에 대해 그토록 격렬하고 조직적인 적대 행위를 하도록 하는지를 자성해야 한다고 충고한 바 있다. 반성해야 할 것 중에는 냉전 종식 이후에도 국제사회에서 미국이 주도하는 수단으로써의 공작들이 여기에 해당한다. 그러나 여전히 행해지고 있다. 그 유효한 본질은 미국 국가 이익 확보와 패권 유지이기 때문이다.

전후 미국은 갖은 방법을 동원해 미국이 원하는 바를 획득하고자 했다. 새로운 희망을 바라는 21세기에도 이러한 비밀 공작은 이루어지고 있었다. 예컨대 해남(海南)섬에서의 미국 정찰기 추락 사건 등은 21세기 미국의 추한 모습이었다. 남의 집 기웃거리다 들킨 몰지각한 행위인 것이다.

비단 이러한 염탐 행위는 과거에만 국한되는 것은 아니다. 미국은 민간 그리고 군사 위성을 통해 세계에서 발생하는 모든 것을 엿듣고 있다. 그리고 영국, 캐나다, 오스트레일리아, 뉴질랜드와 함께 '에셜론(Echelon)'이라는 도청 시스템을 운영하고 있다. 70년대 국제 상업용 통신위성을 목적으로 에셜론 시스템을 구축했지만 본래 목적 이외의 수단으로 사용하고 있는 것이다.

현재 국제간 민간 통신을 위해 운영되고 있는 적도 상공 통신위성을 도청하는 곳은 최소한 9곳의 군사기지로 추정되고 있다. 미국 서부 해안 '애키마'와 동부의 '슈거 그로브' 기지, 영국의 '모원스토'와 '멘위드 힐' 기지, 오스트레일리아의 '제럴드턴'과 '파인갭' 기지가 도청용 시설, 카리브 해 지역인 푸에르토리코의 '사바나 세카' 기지, 일본의 '미사와' 기지, 뉴질랜드의 '와이호파이' 기지 등이 그것이다. 이들 기지 대부분은 미군과 중앙정보국(CIA) 등 미국의 정보기관들이 각국의 군과 공동으로 운영하고 있으며, 적도 상공에 떠 있는 통신위성의 교신 내용을 수신할 수 있는 지름 20m 정도의 위성안테나를 갖추고 있다. 지역적으로 볼 때 이들 9곳을 합치면 전세계 모든 상업용 통신위성을 도청할 수 있다.[20]

이외에도 캐나다, 독일, 키프로스, 하와이, 괌 등 10여 곳의 기지도 유사한 임무를 수행하고 있는 것으로 추정된다. 하지만 미국만

이런 도청 시스템을 운영하고 있지는 않는다. 불란서는 전세계에 흩어진 영토와 기술력을 볼 때 충분히 전세계 도청망을 운영할 능력이 있고, 러시아도 같은 시스템을 운영하고 있다는 증거는 수없이 많으며 유럽연합이 추진하고 있는 엔포폴(Enfopol) 역시 이에 해당한다. 중국 등 기타 나라들은 이런 시스템을 운영할 여건이 못되는 것으로 알려져 있다. 2002년 1월 중국의 주석전용기에 수 개의 도청장치들이 발견되었음에도 불구하고 중국 역시 미국과 이를 두고 다투지 않은 데는 그만한 이유가 있을 것이다.

대저 스파이 공방(攻防)이 그러하듯이 국가이해와 의사 결정자들의 편의에 따라 묻혀지거나 없었던 것으로 돌리는 경우가 빈번했다. 실제 냉전기에 많이 실행되었던 이 같은 비밀공작을 위한 염탐과 도청은 각종 분쟁과 매우 밀접한 연계를 가지고 있었기 때문이다. 그리고 미국은 이를 부인하지 않았다. 미국이 행하는 비밀공작(?)이란 선전, 정치적 행동, 경제전, 탈출과 책임 회피, 철수 조처, 지하 저항운동과 게릴라 망명자 집단에 대한 지원을 포함한 적대국가나 적대 세력들에 대한 전복, 위협받는 자유세계 국가들에서의 토착 반공 세력에 대한 후원, 속임수와 기만 작전, 그리고 이상과 같은 것들을 수행하는 데 직접적으로 필요한 모든 행위들을 포함한다. 이는 1954년 미국 국가안보회의(NSC) 문서에서 밝힌 세계 곳곳에서 미국이 수행할 비밀공작에 대한 규정이다. 미국주의를 실현하기 위한 대표적 구상이다. 이하 9·11테러와 같은 반미를 위한 시위와 저항 그리고 무력사용에 대한 근인(根因)으로 지목될 수 있는 전후 미국이 개입해왔던 분쟁의 주요사건들을 간략히 살펴본다.

20세기 미국의 무력사용

연대	사 건	성 격
50년대	1950년 한국	반공 전쟁
	1953년 이란의 모사다그 정권 전복	정권 전복
	1954년 과테말라 군사개입	군사 개입
60년대	1960년 U-2 첩보기 소련 영공 정찰	염탐
	1961년 피그 만 사건	침공
	1964년 통킹 만 사건	침공
	1964년 베트남	무력 개입
	1965년 도미니카	무력 개입
	1966년 엔크루마	정권 전복
70년대	1970년 라오스 · 캄보디아	무력 개입
	1973년 칠레 아옌데	정권 전복
	1975년 케냐의 무왕기 카리우기	암살 의혹
	1975년 호주 노동당	정권 전복
	1977년 콩고	정권 전복
80년대	1980년 아프가니스탄	군사 개입
	1981년 엘살바도르	내전 개입
	1981년 니카라과	반군 지원
	1982년 시드라 만	군사 개입
	1983년 그라나다	군사 개입
90년대	1990년 이라크(제1차 걸프전)	전쟁
	1992년 소말리아	무력 개입
	1998년 수단	무력 시위(미사일 공격)
	1998년 이라크(제2차 걸프전)	전쟁
	1999년 유고연방	무력 개입
21세기	2001년 아프가니스탄	보복 공격

주요 무력 개입

쿠바 : 피델 카스트로 쿠바 정권 전복 — 1961년 4월 17일 미국은 피그(Pigs Bay) 만에서 카스트로 정권 전복을 시도하였다. 1952년 3월 친미성향의 바티스타(Fulgencio Batista)가 쿠데타를 통해 독재정치를 하자 카스트로(Fidel Castro Ruz)는 독재정권을 맞서다 체포되어 재판에 회부된다. 그는 '나는 무죄다' 라는 자기변론을 남기고 석방된 이후 1956년 다시 혁명을 주도하여 사회주의 정권을 수립한다. 1960년 그는 대기업 국유화법으로 쿠바 내 모든 미국회사를 포함한 외국회사를 국유화하였다. 친미정권의 붕괴와 미국회사의 국유화 조치로 인해 미국은 쿠바의 카스트로 정권에 대해서 노골적으로 반감을 드러냈다. 1961년 쿠바와 국교 단절하고 그 해 4월에는 반카스트로 군을 피그 만에 침투시켜 쿠바 침공을 시도했으나 실패한다. 이로 인해 1961년 피델 카스트로는 앞으로 남은 평생을 마르크스-레닌주의자로 살 것이라고 선언하기도 했다. 이후 쿠바는 위협을 느껴 소련과 밀착하게 되었고 드디어는 1962년 소련으로부터 미사일을 도입하려는 쿠바 미사일 위기가 발생하는 등 미국과 더 소원하게 되었다.

칠레 : 아옌데 칠레 정권 전복 공작 — 미국의 국제전신전화주식회사(International Telephone and Telegraph: ITT)와 칠레의 아옌데(Salvador Allende, 1908-1973) 정권과의 분쟁을 말한다. 1970년 칠레 대통령에 당선된 뒤 그는 주 수출 소득원인 동광(銅鑛)의 국유화와 자본 유출의 방지, 계획 경제의 수립 등 국가적 조치를 취했다. 당시 미국의 30대 다국적 기업 가운데 24개가 칠레에 진출해 있을 만큼 경제적 이익이 큰 곳이었다. 그러나 아옌데 정권 수립으로 칠레가 사회주의 국가로 바뀌면서 미국 기업들이 소유하고 있던 탄광, 구리 광산을 국유화하고, 노조의 활동을 강화하였다. 이에 미국은 정치적 경제적 조치를 취하게 된다. 미국은 칠레의 주요 수출품이었던 구리의 경쟁력을 하락시키기 위해 미국이 비축하고 있던 구리로써 공급과잉을 만들어 칠레의 경상수지는 매우 하락하게 된다. 이밖에도 대외차관과 수출입의 봉쇄 등으로 칠레는 높은 인플레이션에 처하게 된다. 그리고 1973년 9월 11일 미국은 피노체트

(Augusto Pinochet)를 부추겨 쿠데타를 일으키게 하여 아옌데 정부를 전복한다. 이를 아옌데 정권 정복 사건이라고 이른다. 여기서 미국이 비판받는 것은 친미정권만 수립하고 사후관리를 하지 않는다는 것이다. 그럴러면 애초에 간섭을 말아야 하는 것이다. 국민의 신임을 획득하지 못한 정권은 그 정권을 합법화하기 위해 무력을 사용하게 마련이다. 피노체트 정권은 반피노체트 정치인들(주로 사회주의자)에 대해 정치적 보복과 대량 학살을 단행하여 수만 명이 희생된다. 피노체트는 88년 선거에서 물러나고 민선 대통령이 들어서 오늘에 이르고 있다. 이 사건은 미국의 CIA와 ITT가 합작하여 정권을 전복시킨 것으로 다국적기업이 기업 활동에 유리한 정치적 여건을 조성하기 위하여 다국적기업을 통해 투자국이 투자 수용국의 국내 정치에 개입하거나 자회사와 투자 수용국 간의 경제적 분쟁에서 모국정부의 정치적 지원을 받으려 할 때 또는 모국 정부가 자신의 이익을 옹호, 증진하기 위하여 정치, 경제, 외교, 군사, 기술, 자원 등의 면에서 다국적기업을 대외정책의 정책수단으로 이용하려 할 때 발생한, 미국이 사용한 대표적인 공작으로 거론된다.

니카라과 : 콘드라 반군지원 — 1928년 미국은 몬카다(Moncada) 정권을 후원하여 우익정권을 수립하면서 미국의 니카라과 내전에 개입하게 되었다. 1934년 미국에서 교육받은 소모사는 좌익 반군지도자 산디노(August C. Sandino)를 축출하고 1937년 대통령이 되었다. 이후 20년 동안 그는 독재권력과 부정 축재의 대명사가 되었고 1956년 암살되었다. 1956년 소모사의 아들이 다시 권력을 승계하자 1961년 이에 대항하여 산디니스타 해방 전선(FSLN)이 결성되었다. 1978년 소모사 독재에 대항해왔던 ‘La Presa’ 의 차모로(Pedro J. Chamoro)의 암살을 계기로 민중봉기가 일어나 1979년 7월 19일 좌익정권이 출범하였다. 1979년 니카라과 좌익 혁명 성공은 독재정권에 대한 민주와 민중혁명이었다. 하지만 소모사 독재정권을 지원해 온 미국은 좌익정권 수립이 전남미로 확산되는 것을 막기 위해 1981년 니카라과 원조 전면 중단과 콘트라 반군 결성을 주도하였다. 이러한 지원에도 불구하고 1984년 산디니스타 지도자인 오르테가(Daniel Oretega Saavedra)가 압도적 지지로 대통령에 당선되었

다. 이에 미국은 CIA 주도하에 이란에 수출한 무기 대금을 콘트라 반군의 자금으로 지원하였다. 산디니스타 좌익 정권 출범 후 니카라과 내전에 개입하여 니카라과 좌우익 세력의 충돌은 심화되었다. 1990년 민족야당연합(National Opposition Union, UNO)의 차모로 (Violeta Chamorro, Pedro Chamorro의 미망인)의 대통령 당선, 그리고 1994년 2월 평화협정 체결로 내전이 종결되었다. 1996년 산디니스타 지도자인 오르테가가 중립주의를 표방하여 대선에 출마하는 등 FSLN은 의회, 노조, 군 및 경찰, 지방자치단체 등에 대한 영향력을 여전히 유지하고 있다. 오르테가는 재집권 후 미국과의 관계 개선을 다짐하고 있으나 부시 정부도 반오르테가 진영의 후보 단일화를 은근히 부추기는 등 여전히 그의 집권을 꺼리고 있다.

이란— 이라크 : 이란과 이라크는 종교, 민족, 정치, 영토 문제 등을 놓고 오랜 동안 분쟁을 해왔는데, 샤트 알 아랍(Shatt al-Arab)와 호르무즈 해협 도서 주도권과 영유권을 놓고 반목해왔다. 1937년 이라크가 국경협정에 따라 권리를 행사하였으나 1968년 걸프 지역에서 영국이 철수하자 이란이 권리를 행사하였다. 70년대 이란의 호메이니가 정권을 획득한 후 이라크에도 이슬람 혁명이 바람을 넣자, 1979년 이라크는 양국의 수로와 도서 권리에 관한 알제리 협정 폐기를 선언하고 1980년 9월 이란을 전면 침공하였다.[21] 이 양국의 분쟁에서 미국은 미국의 이중 전략을 구사하였다. 이라크가 이란을 침공하자 미국은 이라크 침공을 비난하는 UN의 조치를 차단하고 나아가 이라크를 테러 지원국 명단에서 지우고 미국의 무기가 이라크로 들어가는 것을 묵인하였다. 미국은 다시 이란의 반미 정권을 전복시키기 위해 이란-이라크 전쟁에 개입하고 사담 후세인 이라크 정권을 적극 지원했다. 동시에 이란에도 같은 조치를 취하였다. 1985년 미국은 비밀리에 이란에 무기를 제공하고, 이라크에게 이 사실을 정보 제공하는 등 매우 야누스적인 전략을 추진했던 것이다. 이 지역은 세계 석유 생산량의 40%가 생산되는 곳이기 때문에 양다리를 걸치는 전략을 실행했다.

아프가니스탄의 10년전쟁 : 79년 12월 25일, 소련은 친소 세력을 보호한다는 명분으로 아프가니스탄을 침공했다. 이때 미국은 아프가니스탄 반소 민병대를 적극 지원했다. 이번 테러사건 배후로 미국이 지목한 빈 라덴이 '아랍의 영웅'으로 성장하고 무장 세력 탈레반이 아프가니스탄을 장악하는 데는 그런 일련의 전쟁에서 미국이 수행한 비밀공작이 깊숙이 관여했다. 소련이 아프가니스탄을 침공하자 미국은 소련군에 맞서 싸운 무자혜딘 게릴라들을 지원했다. 무자혜딘엔 아프가니스탄뿐 아니라 아랍권 국가 출신들도 많았다. 소련군이 아프가니스탄에서 철수한 뒤 고국에 돌아간 참전 용사들은 걸프 전후 미군이 중동에 주둔하자 미국을 적으로 삼고 이교도를 몰아내기 위해 투쟁하고 있다. 미국 뉴욕과 워싱턴에서 발생한 연쇄 테러 사건도 역타격의 한 예다. 사건 주모자로 지목받는 빈 라덴은 아프가니스탄 내전 당시 CIA가 훈련시켰다.

전후 미국이 개입한 공작 전쟁의 특징은 크게 세 가지로 요약된다. 첫째, 미국 공작 대상 지역의 대다수는 영국, 불란서 등 유럽과 일본 제국주의의 식민지 지배를 당한 약소 빈곤국들이다. 둘째, 민주와 독재와 상관없이 친미 정권이면 된다. 이란-이라크 전에서 미국은 이라크를 지원했고 아프가니스탄과 소련과의 전쟁에서는 탈레반 정권을 지원하였다. 하지만, 이들은 한결같이 미국에 등을 돌렸다. 그리고 셋째, 민족주의의 성격이 짙다. 이 같은 것들은 과거 냉전 시대 미국이 세계 도처에서 미래의 갈등의 씨앗들을 뿌렸다는 것을 증명한다. 그 씨앗들이 자라 지금 화근이 되고 있는 것임에도 불구하고 미국은 일방주의를 내세우며 타협과 공존이 아닌 대립과 갈등을 향해 힘으로 밀어붙이고 있다는 비난을 면치 못할 것 같다. 미국은 아프가니스탄에 다시 한번 잘못된 씨앗을 뿌리고 있다.

4. 불량국가와 악의 축

촘스키(Noam Chomsky)는 미국 외교 정책의 매섭고 날카로운 비판으로 주목받고 있는 언어학자이자 정치 비평가로, 미국 내부의 치부를 서슴없이 드러내고 미국의 지성을 세우고 있다고 평가받고 있다. 그는 미국이 왜 반미세력으로부터 그토록 많은 저항과 거부를 불러일으키고 있으며, 나아가 테러의 주요 대상이 되고 있는지를 설명해왔고, 미국이 세계인권선언에서부터 유엔 헌장, 유엔 결의안, 국제법과 관행, 국제사법재판소의 판결에 이르기까지 얼마나 많은 국제사회의 합의를 외면하고 있는지 말하고 있다.

촘스키는 그의 저서 『불량국가(*Rogue States : The Rule of Force in World Affairs, 2000*)』에서 국제사회에서 힘의 위력이 무엇인지를 보여주고 있는 미국이 왜 불량국가들 중에서 으뜸인가를 보여주는 경우들을 나열하고 있다. 그는 풍부한 객관적 자료를 근거로 제시하며 도대체 어느 나라가 진정 불량국가이자 깡패국가인지를 되묻고 있다. 그에 따르면 미국은 많은 불법행위를 바탕으로 세계를 힘으로 지배할 수 있었고 탈냉전기에 들어 이러한 현상은 부쩍 증가했다고 주장하고 있다. 1990년대 들어 이른바 사회주의 국가의 위협이 사라졌을 때 미국은 새로운 국제적 위협에 직면했고 어떤 면에서는 그들을 필요로 하기도 했던 것이 사실이다. 협력과 협상, 화해와 교류보다는 대결과 견제에 익숙하였던 이들이 느닷없이 할일이 없어졌고 할일이 없으면 불안과 초조를 보이는 냉전의 금단현상이 나타났다. 세계평화와 질서를 위한 구조조정 즉 탈냉전으로 미국이 직면한 것이 이라크, 리비아, 쿠바, 북한 등에게 적용되는 불량국가가 아닐까?

　불량국가란 국제사회에서 제시한 사회적 약속을 지키지 않으며 국제사회의 평화와 질서를 와해하거나 그럴 가능성이 농후한 국가들을 말한다. 촘스키에 따르면 불량국가의 의미를 두 가지로 정의한다. 하나는 협의의 의미에서 미국을 포함한 강대국의 논리를 따르지 않는 국가들이라는 것이다. 이라크, 리비아, 쿠바, 북한 등이 포함된다. 다른 하나는 광의의 의미에서 국제사회에서 조화와 질서의 논리 대신 힘의 논리를 중시하며 자국의 국익에 충실하는 나라를 말하는데 여기 해당되는 대표적인 나라로 미국을 지목한다. 이러한 정의에 따르면 국제사회에서 소요를 야기하는 국가는 모두 포함된다.

　하지만 역설적으로 불량국가는 전쟁과 갈등 때문에 먹고 살아가는 이들에게 그들의 존재가치를 말해준다. 불량국가는 미국의 가치 즉 다른 주변 국가들이 미국으로부터 획득할 수 있는 모방의 가치가 아직 남아 있다는 것을 대변한다. 그 모방의 가치가 미국이 말하는 불량국가들의 탈취대상일 수 있는 것이다. 말하자면 소련은 소련 공산 위성국가들의 모방력이 떨어졌고 미국은 아직 가지고 있다는 것이다. 어느 면에서 보면 같은 연방 국가이었던 미국과 소련의 대결에서 소련 연방이 먼저 각기 독립하고 있고 아직 미국은 존속하고 있다고 볼 수 있다. 다만 그 존속이 얼마나 지속될 수 있을까 하는 것은 ‘불량국가(Rogue States)’로 남아있는 국가들의 반미와 친미를 확연히 구분하는 시기, 즉 미국의 대외전략이 미국이 말하는 불량국가 못잖은 태도를 보일 때부터 미국의 패권쇠퇴가 우려된다. 이것을 매우 근심하고 우려하는 목소리가 나올 때는 이미 늦을 것이지만 유해한 패권 전략에 대한 질책과 비판이 있을 때는 아직 수정할 수 있는 때라는 것이다.

미국을 좋은 우방으로만 알고 있던 이들에게 미국을 불량국가로 지칭하는 유대계 미국인 촘스키의 주장은 미국에 대한 인식을 모조리 바꾸어 버리게 한다. 미국에 대한 긍정적인 인식의 혼란이다. 게다가 최근 미국의 전략은 비미국차별화전략을 세우고 있다. 세계를 미국과 비미국으로 구분하고 그 해결수단을 힘으로 해결하는 것이 그것이다. 물론 이 같은 미국의 대외전략은 현재에만 국한하는 것은 아니다. 예를 들어 핵무기를 관장하는 미국 전략 사령부의 1995년도 비밀 연구 보고서 「냉전 이후 전쟁 억지 대책의 기본 요점」에는 다음과 같은 내용이 포함되어 있다. '미국의 치명적 이익이 공격당할 경우 비이성적으로 반드시 보복을 해야 하며…… 미국이 국제법이나 조약에 매달리는 건 어리석은 짓이다.' 이것이 오늘날 미국의 국가 이미지의 전부는 아닐 것으로 믿는다.

하지만 9·11테러 이후 미국의 정책 담당자들이 보여준 것은 매우 섬뜩한 응징과 보복으로 일관하였다. 보복 이외에 다른 대안을 제시하지 않았다. 이러한 미국의 보복은 '우리의 적들은 우리가 미칠 수도 있고 예측이 불가능하며, 가공할 파괴력을 구비하고 있다는 사실을 직시하고 겁에 질려 우리의 요구에 순응할 것'이라는 닉슨(Richard Nixon)의 미치광이 이론만이 적절하게 적용되고 있다. 그 전략에는 무고한 민간인에 대한 오폭도 불사하였고 심지어는 그 정도 피해는 감수해야 한다는 태도였다. 이 정도면 미국과 맞선다고 불량국가 혹은 깡패국가라고 내몰린 이들과 다른 것이 무엇인가?

이익을 두고 다투거나 분쟁 혹은 상충하는 국가들 사이에 평화적 해결방식이 적용되지 못하는 것은 이들이 평화적 수단을 배우지 못했고 적대국 간에는 서로 무장을 했기 때문에 분쟁을 하지 못한다는 닉슨의 말은 불량국가에 대한 언어적 도단이 아닐 수 없다. 사실 냉전기에는 이러한 표현이 옳을지 모른다. 하지만 잘 구슬리고 다독거려 새로운 세계를 준비할 수 있는 기회가 주어져 있음에도 불구하고 전쟁을 준비하는 것만이 평화를 지킬 수 있다는 것은 안타까운 사실을 염려했던 존 F. 케네디의 언급이 되풀이되고 있는 것이다.

그 되풀이는 2002년 부시 정부의 북한 '악의 축'과 한반도 위기 발언에 의해서 확인되었다. 북한은 소련의 붕괴 이후 내외적으로 많은 어려움에 직면해 있다. 1995년의 클린턴 정부는 북한이 5년 이내에 붕괴될 것으로 전망하기도 했을 만큼 파산지경이다. 그래도 붕괴되지 않은 것이 신통하지만 각 국제기구의 구호단체의 구호품으로 연명하고 있기 때문에 외부침략은 물론이고 체제유지도 어려운 형편이다. 게다가 한미 방위는 북한의 군사력을 능가하고 있다. 그럼에도 불구하고 '악의 축'과 '한반도 위기'를 주장하는 부시 정부의 의도가 무엇인지 진위를 파악하기 어렵다. 한반도 분석이 오류를 가지고 있을 가능성을 시사하는 대목이다. 더군다나 9·11 반미 테러, 아프가니스탄 보복, 소말리아 침공설, 이라크 공격설 등 심상치 않은 국제적 분위기 그리고 대북정책에 관한 이견으로 한국과 미국이 교착상태에 빠진 상태에서 북한을 들먹이고 있는 것은 부시 정부가 어떤 의도로 왜 그러한 발언을 했는지 모호하게 만들고 있다.

부시 정부의 발언에서 가장 석연치 않은 것은 미 중앙정보국장 테닛이 증언하고 있듯 '북한이 계속해서 미사일과 같은 무기를 해외에 판매해 왔다면 왜 미국의 무력사용이 뜸한 이 시점에서 북한의 무기판매를 들먹이고 있는가' 그리고 '북한 미사일을 판매하고 있는 일부 중동지역, 이란, 이라크 그리고 인도와 파키스탄에 판매되고 있는 미국의 무기는 왜 문제가 되지 않는가' 라는 의문이다. 외부 침략을 위한 행동이나 조짐이 나타나지 않는 상태에서 한반도가 가장 큰 화약고가 될 수 있다는 부시정부의 발언은 의혹을 증폭시킬 뿐이다. 미군이 한반도에 주둔한 이후 미국은 한반도 전쟁방지를 위한 방파제 역할을 했다. 미래에도 미국은 그러한 역할을 담당하게 될 것으로 믿는다. 하지만 오늘날 미국의 악의 축 발언은 위와 같은 역할 기대에서 일탈이다. 왜냐하면 한반도가 위기에 처했다면 우리가 먼저 이를 감지하고 대비하며 주변의 도움을 청하는 것이 순서임에도 불구하고 정작 그 위협의 당사자인 우리들은 모른 채 전쟁을 즐기며 무기를 사고파는 사탄 같은 이들이 좋아할 전쟁에 관한 정보가 외부에서 먼저 발표되는 것은 아이러니가 아닐 수 없기 때문이다.

기실 탈냉전 이후 불량국가들이 미국을 위협할 것이라는 불량국가 위협론은 1995년 NIE 95-19 보고서의 내용을 살펴볼 때 '북한은 15년 이내에 ICBM의 계획과 그런 것을 만들 능력도 없다' 고 보고 되면서 불거졌다.[22] 이에 다수당이었던 공화당은 이의를 제기하고, 1996년 3월 30일 미의회는 재검토를 지시하였다. 이 같은 비난과 비판 때문에, 1996년 스펜스(Floyd D. Spence) 의회 내 국가안보위원회(House National Security Committee, HNSC) 의장은 NIE 95-19를 재검토할 것을 지시했다. 1998년 7월 럼스펠드는 그의 보고서에서 미국에 대한 위협이 존재한다는 것을 다음과 같이 기술했다.

미국은 대량 살상을 목적으로 하는 유도탄 탄두가 장착된 탄도 미사일로 인해 전략적으로 위협을 받고 있다. 위협은 가까운 미래에 있다. 때문에, 와일드카드(Wild card)와 같이 다른 국가들에 대한 지원은 부당하며 잘못된 것이다. 새로운 전략적 환경 하에서 미국은 국내외적 협력을 통해 5년 내 탄도 미사일을 보유하여, 미국을 공격할 수 있는 국가들이 탄도 미사일을 보유하는 것을 막아야 한다. 지난 몇 해 동안 미국은 다른 국가들이 전략적 위협이 된다는 것을 감지하지 못했다. 이와 같은 전략적 위협은 미국이 미국의 탄도 미사일로 자국을 방어할 수 있는 능력을 가지고 있다는 것을 감추고 있다는 것과, 다른 국가들 또한 자국의 미사일 개발과 확산, 계획의 속도, 범위, 방향을 속이려 하는 현실에서 기인한다.[23]

북미 미국 영토의 위협에 대한 논평에 덧붙여, 이 위원회는 미사일 방어 체제 구축을 가속화할 것을 권고하고 있다. 이 보고서는 명백하거나 잠재적인 적국으로 간주된 국가가 화학적 무기 혹은 핵무기 탑재 유도탄을 획득하려 한다면 북미 미국 영토, 해외 주둔 미군, 그리고 우방국과 동맹국은 심대한 위협에 직면하게 된다고 기술하였다. 사실, 미국에 대한 위협은 정보기관의 보고서와 예측서보다 더 넓게 확산되고 더 진전되어 있을 수 있었다. 럼스펠드가 보고서를 발표한 지 한 달 뒤인 1998년 8월 31일 북한의 대포동 미사일 실험으로 NIE 95-19의 비유용성과 더불어 NMD추진에 대한 명분이 굳혀졌다. 세계의 이목을 집중시킨 대포동(광명성 1호)은 캄차카 반도 앞 2000km까지 발사되어 불량국가의 미사일을 제거하기 위해선 미사일 방어체제가 필수적이라고 믿게 했다.

이 보고서는 북한에 대해 매우 극단적이다. 냉전시대 한반도에서 8·18 도끼만행 사건 당시 국방장관을 지냈던 그로서는 북한에 대한 감정이 좋을 리 없을 것이다. 럼스펠드 보고서에서는 일차적 위협이 북한과 같은 불량국가로부터 기인한다고 보고하고 있다

(Pursuant to Public Law 201, July 15, 1998). 1999년 10월 29일 길먼 하원(Benjamin Gilman) 위원장은 북한의 위협에 대한 보고서를 제출하였는데 그는 이 보고서에서 북한이 5년 전보다 포괄적으로 위협이 증대하고 있다고 보고하고 있다. 그에 따르면, 미국은 북한의 미사일을 포함하여 대량 살상 무기와 그 위협에 적절히 대처하지 못하고 있으며, 미국의 원조가 북한의 체제를 유지시켜 주고 있다고 주장한다. 말하자면 이 보고서는 북한이 1994년 이후 규제 밖의 핵무기를 생산할 가능성을 무시할 수 없다는 것이다.[24]

북한이 보유한 스커드 C는 한반도를 공격할 수 있고, 1998년 발사된 대포동은 일본을, 그리고 대포동 2호는 공격 가능 거리가 5000㎞ 이상으로 추정되어 미국의 연안 도시를 공격할 수 있는 것으로 알려져 있다.[25] 과거의 테러 행위 등으로 미루어 보아 북한의 군사 도발 행위가 탈냉전시대 들어 현저히 줄어들었거나 사라졌다고 확신할 수 없다. 더욱이, 한반도 비무장지대(DMZ) 근처에 배치된 무기들이 전적으로 방어용이라고도 말할 수 없다. 다만 오늘날 국제사회에 북한이 처한 상황과 경제력으로 유추할 때 북한의 미사일 개발은 미국의 선제공격을 억제하기 위한 것 혹은 미래 북미간의 미사일 협상에서 유리한 입장을 도출하려는 의도가 있다 하겠다. 북한이 미국을 위협할 수 있다는 가설을 도외시할 수 없지만, 북한이 미국을 위협할 것이라는 북한의 미국 위협론은 2002년 부시 정부가 북한과의 경제교류를 제시함으로써 신빙성이 없음이 드러났다. 북한이 미국을 위협할 것이라는 북한의 미국 위협론은 세 가지 측면에서 의문이 제기된다.

첫째, 북한은 미사일 개발을 완전히 끝내지 못했다. 말하자면 북한의 미사일은 불완전하며, 북한의 ICBM은 미국과 러시아가 보유한 기술 수준에 미치지 못한다. 게다가 미사일 개발에는 많은 비용과 기술이 복잡하다. 코넬 대학(Cornell University) 동아시아 연구소 서재정 교수에 따르면 한국을 공격할 수 있는 북한의 미사일은 50기에 불과하고, 그나마 정확도가 떨어진다. 예를 들어 북한이 공격할 경우 지휘 본부를 파괴하기 위해서는 미사일 41~91기가 필요하고, 비행장을 공격할 경우 101~226기가 필요하다. 하지만 50여 기밖에 보유하지 못한 북한의 미사일은 과대평가되었다. 결국, 이 시점과 가까운 미래에 북한이 미국은 고사하고 한국을 미사일로 공격할 가능성은 매우 희박하다는 것을 고지한다.

둘째, 북한이 미국을 공격하려 한다면 MD가 완전히 갖추지 않은 지금을 공격 시기로 정해야 한다. 하지만 북한은 이를 위해 동원될 자원이 없다. 더욱이 북한이 미국을 공격해서 얻을 수 있는 것은 더더욱 없다. 북한이 미국을 공격할 경우 미국이 북한을 초토화할 것이고, 북한도 이를 잘 알고 있기 때문이다.[26] 따라서 북한의 미사일은 외교적 안정과 경제 원조를 얻기 위한 협상용이다.

셋째, SPOT 위성이 찍은 북한의 미사일 기지를 살펴보면, 의도적으로 노출되어 군사기지로서의 역할보다는 인공위성 발사를 위한 실험용으로 보인다. 북한 화대군 무수단리 일대의 미사일 관련 5개 시설을 공개한 SPOT 위성사진에 따르면 북한은 무수단리의 대포동 미사일 발사 기지 인근에 미사일 개발 연구 단지, 미사일 및 탄두 조립 공장 건물, 레이더 기지, 지하 시설을 배치하고 있는 것으로 알려져 있다. 하지만 이 시설이 군사시설이라면, 은닉하지 않고 위성이 촬영할 수 있도록 노출했는가가 의문이다. 더욱이 금창리 시설은 페리가 보고한 바와 같이 빈 터널로 알려져 있다.

미사일 발사 실험을 2003년까지 연기할 수 있다고 밝힌 바에서 알 수 있듯이 북한은 미국과의 관계 정상화를 바라고 있고, 이를 위해 성의를 보이고 있다. 과거 북한의 행적으로 미루어 보아 한반도 위기의 근원은 북한이 안고 있다고 해도 과언은 아니다. 하지만 탈냉전 시대 북한에 대한 이러한 평가는 적절치 못하다는 비판을 면하기 어렵다. 90년대 이후 북한의 대외전략은 전략이라고 볼 수 없을 만큼 매우 위태로운 배수진이며 경제난으로 인해 예측될 수 있는 모든 것을 경험하고 있기 때문이다. 그럼에도 불구하고 개방과 개혁이 가시화되고 있지 않은 것은 납득하기 어려운 것이지만 94년 북미 제네바 협의 이후 한국과 미국과의 각종 협상과 협의를 통해 북한이 외부를 침공한다는 것은 매우 어렵다는 것이 생생하게 증명되었다. 외부공격은커녕 자기 몸 하나 추스르기 어려운 형편이다. 2002년 2월 '악의 축'과 '한반도 위기'를 주장하는 부시 정부의 한반도 분석이 오류를 가지고 있을 가능성을 시사하는 대목이다. 따라서 미국을 위협한다는 북한의 위협론은 현 상황에서 더 검토되어야 할 것이다.

오늘날 많은 국가들은 미국이 의도하면 한 나라의 초토화는 시간 문제라는 것을 알고 있다. 미국은 천문학적인 비용을 들였지만 테러 용의자를 체포하지 못하고 국제사회의 비난만 남겼지만 미국의 국력과시는 가히 성공적이었다. 예컨대 9 · 11테러의 유력한 단체인 탈레반 잔군과 알 카이다가 소말리아로 숨어들었다는 불확실한 정보에 불안을 느끼는 소말리아가 미국을 달래기 위해 각 건물에 성조기를 달며 애처로운 삶을 구걸한 것은 대표적이다.

이것이 오늘날 강한 미국을 내건 부시정부의 초상화이다. 부시정부는 내친 김에 소말리아처럼 북한이 성조기를 흔들며 항복할 것을 원하고 있는지 모른다. 나아가 소련이 붕괴된 마당에 미국을 견제할 수 있는 국가는 사실상 없는 상태에서 미국에게 가시와 같은 존재들을 일시에 제거하고 싶을지도 모른다. 하지만 급할수록 돌아가고 다된 밥도 뜸 들여야 하는 것처럼 북한이 성조기를 흔들며 백기를 들게 하기 위해 성급하게 무력을 사용해서는 안 된다는 것은 주지의 사실이다.

북한이 백기를 흔들며 개방과 개혁의 길로 나올 수 있도록 유도하는 방법은 대북포용정책에서 증명되고 있다. 대북포용정책은 많은 시간과 비용이 요구되지만 그렇다고 해도 그 비용은 전쟁비용 그리고 복구비용에 비하지 못한다. 천리 길도 한 걸음부터 시작하는 것처럼 한반도 평화와 통일을 위한 머나먼 여정에서 단숨에 들이키려는 일확천금적인 사고는 금물이다. 만약 국제사회가 '힘이 말하는 사회'라고 우기면 어쩔 수 없다. 다만 진정 한반도의 평화와 통일을 위해 북한을 개방과 개혁으로 유도하려는 햇볕정책을 우습게 여기는 이들에게 다음 얘기를 들려주고 싶다.

2001년 11월 서울 포럼에서 독일의 자이트 지의 발행인인 테오 좀머(Theo Sommers)는 '햇볕정책은 퍼주기' 아니냐고 그를 붙잡고 묻는 어느 언론인의 질문에 한심하다는 듯 '얼마나 지났고 얼마나 주었는가' 하고 비아냥거리며 독일과 비교하면 '새발의 피'라고 핀잔을 주었던 적이 있다.[27] 이 소리를 듣고도 모른 체 한다면 그저 독소(毒笑)를 머금을 수밖에 없다.

5. 싫으면, 햄버거 먹지 마라!

9·11테러 이후 미국 내에서 성급한 전쟁을 경계하는 소리는 철저한 보복과 응징을 외치는 함성에 묻혔다. 게다가 추후 추가 테러가 있을지 모른다는 이슬람 공포증은 이를 더욱 부채질하고 있다. 미국은 아프가니스탄 공격을 개시하기 전에 각국 대사관을 통해 '왜 아프가니스탄을 응징해야 하는가' 라는 그 정당성을 대변하였다. 말하자면 '아프가니스탄을 보복할 테니 그리 알아라' 라고 말하는 것인데 듣기에 따라서는 엄포 같기도 하고 또 한편으로는 구슬리는 소리 같기도 하다.

2001년 10월 필자가 참석한 주한 미국 대사관의 강연에서 한 공보원은 국제사회에서 '미국에 반대하는 국가나 세력이 많지 않느냐' 는 질문에 '미국과 놀기 싫으면 안 놀면 된다' 고 답변했다. 즉 미국하고 정치적 경제적 관계를 맺고 싶으면 미국말 듣든지 아니면 말든지 둘 중의 하나를 선택하라는 것인데 오늘날 미국 경제에 의존하지 않은 나라는 거의 없다. 미국의 경제 봉쇄 조치를 받는 국가의 경제는 엉망이 된다. 미국의 빵을 먹지 말라는 것은 굶으라는 것인데 굶고 살 수 있는 용한 재주를 가졌으면 얼마나 좋겠는가?

오늘날과 같은 미국 중심의 세상에서는 미국 없이 살 수 없다. 햄버거는 미국 경제를 상징하는 미국의 가치 기준의 척도다. 그 기준에 맞추면 미국 시장에 진입해서 경제적 가치를 거래할 수 있지만 그렇지 않으면 못하게 되는 것이다. 이러한 미국의 실천 논리는 빗나가지 않았다. 미국은 테러 지원 국가를 고립시키기 위해 가능한 모든 경제적 수단을 동원했다. 미국의 반 테러 국제 연대에 동참할 경우 당근을 주고 그렇지 않으면 채찍을 던진다는 것을 분명히 하였다. 2001년 9월 18일 도널드 에번스(Don Evans) 상무 장관과 로버트 졸릭(Robert Zoellick) 무역 대표부(USTR) 대표는 '교역은 테러를 저지하는 데 동원될 수 있는 유용한 수단이다. 미국에 협력하지 않는다면 경제 제재와 시장 접근에 대한 장벽을 설치함으로써 고립을 시킬 것이다' 라고 말했다.

사실 이 같은 미국의 전략은 비단 오늘에만 국한되는 것은 아니다. 예컨대 우리가 익히 아는 우루과이 라운드 체결과 수퍼 301조는 대표적이다. 이에 대해 간략히 살펴볼 필요가 있다. 역사적으로 1950년대와 1960년대의 경제적 번영과 미국 산업의 국제 경제력으로 무역 문제에 대해 미국의 탈정치화가 나타났지만 1970년대 들어 무역 적자와 재정 적자가 가시화되면서 미국의 경제 전략은 변화하였다. 유럽과 일본의 부상, 국제 통화 제도의 변화로 기축 통화로서의 달러가 위협에 직면하자 미국은 기존의 경제정책을 제도적으로 재편할 필요를 가지게 되었다. 위와 같은 미국의 경제 전략의 변화로 미국 특별 무역 대표(STR)가 대통령실의 법적 기구로 임명되어 외국과의 통상 교섭 창구 역할을 담당하게 되었다. 나아가 1979년에는 미국 특별 무역 대표가 미국 무역 대표부(U.S. Trade Representative, USTR)로 확장되었다.

1980년대 들어 미국의 경제정책은 과거와는 현격히 상이하게 달라졌다. 1980년대 냉전기 미국의 무역정책과 통상 정책은 스스로 만든 브레튼우즈 협정에 따른 다자주의에서 상호주의에 입각하여 공격적인 쌍무주의 지역주의로 변화하고 있었다. 총체적으로 보면, 다자주의를 포함하여 자국의 경제적 이익을 극대화하기 위해 수단과 방법을 가리지 않고 경제 전략을 실시하였던 것이다. 미국은 공격적이고 적극적인 무역정책과 통상 외교를 추구하였다. 이러한 경제 전략의 일환으로 1984년 제정된 무역 및 관세법에 따른 외국과의 무역 장벽에 관한 보고서(NTE)의 발간, 그리고 통상법에 따른 수퍼 301조, 1985년 루브르 협정과 플라자 협정을 통한 달러의 평가 절하의 기도로 이어진다.

　미국의 이 같은 태도로 인한 긍정적 부정적 그리고 아이러니컬한 결과를 살펴보기 위해 두 가지 예를 든다. 먼저 1985년 플라자 회의이다. 이 회의에서 미국은 대일본 무역적자 해소책으로 일본엔화의 가치를 절상시키는 방안을 모색하였다. 이후 엔의 가치가 상승하여 미국이 노린 효과가 나타났다. 가령 100원짜리 차 한 대를 생산할 경우 차 한 대 생산을 위해 계산되는 노동의 가치 즉 임금이 1985년 이전에는 10원이었다면 1985년 이후에는 10원 이상, 즉 15원 내지 20원 등으로 상향조정되었다. 임금의 인상은 기업 경영을 어렵게 하였다. 우선 지출이 몹시 증가되었고, 증가된 투입 비용만큼 다른 기업(미국 자동차 기업)과 가격경쟁에서 경쟁력을 상실하게 되었고, 경쟁력의 상실은 기업 활동을 멈추게 하는 것이었다. 이 때문에 일본 내에서 기업활동이 어려워지자 많은 기업이 일본을 떠나 임금이 상대적으로 저렴한 동남아로 기업 활동(foreign investment) 무대를 옮겼다. 이를 일본내 경제 공동화(空洞化)라 일컫는다.

　하지만 결과는 미국이 기대하는 것과는 상이하게 나타났다. 임금이 상대적으로 싼 곳에서 기업활동은 재화의 판매가격을 하락시켰고 판매량을 증가시켰다. 그리고 동남아에서 일본은 과거의 문제를 교묘히 은폐시키는 것도 잊지 않았다. 예를 들어 동남아 공공기관에서 무상으로 자동차를 기증하거나 고속도록, 항만 등 사회간접자본 확충에 많은 지원을 하는 것이 그것이다. 이 같은 지원으로 일본은 동남아를 오히려 일본의 경제 영향력 하에 두었다. 이로써 동남아는 일본 경제권 하에 통합되었다. 이러한 경제권의 형성은 자유무역을 통한 해외 진출이 아니라 일본식 자본주의 확산을 의미하는 것이었다. 결국 미일간의 통상 문제를 해결하지 못한 채 일본의 경제 영역만 넓혔던 것이다. 여기에는 일본의 노력 못지않게 미국에 대한 상대적 반발도 작용했음은 물론이다.

그리고 1997년 한국과 같이 IMF 외환 위기를 경험한 많은 아시아 국가들은 IMF로부터 구제금융을 받았기 때문에 외환위기를 극복할 수 있었다. 그러나 그 사정을 들여다보면 구제금융을 지원하는 것보다 IMF가 제사한 조건이 구제당사국이 모욕감과 수용하기 어려운 것으로 가득했는가를 알 수 있다. 아시아 국가들이 수만 명의 실직을 동반하는 구조조정 등 생각하지 않았던 문제의 직면 등이 그것이다. 인위적인 급격한 변화는 급기야 노동자들과 일부 사용자들을 거리로 그리고 죽음으로 내몰았다.

사실 어느 면에서 IMF의 조건은 반드시 수용되어야 할 부분이었다. 하지만 IMF가 제시한 조건을 수용당사국이 단시일내에 수용하기에는 엄청난 그리고 수용하기 어려운 조건이라는 것을 IMF는 전혀 고려하지 않는다는 것이다. 게다가 부의 분배가 균형적으로 이루어져야 하고 IMF의 고통분담이 전국민이 고루게 부담해야 함에도 불구하고 균형적이라고 느끼지 못하는 것이 일반적이다. IMF가 한국과 같은 IMF 구제금융당사국을 지원하려 한다면 과연 이 방법밖에 없었는가?

예를 들어 말레이시아는 한국과 같이 IMF 사태를 극복한 국가이지만 한국과 전혀 다른 방법으로 극복했다. IMF로부터 아쉬운 소리도 듣지 않았다. 외국투자자들의 자산을 동결시켜 해외로 유출되지 못하게 함으로써 외환위기를 극복했던 것이다. 국제사회에 처한 양국의 입장이 상이하지도 하지만 한국은 분단국가로서 미국의 영향을 매우 심하게 받고 있는 상황이 심각하게 고려된 탓이다. 울며 겨자 먹기로 한국은 IMF의 조건을 수락했다.

이 같은 에피소드는 1985년 플라자회의에서 일본이 미국의 말을 듣지 않으면 일본의 지속적인 성장이, 그리고 1998년 외환위기에서 한국이 IMF의 조건을 수용하지 않으면 한국의 외환 위기 극복이 불가능한 것처럼 미국말을 듣지 않고는 국제사회에서 생존하기 어렵다는 것을 반증한다. 게다가 미국과의 통상 마찰이 발생할 경우 미국은 국가 간에 적용될 수 있는 국제법보다 미국법을 제시하는데 이것은 이미 국제적 관습으로 통한 것은 이를 말한다.

미국의 햄버거 안 먹고 놀려다 혼이 난 이야기 하나만 더 들어보자. 이는 왜 1997년과 같은 특정의 시점에서 동아시아 경제 위기가 헤지펀드(Hedgefunds)와 같은 자본 투기꾼과 연계되었다고 믿는 것인 지와 관련된다.[28] 미국은 최근 호황으로 세수가 늘면서 재정적자가 빠른 속도로 줄고 있지만 아직 국채발행 잔액이 5조 달러를 웃돈다. 국제경제가 단순히 경제 수요와 공급으로 이루어지지 않는다는 것을 이미 알려진 사실이다. 환언하면 아시아 위기는 단순히 경제적 요인으로만 설명될 수 없다는 것을 의미한다.

알려진 대로 일본은 미국의 최대 채권자이다. 만일 일본이 미국 국채를 매각할 경우 미국의 장기금리 폭등, 주가폭락, 그리고 경기 후퇴로 이어지게 될 것이다. 반면 이로 인해 엔화가 강세로 돌아서면 달러의 약세를 초래하여 일본의 수출과 경기에도 부정적 영향을 미칠 것이라는 것은 자명하다. 그런데 엔고 압력에 대한 우회적 견제와 일본 경제력 과시로 1997년 동아시아 금융위기가 발생하기 한 달 전 1997년 6월 덴버 8개국 정상회담 직후 하시모토 일본총리는 미국에 경고성 발언을 하였다. 일본이 보유중인 미국 국채를 매각하지 않도록 미 정부도 외환시장에 협력해 주었으면 좋겠다고 언급했다. 이로 인해 미국 주가와 국제환율이 큰 폭으로 흔들렸다. 하시모토 총리와 일본 대장성은 즉각 진화에 나섰지만 발언배경은 우발적 실수를 핑계삼은 미국의 엔 강세 유도에 대한 견제가 설득력 있다. 일본의 외환보유는 엔화 약세를 유도하기 위해 꾸준히 미국의 국채를 매입해왔다. 이는 미국채가 금만큼 안전한 데다 이자도 챙길 수 있는 이유 때문이기도 하다.

일본 대장성과 자민당은 실제로 1995년 4월 미 국채 매각을 검토한 적이 있다. 달러당 80엔이라는 초엔강세를 반전시키기 위해 미 정부에 압력을 넣는데 가장 유효한 수단이 미국의 국채 매각이라는 이유에서였다. 하시모토 총리의 발언은 미국에 대한 일본의 불만을 우회적으로 표출한 것이다. 세계경제의 초강국인 미국으로서는 매우 언짢은 일이었을 것이다. 국제 경제가 단순히 경제적 요인으로만 설명되지 않는다는 것을 감안한다면 국제 정치경제는 인위적인 과정에서 비롯될 수 있는 여지를 충분히 남긴다는 면에서 이러한 국제적 에피소드는 패권을 둘러싼 국제 정치경제를 설명하는 데 매우 유효하다. 여전히 무역의 적자는 계속되고 있으며 특히 일본과의 무역불균형은 개선되지 않고 있다. 강한 달러를 앞세워 아시아의 경제구조를 변화시켜 대일 무역균형을 시정하는 동시에 아시아 경제패권을 유지하려 했던 미국이 1997년의 아시아 경제위기를 기다렸다는 듯 일본을 압박하였던 것은 우연이라고 볼 수 없다.

6. 국제사회의 왕따

9·11테러 이후 진행되고 있는 일련의 사태 그리고 그 후유증에 대해 어떻게 파악하고 대처해야 할 것인가? 워싱턴과 뉴욕에서 무고하게 죽음을 맞은 희생자와 그 가족들의 형용할 수 없는 아픔을 거론하며 테러에 대한 단호한 응징은 필요하다. 이에 관한 매스컴의 여론조사에서 미국 국민 대부분이 보복공격이 필요하며 그 방법 또한 무차별적으로 이뤄져야 한다고 응답했다. 9 1테러 직후 실시한 CBS의 여론조사에 따르면 무고한 사람들이 목숨을 잃을지라도 군사공격을 해야 한다고 응답한 사람은 무려 75%에 달했다. 그러나 한편에서는 9·11테러에 대해 조지 W. 부시 정부 이후 특히 가속화되고 있는 미국의 일방적인 힘의 외교가 낳은 필연적인 귀결임을 주장하는 목소리도 적지 않았다. 부시 정부가 추진하고 있는 미사일 방어(MD) 체제와 그에 따른 탄도 요격 미사일(ABM) 제한 협정의 일방 폐기, 교토(京都) 의정서 탈퇴, 유엔 인종 차별 철폐 회의에서의 일방 철수, 더욱 직접적으로는 중동에서의 이스라엘 편들기 등이 테러 참사를 불러온 중요한 원인이라는 지적이다.

근세 이후 서구 열강의 분할 통치(Divide&Rule) 정책에 의해 철저히 억압당해온 제3세계의 입장에서 보면 미국의 일방적인 행동은 자신들의 굴절된 근대사를 만든 원인으로 간주된다. 그러나 현실적인 역학 관계는 희망을 무력하게 만들고 있으며 따라서 극단적인 테러 행위로 표출될 수밖에 없었으리라는 파악도 가능하다. 이 같은 관점에서 급기야 이슬람 대 서구의 전면적인 충돌을 예상하는 제3차 대전의 가능성까지 제기되고 있다. 부시 정부가 자국민의 끓

어오르는 분노를 바탕으로 무차별적이고 대규모의 응징 공격을 시
도한다면 이는 문제의 해결이 아니라 인류사에 남을 악순환의 시작
이 될 수 있다. 일방적인 응징은 이슬람권의 공분을 불러 일으켜 또
다른 테러로 이어질 가능성이 크기 때문이다. 이러한 구구한 억측
과 부정적 지레짐작을 미국의 외교적 태도에 끌어다 붙이는 행위를
막기 위해서는 그 동안 국제사회의 합의를 무시하는 미국의 처사
또한 제어되어야 한다. 그 동안 국제사회의 합의를 정면으로 거부
한 미국의 저지른 국제행위와 이로 인한 국제사회의 왕따를 살펴본
다.

유엔 인권위원회 위원국 자격 상실과 국제 마약 감시 기구의 탈락 : 2001년
5월 3일 미국 역대 정부가 가장 공을 들여왔던 유엔 인권 위원회 위원국
(United Nations Human Rights Committee, UNHRC) 자격 상실, 국제 마약
감시 기구(International Narcotics Control Board, INCB)에서 탈락 등이 그것
이다. 미국의 일방통행이 빚어낸 자충수이다. 결과적으로 힘의 우위를 내세
우는 부시 정부의 외교는 국제사회에서 미국의 입지를 스스로 좁히고 있을
뿐만 아니라 MD로 인해 러시아, 중국 등은 물론 우방국과의 긴장이 고조될
수 있고 국제사회의 안보를 더 큰 위험에 빠뜨리고 있다.

세계 기후에 관한 교토 의정서 일방 파기: 1997년 12월에 채택된 기후 변화
협약(교토 의정서)의 기본 목적은 지구 온난화를 방지할 수 있는 수준으로 이
른바 온실가스(탄산가스를 포함한 6종)의 농도를 안정화시킨다는 것이다. 탄
산가스(CO_2) 배출량을 선진국들이 2008~2012년 중에 1990년 대비 평균
5.2%를 감축하기로 하고, 국가별 감축 목표를 -8%(EU)에서 +10%(아이슬란
드)로 정했다. 또 미국을 위시해 호주 캐나다 일본 러시아 같은 나라들이 주
장한 온실가스의 부작용을 완화할 수 있는 숲이나 농지의 광범위한 이용을
수용했다. 그러나 온실가스 방출량 산정시 혜택 대상으로 원자력 에너지를
청정 기술로 간주하지 않기로 했다. 이밖에 개발도상국에 자금을 지원하고,

선진국 간에 이산화탄소 배출량을 거래하는 시장을 설립하는 조항들이 포함
됐다. 즉 이산화탄소 배출량이 한계에 이른 선진국이 배출량 쿼터가 남은 후
진국에 돈을 주고 배출권을 사들일 수 있도록 한 것이다. 따라서 1t에 20달러
로 추정되는 이산화탄소 쿼터 시장은 약 200억 달러가 될 것이다. 대부분 미
국 일본 등의 주장을 수용했음에도 미국은 교토 의정서 자체를 거부하고 있
다. 2001년 10월과 11월에 거쳐 2주 일정으로 유엔 기후 변화 협약 7차 당사
국 회의를 개최했지만 온실가스 최대 배출국(1990년 기준 36%)인 미국의 참
여 없이 교통 의정서를 발효할 수 있을까 하는 의구심이 있다. 의정서는 지구
온실가스 배출량의 55% 이상을 차지하는 55개국 이사국이 비준하면 발효된
다. 하지만 아직까지 이 협약의 비준을 미루기는 유럽 국가들도 마찬가지이
다. 일본이 미국에 동조하는 모습을 보이자, 영국과 독일도 미국의 참여 유도
를 명목으로 이 협약의 수정을 시사하면서, 기준연도의 변경, 목표연도의 연
장, 감축량 축소 등을 거론하기에 이르렀다. 2001년 7월 독일 본에서 기후 변
화 당사국 회의가 개최되었다. 이 회의에서 의장인 얀 프론크 네덜란드 환경
장관은 지구온난화의 주범인 온실가스 배출감소에 관한 1997년의 교토(京
都) 의정서가 미국 없이도 시행될 것이라며 낙관적인 견해를 표명했다. 이러
한 미국의 결정은 부시 대통령이 동맹국들의 반대에도 불구하고 미사일 방어
(MD)체제 추진과 교토 기후협약 탈퇴 등으로 미국의 고립을 자초하고 있다
는 비판을 받고 있다.

포괄적 핵실험 금지 협약(CTBT) 비준 지연 : 1996년 유엔 다자간 협상에서
인류는 군사적 목적이든, 평화적 목적이든 어떤 경우에도 핵실험을 금지하자
는 포괄적 핵실험 금지 조약을 체결했다. 핵실험 금지 조약은 근 30년 동안
노력한 끝에 1996년 유엔 총회가 158대3의 찬성으로 채택한 뒤 현재 161개국
이 서명했으며 핵무기 제조 능력이 있거나 잠재적인 능력이 있는 국가 등 주
요 44개국 가운데서 31개국이 비준을 마쳤다. 이 조약의 이행을 검증하기 위
해 제네바에 국제 기구가 설치됐으며, 이 조약이 발효할 때까지 일시적인 실
험 유예도 세계적으로 합의된 상태다. 그러나 미국은 1999년 미국 상원에서
51대48로 이 조약의 비준을 거부했다. 미국은 1996년 유엔의 CTBT 결의안
채택 직후 러시아, 중국, 불란서, 영국 등과 함께 1차로 서명한 뒤 비준을 미
뤄오다 1999년 상원에 상정했으나 공화당의 반대로 비준안이 부결됐었다.

미국 상원은 CTBT를 지지하는 민주당이 근소 우위에 있지만 비준안 통과에는 3분의 2 동의가 필요한 데다 조지 W. 부시 행정부가 반대 입장을 고수하기 때문이다. 부시 대통령은 지난 대선 당시 CTBT가 국가안보와 핵무기 비확산 정책에 도움이 되지 않는다는 이유로 반대 의사를 분명히 했고, 부시 정부는 CTBT 참가국에게 이 협정이 사실상 사문화 됐다고 판단함을 알렸다. 미 정부의 CTBT 폐기 움직임은 독자적인 핵 전력 감축과 미사일방어(MD) 체제 구축을 강행하겠다는 의지를 표시한 것으로 해석된다. 또 탄도탄 요격 미사일 협정(ABM)의 틀에서 이루어졌던 과거의 핵 관련 국제 협정이나 조약을 사문화 시키겠다는 강성 외교 정책의 일환으로 보인다. 부시 대통령의 CTBT 폐기 방침은 이 조약이 MD배치와 핵무기 감축에 걸림돌이 되며, 다른 나라의 핵무기 생산을 제어하지 못한다는 공화당의 당론과 궤를 같이한다. 국제사회의 여론에도 불구하고 비준을 하지 않고 있는 핵 보유, 핵 개발 가능 국가는 미국을 비롯해 중국, 인도, 파키스탄, 북한, 이스라엘 등 13개국이다.

생물학 무기 금지 조약 의정서 : 1972년에 체결된 생물학무기 금지 협정(BWC). 1972년 체결된 BWC는 유독가스 및 박테리아성 무기 등 생물학무기의 개발과 생산, 보유를 전면 금지하는 것으로, 미국 등 140여 개 국가들이 비준했다. 그러나 이행 준수를 강제할 실질적이고 구체적인 내용이 결여돼 있다는 지적에 따라 1995년부터 이행 의정서를 협의, 현재 그 초안이 마련돼 2001년 11월 표결을 통한 최종 채택을 남겨둔 상태다. 그러나 미국이 교토(京都) 기후 협약과 핵실험 금지 조약 비준 반대에 이어 BWC의 이행을 위한 의정서를 수용하지 않겠다고 밝혔다. 부시 정부는 유럽과 아시아 동맹국들이 BWC 강제 이행 의정서에 찬성하고 있지만 현실적으로 실행이 불가능할 뿐 아니라 미국으로서는 받아들이기도 어렵다는 반대 이유를 제시했다.

중국 하이난(海南) 섬 미군 정찰기(EP-3) 추락 : 2001년 4월 중국 하이난(海南) 섬에 미군 정찰기(EP-3)가 추락하였다. 미국이 중국을 염탐하다 들키자 황급히 자리를 떠나다 추락한 것이다. 다행히 인명 피해는 없었지만, 미국은 세계에서 가장 남의 나라 염탐 잘하는 나라로 소문나게 되었다. 미국 정찰기 EP-3와 중국 전투기간의 충돌사고로 야기된 추락은 1960년 전 옛 소련 영토에서 격추된 미 전략 정찰기 U-2기 사건과 유사하다. 1960년 5월 1일 최첨단

첩보 정찰기 U-2기가 소련 영공에서 소련 공군에 의해 격추됐다. 냉전시대 양국은 격렬하게 대립했다. 급랭한 양국 관계는 제네바 군축 회담을 위기로 내몰았다. 미국은 항공기 조종사가 소련 군사 시설물을 촬영하는 스파이 임무를 띠고 있었다는 사실을 처음에는 부인하다 나중에 어쩔 수 없이 시인했다. 체포됐던 미군 조종사는 2년 후인 1962년 소련 스파이와 맞교환 되어 풀려난다. 그러나 미국은 이런 임무가 정당하다고 되받아치며 해명성 역공세를 취했다. 당시 흐루시초프 소련 총리는 분노했다. 영국 등 주변국이 중재에 나섰고 미국이 U-2기의 비행을 취소하겠다고 약속하면서 사건은 수그러들었다. 그러나 아이젠하워 미국 대통령이 끝내 사과를 거부하자 파리에서 미·소 등이 참여한 4대국 회담은 결렬됐고 동·서 양 진영은 본격적인 냉전 시대로 접어들었다. 또한 냉전 시대에 미국의 U-2기가 북한을 염탐하다가 북한한테 격추당했던 것은 잘 알려진 사실이다. 북한은 이에 대해 매우 민감하게 반응했다. 또 1968년 1월에는 국가 안보국의 지시로 원산 앞바다에서 북한을 감청하던 미 해군함 푸에블로 호가 북한 경비정에 의해 나포되기도 하였다. 최근 홀 준위의 헬기 격추 역시 이에 해당한다고 판단한 북한이 민감하게 반응한 것이다. 북한이 이에 대해 매우 민감하다는 것은 2000년 6월 남북 정상회담에서 보여주었다. 당시 김대중 대통령과 김정일 국방위원장이 순안 비행장에서 백화원 영빈관에 이르는 동안 평양 시내를 한 바퀴 돌면서 두 정상이 무슨 말을 하는지 미국이 도청하지 못하도록 제3방송을 사용했다. 남북 정상회담 역시 이틀 전에 제3방송으로 인민들에게 알려주었다고 할 정도이다. 제3방송이란 주한 미군의 첨단 감청 설비로 도청할 수 없는 유선방송을 말하며 1979년부터 사용한 것으로 알려져 있다. 하이난 섬 정찰기 추락으로 구 공산권이 무너지자 이란, 이라크, 북한, 리비아 등에 대한 감시가 국가 안보국의 주요 업무가 되어 도청이 지속되고 있다는 것을 확인할 수 있게 되었다. 도청 대상이 적성국가에만 국한되는 것이 아니라 민주국가 미국도 도청한다는 것은 1960년에 U-2기가 소련의 대공 미사일에 의해 격추되면서 세상에 폭로되었다. 1963년 쿠바에 소련제 미사일 도입으로 출현한 쿠바 미사일 위기 당시 세계는 제3차 세계대전의 공포에 처해 있었지만 미국은 소련과 쿠바와의 대화를 도청해서 흐루시초프가 양보할 것임을 이미 알고 있었다. 이에 대한 세계적 합의가 없는 상태에서 인류문명의 도덕적 결함을 말해주고 있다.

　MD 강행 그리고 ABM 탈퇴 : 2001년 5월 1일 미국 국방대학 연설에서 조지 W. 부시 대통령은 21세기 세계 전략 구도를 근본적으로 바꾸어 놓을 수 있는 중대한 사건을 발표했다. 미국이 지구 차원의 안보와 안전을 강화하기 위하여 MD(Missile Defense)를 구축한다는 계획이 그것이다. MD는 미국의 국익을 방어할 미사일 방어 시스템으로서 적의 미사일을 지상, 해상, 공중에서 요격하는 전략이다. 이 전략은 적이 발사한 미사일을 지상의 고성능 레이더를 통해 최대한 빨리 감지하고, 위성을 통해 지상 통제소에 전달한 후, 적의 미사일이 목표물에 도달하기 전에 요격 미사일을 통해 가급적 대기권 밖에서 미사일을 파괴하는 것으로 되어 있다. 하지만 MD가 실현되기 위해서는 기술적 한계와 많은 비용 등의 문제들이 있고 미국 국내와 다른 국가들의 반대와 우려가 만만치 않다. 그러나 세계가 반대와 우려, 또 그와 동시에 관심을 갖는 데는 그 동안 세계평화와 질서를 위해 유지되어온 1969년 우주 조약(Outer Space Treaty)의 평화적 원용 노력과 1972년 ABM 조약과 같은 전략적 핵무기 감축 노력 등을 무시하며 자국과 동맹국을 포함한 전지구적 방어 차원의 미사일 방어 계획을 일방적으로 추진하고 있기 때문이다. 60년대 미국과 소련은 양국의 군비경쟁으로 핵무기의 과다 보유를 우려하게 되었다. 이러한 우려 하에 미·소 양국은 전력에 불균형이 전쟁을 발생시킬 수 있으므로 그런 우려를 감소시키기 위해 1967년부터 보유 전략 무기의 상한선을 규제하자는 협상을 벌여 1972년 ABM조약에 합의했던 것이다. 말하자면 미·소 양국은 어느 한쪽이 선제 핵공격을 가해오더라도 공격을 받은 쪽이 파괴되지 않은 핵무기로 상대편 국가를 초토화시킬 수 있는 능력을 보유하게 해 어느 쪽도 선제 공격을 못하도록 한다는 상호확증파괴(MAD) 전략을 채택한 것이다. ABM조약은 그동안 미·소 양국의 신뢰 구축의 토대가 됐고 무한 핵개발 경쟁을 억제하는 데 효과적인 역할을 해왔다. 이러한 ABM협정에도 불구하고 미국은 자국의 안보를 이유로 80년대 초 도널드 레이건 전 대통령의 SDI 등 미사일 방어 계획에 매달려 왔다. ABM협정은 지상, 해상, 공중 또는 우주 미사일 방어 시스템, 국가 영토 주변을 제외한 조기 레이더 경보 시스템의 개발 및 실험을 금지하고 있다. 또 협정 서명국 일방이 이 협정에서 탈퇴하거나 협정을 파기하기 위해서는 6개월 전에 이를 통보해야만 한다. 하지만 MD의 전신인 NMD는 1단계 추진으로 2005년까지 알래스카에 20기의 요격 미사일을 배치하고, 2단계에는 이를 1백기로 늘리며, 3단계에는 1백25기로 늘리고, 노스다코타 주의 그랜드 폭스 ICBM기지에도 1백25기의 요격 미사일을 배치한다고 되어 있다. 이 체제를 도입하려면 미국은 먼저 미사일 수와 배치 장소를 제한하는 ABM조약의 핵심인 3조를 변경해야 한다. 1972년 체결된 ABM조약의 제3조 a,b항에 따르면 상대국 수도와 ICBM기지 1백50㎞ 이내 지역에 요격 미사일 1백기를 배치한다고 명기되어 있다. 이것도 1974년의 후속 협정에는 두 곳 가운데 한 곳에만 배치하는 것으로 수정되었다. 따라서 ICBM기지나 수도가 아닌 알래스카에 요격 미사일 배치와 미사일 수의 증가는 명백히 ABM조약을 위반하는 것이다. 뿐만 아니라, ABM 조약 제9조는 MD시스템을 다른 나라에 이전하거나 관련 기지를 다른 나라에 배치하지 못하도록 규정하고 있다. 이에 따라 미국이 MD를 추진하면서 미사일 추적 레이더 등 관련 체계를 해외에 배치하는 것은 ABM 조약의 제9조를 위반하게 된다. 게다가 힘의 우위에 입각한 MD를 추진하기 위해 미국은 은연중 동맹국들에게 외교적 압박을 가하면서 MD체제에 동참을 요구하였다.[29] 2001년 7월 14일, 부시 정부 출범 이후 처음으로 실시한 미사일 요격 실험이 성공했다. 미국 정부도 기술적 한계를 인정하고 있지만 여전히 안전성과 기술적 결함을 지니고 있기 때문에 2004년까지 최소한 시스템 일부 배치를 목표로 하고 있다.

인종 차별 철폐 회의에서 철수 : 2001년 8월 남아프리카 더반에서 세계 곳곳에 여전히 뿌리 깊이 남아 있는 인종차별 문제를 논의하기 위해 유엔 세계 인종 차별 철폐 회의가 열렸다. 이 회의에서 참가국은 노예 제도를 반인류 범죄로 규정하고 각 나라들이 각종 인종 차별적 행위에 적극 대처할 것을 촉구하는 내용의 공동 선언문과 행동 계획을 채택하였다. 이번 회의에서 160개국 대표들은 노예제도, 인종 차별, 중동 문제에 대한 타협안, 그리고 선언문에는 일본의 역사 왜곡 문제 등이 포함되었다. 그러나 미국은 불참을 결정하였다. 미국의 불참 이유는 시오니즘과 인종 차별의 연계 때문이었다. 팔레스타인과 아랍국들은 시오니즘을 인종 차별 운동으로 간주했던 것이다. 미국은 1948년 이스라엘 건국 과정에 개입한 시오니즘과 미국 정책으로 팔레스타인 문제를 빚어 비난받게 되자 대표단을 철수했다. 미국은 이밖에도 아프리카 나라들이 제기한 노예무역 배상 문제를 다루는 것도 반대했다. 시오니즘과 노예무역 배상 문제가 미국의 대외 정책과 연계되었다.

기후 변화 협약 교토 의정서의 일방적인 거부, 미사일 방어 체제 강행 등은 미국의 일방주의 외교의 연장에서 나온 것이라고 단정지을 수 없다. 다만 어떤 의제에 동의하지 않는다면 회의에 참석하여 떳떳하게 주장하고 논의를 해야 하는데도, 마음에 들지 않는다고 회의 자체를 거부하는 것은 매우 부당한 자세임에 틀림없다. 바로 그런 이유 때문에 미국은 유엔 인권 위원회 이사국에서 탈락하는 등 국제기구에서 수모를 받았다는 사실을 스스로 직시해야 한다. 따라서 다음과 같은 자세가 요구된다. 미국은 보다 이성적으로, 어떤 방법이 진실로 테러 행위를 종식시킬 수 있는지 진지하게 고민해야 하며, 국제사회 반테러 연대 의식의 실제적인 제도를 모색해야 한다. 9·11테러의 범인과 배후 세력을 전범의 위치로 국제 법정에 세우는 것도 반테러 의식을 고취할 수 있는 하나의 방법이 될 것이다. 나아가 미국의 정의가 지구촌 어느 한쪽의 희생을 바탕으로 해서는 안 된다는 것을 자각해야 한다. 세계의 여러 문제를 미국의 국익과 이해관계로만 계산하는 자세를 버리지 않는다면 지도자적인 위상에 결코 오래 머물 수 없다는 지적은 빈말이 아닌 것처럼 보인다.

7. 미국의 세계화

오늘날 미국이 모든 국가들의 선망의 대상, 즉 모델이라는 것은 부인할 수 없다. 미국 국적이 없는 많은 비외국인들의 미국 따라하기 시도가 그것이다. 대체로 그들은 미국에서 배우거나 익힌 선진적 제도와 관행에 비추어 자국의 현실을 비판하곤 한다. 예컨대 죽의 장막으로 덮혀진 중국이 장막을 걷고, 중국 자존심의 한복판 자금(紫禁)성에서 맥도널드 햄버거가 판매되자 중국인들은 분노했다. 판매도 중국인이 하고 비판도 중국인이 하는 아이러니이다. 미국 따라하기 시도와 이를 분개하는 것들과의 괴리이다. 원하든 원하지 않든 이제 중국인들도 인정할 수밖에 없는 것은 조지 리처(George Licher)의 『맥도널드와 맥도널드화(*McDonald and McDonaldization, 1998*)』와 콜라는 미국 중심의 합리화와 표준화로써 작용하고 있으며 미국주의의 교두보로서 확산되고 있음을 확인시켜 주고 있다. 더 나아가 이것들과 비교하여 자국의 것을 뒤처진 것이라고 비난하던 것이 습관화되어 무의식적 잠재의식 속에 아예 미국인으로 환원되는 것을 발견하기도 한다. 이러한 현상은 비단 한 국가에만 해당하는 것은 아니다. 세계에는 미국을 모방하려는 국가와 세력이 많은 탓이다.

전후 서방, 여러 동아시아 그리고 오늘날 동유럽 국가 등 세계는 정치 군사와 같은 고위정치(High politics)와 경제 문화와 같은 저위정치(Low politics) 등 전반적인 분야에 걸쳐 절대적으로 미국에게 의존했다. 그 과정에서 어쩌면 우리는 현대적 제도, 문물, 이념의 절대 부분을 주어진 조건과 현실에 맞게 적용하는 것이 아니라 타의반 자의반으로 미국의 권유와 강요 속에 미국을 모방하는 것이 복합적으로 작용했을지도 모른다. 우리가 부인하지 못하는 것은 근대를 경험하면서 현대 국제사회에서 미국적이라는 사실 자체만으로 정당화되며 당연시하려는 경향이 국제사회 곳곳에 퍼져 있기 때문이다. 세계 질서에 대한 미국의 입장은 불문가지가 된 것이다.

　하지만 오늘날 미국은 수많은 사람들에게 꿈(American Dream)
의 국가이면서 동시에 분노의 대상이 되기도 하였다. 금세기 초반
이탈리아의 사상가였던 안토니오 그람시(Antonio Gramsci)는 이
미 미국주의의 확산이 서구 문명의 중심지 유럽에서도 더이상 막을
수 없는 추세임을 지적했다. 비록 하워드 진(Howard Zinn), 노암
촘스키, 마이크 데이비스(Mike Davis), 찰스 라이트 밀즈(Charles
Light Mills)와 같은 비판적 지성인들이 세계에서 미국은 항상 민주
주의, 인권, 자유를 외쳐왔고 가장 강력한 국가이지만 노동운동이
실패할 수밖에 없고 미국 자본주의가 야만성을 가질 수밖에 없었던
이유를 자성하며 미국의 무력 사용과 음모를 광기 어린 것으로 비
난하며 미국주의에 대한 유토피아적 환상을 지우려고 애쓰고 있다.
　무엇보다 미국주의를 이야기할 때 미국은 프론티어, 민주주의,
자본주의, 미국패권, 다문화주의로 싸여있음을 발견하게 된다. 프
론티어는 미국이 어떻게 건립되어 왔는가를 이야기하고, 미국의 민
주주의는 미국을 정신적으로 지탱하며, 자본주의는 미국을 경제적
으로 지탱하며, 미국 패권은 미국의 권위를 상징하며, 다문화주의
는 세계인들의 문화가 포용됨으로써 미국을 세계적으로 지탱하는
역할을 맡고 있다. 하지만 이러한 가치가 모두 호혜적(benign)으로
나타나는 것은 아니다. 세계와 미국간의 관계에서 위의 가치와 지
위를 유지하기 위해 미국을 이끌어가고 있는 지식과 전략들이 미국
주의이다. 미국주의가 미국 중심으로 논의되는 것은 매우 자연스러
운 것이고 어느 국가나 세력이 그만한 영향력을 가지는 것을 시기
하거나 비난할 수는 없다. 다만 미국 스스로 의도하는 미국주의 못
지않게 미국주의의 적용 대상국들의 미국주의를 어떻게 활용하고
미국주의를 보편적으로 승화시킬 수 있을까를 고려해야 한다는 것

을 문제삼지 않는데 있다.

그러나 미국의 세계화에 대변되는 세계화는 'Don't one! Don't pan!'이다. 오늘날 세계화의 폐해에 대한 반대 구호다. 세계화는 국경의 철폐를 의미하여 오늘날 실재하는 논리적 틀을 제공하는 관행과 제도라는 면에서 체제적인 요인이 되고 있다. 예를 들어 2001년 9월 시애틀에서 세계화를 반대하는 세계 각국의 지성인들의 시위는 이를 대변하고 있다. 나아가 평화학의 창시자 요한 갈퉁(Juan Galtung)이 9 · 11테러를 부자와 빈자, 부국과 빈국이라는 '계급의 충돌'로 간주한 것 또한 이를 말한다. 국내 정치와 국제 정치의 상호 의존성과 상호 침투성의 증대로 20세기 초부터 등장한 다국적기업은 편협한 민족주의의 장벽을 초월하는 성격을 가져 그 기업 활동을 통해 국제적 교류와 상호 의존성을 증대시킴으로써 국제 질서의 안정에 기여한다는 것을 간과할 수 없다. 하지만 과거와 현재의 세계화는 국경을 넘는(Beyond Boundaries) 수준에서 이윤 회득을 위한 수단(예를 들어 구조조정, 시장개방, 금리자유, 다국적 기업의 특혜 등)들이 각 지역과 국가의 특성에 상관없이 획일적으로 적용된다는 것이다. 말하자면 필요에 의한 울타리를 제거할 뿐 자국내 사회의 법과 질서의 적용이 복지적 차원에 이루어지는 것이 아니다.

세계화의 가장 큰 문제는 인류 문명의 진보와 관련 없다는 것이다. 보이지 않는 손, 즉 가격이 보이는 곳에서 보이지 않는 곳까지 이윤 추구를 찾는다는 것이다. 여기서는 자본의 국경 없는 자유 이동을 주장하지만 이것의 결과가 특정 집단의 이해만 대변하곤 한다. 세계화는 오히려 사회의 차별, 분열, 그리고 극단화를 악화시키고 있다. 1999년 유엔개발계획(UNDP) 인간개발 보고서에 따르면

전 인류의 4분의 1인 13억이 하루 1달러 미만으로 연명한다. 세계화가 진행되는 1997년에 빈부 격차는 74배에 달하고 있고 이는 매일 더 크게 벌어지고 있다. 세계 인구의 최부유층 1/5이 자원의 80%를 점유한 반면에 최빈곤층 1/5은 0.5%도 제대로 누리지 못하고 5,000만 명은 절대적 빈곤에 허덕이고 있다.

제3세계의 문제는 어제 오늘의 문제만은 아니지만 제3세계에서 행해지는 세계화의 정치적·경제적 문제의 왜곡을 통하여 이들의 정치 발전에 중대한 영향이 심화되고 있다. 예컨대 각종 무역 협정을 조인하고 교역 증진을 위해 관세 장벽을 낮추고 있는 반면, 파열을 일으켜 세계 도처에서 옛 식민의 상처가 도지고 있다. 국경 분쟁이 심해지고 소수민 거주지는 합방과 분리, 그리고 인종 청소의 유혹을 불러일으키고 있는 것이다. 발칸, 보스니아, 크로아티아, 코소보, 몰도바 등에서 이미 경험한 바이다. 이것이 세계화의 진행 상황에서 해결되어야 할 문제들이다. 세계화는 인간적인 유대나 배려, 인류나 환경을 위한 예측, 개선되어야 할 불평등 같은 이들의 이윤 추구의 담론 속에 묻혀버린 허구가 된다.[30] 이럴 경우 신자유주의밖에 없다는 비정상적인 이데올로기는 독단적인 획일화를 요구하게 되어 세계화는 역사의 뒤안으로 보낸 또 다른 전체주의를 부활시키는 것이 된다.

8. 미국식 자유주의

자유주의는 인류 최대의 발견이다. 인간 본연의 권리인 자유를 찾기 위한 수많은 희생을 치른 후에야 얻은 것이다. 자유주의가 추구하는 가치는 개체를 자유의 주체와 행위자로서 보는 개인 중심주의적 이념이다. 개인은 타인의 간섭으로부터 자유로워야 하며 자신의 이해를 가지고 이를 발전시키며 추구해야 한다는 것을 전제로 한다. 사회는 이러한 자유주의가 확산될 수 있는 곳으로서 다른 사람의 행동을 제한하거나 인간관계와 존엄성에 위협이 될 만한 것을 제거한다. 따라서 자유주의 사고에 바탕을 둔 정치적 경제적 활동은 자신이 참여하여 자기 목적을 도달하는 데 어떠한 것에도 지배받지 않겠다는 것을 전제로 한다. 즉 자유주의에서는 사회를 구성하는 단위들간의 지배와 피지배 형태는 부자연스럽다. 반면 민주주의는 전체를 위한 이념이다. 사회라는 영역속에 있는 사회구성원들에 관한 것이기 때문에 개인보다는 전체를 위한다. 따라서 민주주의를 수용해야 하는 자유주의는 접목되어야하기에 많은 어려움과 개인 의견에 대한 공감대 형성의 문제가 남는다.

자유주의가 개인을 중심으로 하는 것인 반면 민주주의는 사회적 개념이 짙다. 권력과 부(富) 같은 사회적 제 가치를 분배하는 수단으로써 민주주의는 다수의 개인들로 이루어지기 때문이다. 사회를 이루는 단위로서 개인은 자유주의를 일정 부분 양보하는 경우가 발생하게 된다. 또 자신의 모든 가치 안전을 위해 자신의 의지에 복종하면서도 자유로울 수 있어야 한다. 이런 측면에서 보면 사회 계약론은 자유주의에 의존한 정치 행위의 시발이다. 즉 개인으로서 뿐만 아니라 공동체 구성원으로 공동체의 이익과 자신의 이익을 동일시하는 경우가 여기에서 시작된다.

20세기 후반에 들어 냉전이 종식된 이래 세계에는 경제 전쟁과 민족 분규의 경쟁의 각축이 빈번해지면서 미국의 자유주의가 번지고 있다. 미국을 중심으로 하는 자유주의적 경제 질서는 시장 개방과 무한 경쟁이라는 구호를 내걸고 개인들을 적자생존의 자연으로 몰아가고 있다. 오늘날 국제사회에서 행위 주체가 다양해지고 있음에도 불구하고 사회와 개인을 인간적 관계를 엮고 사는 사회적 존재로서가 아닌 상대와의 경쟁에서 이겨야 하는 경쟁 대립의 관계로 간주하고 있는 것이다. 즉 경쟁에 참여하는 모든 개인을 동일선상에 놓고 각자의 능력을 경쟁에서 최대한 발휘할 기회를 주는 것이 자유주의의 참으로 간주됨을 확연히 알 수 있다. 이런 맥락에서 보면 미국의 가치가 확산되기 위해 소련 연방의 해체는 당위적이었다. 이후 온갖 분쟁과 분규에도 불구하고 소수 민족들이 제각기 독립적으로 독자 노선을 추구하는 것은 마땅한 것이다. 왜냐하면 고전적 자유주의는 사회를 이루는 단위들간의 관계적 개념을 포함하고 있지만, 오늘날의 자유주의는 경쟁과 대립의 개념이기 때문이다.

물론 오늘날의 사회는 유럽이 경제적 집단 안보체 EU를 구축한 것처럼 공동체를 만들기 위한 시도도 병행되고 있다. EU의 경우 유럽 국가라는 개별적 존재들이 문명 공동체라는 하나의 권역으로 결합되고 있는 것이다. 즉 개별적 특성을 존중하면서도 특정의 목적을 위해 하나의 결사체로 행위한다. 그러므로 타인으로부터 자유로워야 하는 개인, 세력 그리고 국가는 다른 것들로부터의 간섭을 받지 않아야 한다. 종교, 인종, 언어, 역사는 다양할 수밖에 없고 각각이 추구하는 문명은 차이가 나기 마련이다. 정치적·경제적 목적에서든 각각의 목적으로 일어나고 있듯이 그러한 것은 다양한 국가들이 하나로 모이기도 하고 여럿으로 갈라지기도 하는 개별적이되 다양함이 복합적으로 운용되는 새로운 실험이 진행되고 있는 것이다.

한편 20세기 후반에 들어 불길처럼 일어난 민족주의는 경계의 대상이 되고 있다. 이슬람 부흥 운동, 인도에서 힌두이즘의 부활, 터키에서 범-터키 유토피아주의 등은 사회를 이루는 단위들이 문명이라는 이름으로 이합집산을 거듭하는 것들이 그 예이다. 이런 측면에서 냉전 이후 다양한 국가와 민족 그리고 종교가 부딪치면 충돌은 불가피하다. 이런 점에서 헌팅턴(Samuel Huntington)의 문명 충돌론은 비록 미국 중심적 시각에 바탕을 두고 있긴 하지만 매우 현실적이다. 다만 동의하기 어려운 것은 문명을 단위로 이합집산하는 각 국민 국가들의 행위가 국제사회 평화와 질서를 지향하는 세계관과 역행하는 것이라고 단정할 수 없다는 점이다. 왜냐하면 문화의 다양성을 다른 문화의 잣대로 들이밀어 재는 것은 어불성설이며 대립과 갈등을 불러 일으켜온 지난 날의 미국식 자유주의의 병폐는 '왜 언급하지 못하는가'를 답하지 못하기 때문이다.

제국적 패권주의 즉 약육강식의 현실 속에서 각 민족과 국가들이 살아남기 위해서 어쩔 수 없이 택할 수밖에 없는 생존 전략, 즉 도덕적 비난쯤은 아랑곳하지 않고 넘길 수 있는 차원에서 이해될 수 있다는 미국의 대외전략의 성격을 외면하고 있다. 이는 제2차 세계대전 당시 나치의 무제한 폭격에 대응하기 위해 세계전쟁에 참여한 1938년 이래로 미국은 미국 자신을 국제사회에서 자유를 수호하는 수호천사 혹은 세계경찰로 규정하고 국제 분쟁 지역에 적극 개입하는 팽창주의적 외교 전략을 구사해온 것과 맥을 같이 한다. 이 과정에서 자연 불거진 미국적 자유주의는 전후 국제사회에서 보편적 이데올로기가 되기에는 부족함이 많다는 것이 입증되었다. 그것은 미국의 건립에서부터 오늘에 이르기까지 미국 내에서 철저한 민주주의적 제도와 관행이 지켜왔던 것과 달리 국제사회에서는 미국의 이와 같은 태도를 상이하게 생각했기 때문이다. 예를 들어 로웬 (James W. Loewen)은 『선생님이 가르쳐 준 거짓말(*Lies My Teacher Told Me*, 1995)』에서 미국역사에서 왜곡되거나 의도적으로 감추어진 것을 고발하고 토크빌(Alexis de Tocqueville)의 『미국의 민주주의 (1997)』와 하워드 진의 『오만한 제국(*Declaration of Interdependence : Cross-Examining American Ideologies*, 2001)』에서 기술되었듯이 역대 미국 대통령들은 미국의 이익을 고수하고자, 그들의 외교 행위를 진실보다는 허위와 가식이 짙게 배어있는 것처럼 보이도록 했고 때로는 권력의 오만과 위선을 여실히 보여 주기도 했다. 지난 날 미국식 자유주의가 보여준 단점은 과거의 연원을 차단하는 것들 때문이다.

소련은 스스로 주저앉았고 과거 세계 질서를 어지럽혔던 독일과 일본은 세계 경제의 한 축을 담당하고 있다. 아시아에서 엔화 그리고 유럽에서 마르크 없는 지역 경제를 상상할 수 없게 되었다. 게다가 아시아에서는 과거의 연원을 해결하지도 못했다. 근대화 과정에서 대립보다는 관계와 공생을 지향했고 이를 위한 지배 이데올로기로서 자유주의가 채택되었지만 미국이 미국식 자유주의를 내밀음으로써 경쟁력을 획득하기 위한 전략 등이 빈발하게 되었다. 미국식 자유주의로써 20세기 인류가 거둔 성적은 히틀러의 제3제국과 무솔리니의 이탈리아 그리고 히로히토의 일본을 패망시킨 것과 소련 공산주의 와해, 유일 강국 미국의 건재 정도이다. 경제적으로는 서유럽의 경제 재건과 아시아 신흥공업국(NICs)이 있다.

그러나 앞서 언급되었지만 이러한 성과들이 빛을 보기 위해서는 주변의 것들과 조화를 이루어야 하는데 미국적 정의에 바탕을 둔 인종주의적(Ethnocentric) 편견으로 인해 최대의 한계점이 지적된다. 더욱이 지난 인종차별 철폐회의에서 보여준 미국의 태도는 '과연 미국 자유주의와 민주주의의 도덕성과 가치는 무엇인가' 그리고 '미국이 말하는 세계주의(Globalism)'가 무엇을 의미하는지의 혼란·혼동 그리고 회의' 그 자체였다. 자유와 정의는 미국이 입발림하는 외교적 수사일 뿐 모든 것이 미국의 국익이라는 곳에 귀착되고 있었던 것이다.

오늘날 또 다시 나치, 파시스트, 가미가제 그리고 공산주의와 같은 국제사회의 공동의 적이 등장하지 않는 한 미국의 가치를 보존하기 위한 이념으로써 미국의 자유주의 확산은 쉽지 않아 보인다. 작지만 적지 않은 다양한 소수민족으로 이루어진 국가들과 다투기에는 미국의 국익과 안보라는 가치를 획득하는 데 들이는 비용이 너무 많고, 안 하자니 '미국 없이도 세계가 운용될 수 있지나 않을까'를 염려해야 한다. 터커(Robert Tucker)와 헨더익슨(David Hen-daickson)의 표현처럼 미국은 '제국의 유혹'으로부터 자유롭지 못한 한계를 가지고 있다. 이로 말미암아 탈냉전 시대의 단·다극 체제가 얼마나 지속될 수 있는가에 대한 관점에서 미국의 대외정책에 대해 터커는 미국은 최강대국으로 남고 싶은 욕망과 그 지위를 위해 비용을 부담해야 하는 갈등이 제국의 유혹으로부터 자유롭지 못함을 대변하고 있다고 한다(Robert Tucker 1996, 20). 이것이 9·11테러를 설명할 수 있는 단초가 될 수 있다. 이제는 그들의 불만을 들어봐야 한다.

이제 미국의 태도도 분명해졌다. 세계를 생존의 장으로, 국제사회를 자신의 경쟁력을 확보해야 하는 존재로 간주한다면 미국의 자유주의는 일관된 것이다. 전후 세계 자유와 민주주의를 수호하였고, 성공적인 사명의 관성이 탈냉전 시대에도 여전히 탄력을 지속하고 있다는 것을 간과할 수 없다. 예컨대 전후 경제 재건뿐만 아니라 20세기 히틀러와 레닌, 스탈린, 폴 포트, 니카라과의 소모사, 필리핀의 마르코스, 우간다의 이디 아민, 이집트의 나세르, 아르헨티나의 후안 페론과 칠레의 피노체트, 유고의 슬로보단 밀로셰비치에 이르기까지 갖은 형태의 독재주의자들이 약 2억 명에 달하는 그들 자신의 정적을 박해와 학살하는 것이 더이상 확산되지 못하도록 기여했다는 것을 부인할 수 없다. 하지만 전후 반미 저항 세력들의 불만에서 알 수 있듯이 압도적인 국력을 바탕으로 국제 문제를 해결하는 데 있어 나타나는 문제는 관련국과 협의하기보다는 일방적이고 독단적인 자세를 취하고 있기 때문에 발생한다는 것이다. 그것이 미국의 오만이든 겸손이든 다른 국가들이 미국이 하는 모든 것에 알레르기 반응을 보인다는 것은 이미 미국이 서야 할 자리가 없거나 아니면 새로운 전략을 모색해야 한다는 것을 고지시킨다.

게다가 국제 공동의 관심과 문제 해결 과정에서 미국의 정책은 다자적, 쌍무적 혹은 일방적으로 나타나고 있다는 것 역시 부인하기 어렵다. 이러한 정책이 지속된다면 미국은 지도국으로서의 위상이 격하되고 안정적인 패권의 지속이 어려울 것이다. 따라서 미국이 주장하고 있는 자유주의가 보편적 가치로 확산될 뿐만 아니라 정착될 수 있도록 하는 규범론적 역할이 요구된다. 미국의 정치 지도자들이 분명한 대외 정책의 방향을 제시하지 못한 채 국내 문제와 자국의 이익에 주의를 기울인다면, 탈냉전 시대 불확실을 가중시킬 것이다. 이러한 측면에서 미국의 대표적 보수 우익 논객 헌팅턴은 그의 저서 『문명 충돌론(*The Clash of Civilization*, 1993)』과 후쿠야마(Francis Fukuyama)의 『역사의 종언과 마지막 인간(*The End of the History and the Last Man*, 1992)』에서와 같이 미국의 역할과 가치를 역설하고 있지만, 전체적인 기저는 지금의 시대를 마치 대세의 흐름인 양 숙명론적으로 치환하는 오류를 포함하고 있는 것이다.

결론적으로 오늘날 세계는 경쟁 속에 살아남는 생존의 게임만이 아니라 협력 속의 공존이 필요하다. 지금의 난제에 관한 선택은 생존에 기반을 둔 사고로부터 탈피하여 공존과 공유를 위한 선택으로 옮겨져야 한다. 미국이 간과하고 있는 것은 바로 미국의 선택이 생존을 위한 최선이고 모든 경쟁에서 우위를 차지하기 위한 것으로 본다면 미국은 세계를 상대로 힘겨운 게임을 벌여야 한다는 점이다. 미국은 탈냉전의 시대를 혼란의 시대로 간주하지 말고 대외적 전략을 생존이 아닌 공존을 위한 가치에 기초하여 수립해야 한다. 국제사회가 지녀야 할 당위적인 과제, 즉 국가들 사이의 협력과 상호 의존을 고양하고 안정과 질서를 유지 발전시킬 수 있는 국제 레짐은 힘의 우위가 아니기 때문이다.

제4장

갈등의 굴레 그리고 그 도피

새천년 벽두에 발생했던 9·11 테러는 세인뿐만 아니라 역사 비평가들의 세필(細筆)을 부지런하게 놀리게 하였다. 미·소와 같은 국가들의 정치적 갈등이 축소되고 있는 시대 9·11테러는 많은 상징적 의미를 던져주었던 것이다. 이에 대한 많은 견해들을 종합해보면 다음과 같이 집약할 수 있다.

첫째, 미국 모더니즘을 흠집 내는 시도이다. 1973년 문을 연 이후 세계무역센터는 근대 기술 발전을 의미하는 모더니즘의 신화를 상징하였다. 단지 미국의 막강한 경제력만이 아니라 모든 분야에서 최고가 되겠다는 미국의 제일주의 정신을 구현시키고자 한 것이었다. 따라서 이 건물은 현대의 기술 권력을 과시할 뿐만 아니라 오늘날 전세계에 보편화된 자본주의 자체를 상징한다. 서구의 기술 문명과 자본주의를 상징하는 모더니즘의 고딕 성당이 극단적인 행동을 할 수 있는 증오의 적을 가지고 있었던 것이다.

둘째, 물질을 추구하는 미국중심의 세계화가 한계를 드러냈다. 모더니즘의 신화 중에서 항공기는 현대적 삶을 상징하고 최첨단 과학과 기술의 총체이다. 근대로 들어오면서 과학으로 인간의 삶을 편리하게 그리고 더 많은 사회적 가치를 획득하기 위해 경쟁력을 고양해온 결정체로써 항공기는 세계화를 알리고 연결하는 역할을 도맡아 왔었다. 운송 수단의 단순 기능을 넘어서 도시와 도시, 국가와 국가 사이의 거리를 더 좁히고 전세계를 하나의 생활권으로 결합시킨 수단이었다. 하지만 근대의 꽃이었던 세계화의 첨병 항공기가 인간 자유의지와 해방을 실현시키는 구현체로써가 아닌 대신 공포의 대상으로 변할 수 있다는 것을 여실히 보여주었다. 단순히 항공기가 테러에 이용되었다는 것은 애써 축소하려 하거나 오늘의 문제를 국제사회에서 지지와 동의 없이 그리고 각 지역의 특성과 문화의 다양성을 무시했을 때 어떠한 결과를 초래할 수 있는지를 알리는 상징이다.

셋째, 지금까지 미국은 안전의 요새로 간주되었다. 하지만 9·11 테러로 인해 막강한 군사력과 경제력에도 불구하고 어느 곳도 안전하지 못하다는 안전 공포증이 확산되었다. 미국의 심장부가 테러 공격을 받음으로써 미국은 최고의 불안전 지대가 되었고 절대적 안전의 종말을 경험했다.

넷째, 오늘날 진행되는 분쟁 속에 융해되는 증오는 복수의 충동으로 변질되면서 분쟁과 갈등 등 상쇄의 악순환을 초래하고 있다. 테러, 분쟁, 갈등, 마찰 등은 증오에서 나온다는 것을 다시 확인시키고 있다. 이와 같은 증오로 인해 90여 차례를 보인 16세기 유럽에서의 전쟁이 근대에 들어 제2차 세계대전까지는(1900년대에서 1945년 사이)에는 900여 차례로 증가했다(이중 1801년에서 2001년까지의 미국이 참가한 분쟁은 136차례). 아무리 과학이나 기술 등이 진보한다 하더라도 인류가 풀어야 할 과제가 단순히 과학과 기술의 발전만이 아니라 다른 문화를 가진 이들과 어떻게 공존해야 할 것인가를 고민하는 것이라는 것을 보여주고 있다.

다섯째, 9·11테러는 미국 중심의 세계 이외의 다른 세계가 있다는 것을 새삼 일깨우는 것이었다. 오늘날 미국에게 'No'라고 말할 수 있는 세력은 이슬람뿐일지 모른다. 서구 지향적으로 도식화된 문명론으로만 설명하기에는 한계가 있다. 이밖에도 9·11테러와 아프가니스탄 보복공격에서 시사하는 것은 새천년에도 남의 아픔을 은근히 즐긴다는 의미의 샤덴브로이데의 미소, 즉 세상을 넓고 분쟁은 계속되고 있다는 것을 보여주었다. 즉, 9·11테러를 통해서 나타난 것은 결코 빈 라덴을 옹호할 수 없지만 그 동안 미국에 대한 미움을 그를 통해 대리만족하고 있다는 것이다.

역설하거니와 9 · 11테러 용의자와 이를 응징하려는 이들은 그 시시비비에서 결코 승자가 없는 패자들이다. 빈 라덴의 종교적 신념은 높이 평가받을지 몰라도 무고한 시민에 대한 테러는 결코 용서될 수 없는 현명치 못한 처사였다. 목적이 옳아도 목적 달성을 위한 수단과 방법이 가려지지 않으면 결과가 빛을 보지 못하는 것처럼 그의 테러는 자신의 분풀이는 될망정 결코 자신을 정당화시키지 못했기 때문이다. 그로 인해 무고한 아프가니스탄의 희생은 상당부분 그의 책임이다. 미국 역시 무차별적으로 아프가니스탄인들을 공격하고 죽인 것은 사랑과 평화를 외치며 사라진 9 · 11테러의 희생자들이 남긴 희생의 메시지를 묵과한 비이성적 행위이다. 테러리스트들을 소탕해야 한다고 해서 무고한 이들을 희생시켜도 된다는 면죄부를 가질 수 없기 때문이다.

세계의 정복자로서 처신하고 싶으면 모르되 세계 자유와 평등 그리고 평화와 질서를 위한 전도사로서 역할을 담당해야 한다면 그만한 신뢰를 만들어야 한다. 세계를 위한 봉사에는 자기희생도 감수할 줄 알아야 하거늘 미국은 그러한 역할을 회피하였다. 예컨대 아프가니스탄 보복공격에서 반탈레반군에게 '돈은 지원한다. 대신 너희가 앞장서라' 라는, 돈이 말한다(Money is talk) 라는 황금만능주의적 사고를 철저히 반영했기 때문이다. 돈 없는 이는 죽어도 된다는 것인가? 세계 문명을 주도하며 자유와 평등 그리고 인권을 주창해온 목소리를 매우 부끄럽게 만들었다. 앞으로도 있을 테러에도 적극 대처하되 무고함을 해쳐서는 안 된다. 만일 이를 어길 경우 세계평화와 질서를 위한 미국의 몫은 사라진다.

오늘날 문명사회에게 바라는 것은 테러리스트들과 동일하게 행동하지 말라는 것이다. 따라서 오늘을 사는 우리는 빈 라덴과 알 카이다 그리고 미국의 9·11테러와 보복공격을 통해서 향후 해야 할 일을 확인하였다. 이제는 미국이 테러 공격과 이에 대한 강력 대응을 논의하기에 앞서 얼마나 뿌리 깊은 반미 감정이 이토록 잔혹한 행위를 가능케 했는지를 먼저 짚어볼 필요가 있다. 지금 필요한 것은 복수만이 아니라 반미 감정을 가진 세력들과의 화해를 모색하는 것이다.

전후 미국은 자국의 국익 추구를 위해 최선을 다했고 미국의 영향력을 유감없이 발휘하였다. 하지만 힘의 우위에 입각한 대외전략은 그만큼의 맞대응이라는 비용을 들인다는 것은 9·11테러를 통해서 나타난 만큼 미국은 화해와 협력 그리고 모두를 위한 공존이 요구되는 21세기에 걸맞는 국제사회의 요구를 수용해야 한다. 이를 위해 앞장서야 할 국가는 미국을 포함한 선진국들이다. 제국과 식민이라는 과거의 음영 못지않게 현재의 갈등과 속박에서 벗어나야 한다. 과거는 그렇다 치더라도 현재 이러한 세계의 요구에 역행하는 미국의 정책은 변화되어야 한다. 예컨대 1인당 에너지 소비에서 세계 평균의 열 배나 되는 미국은 관련 국제협약에 가입해야 한다. 국제협약이 합의된 내용 못지않게 중요한 것은 국제사회가 대단히 긴급한 문제를 해결하자고 의견을 모았기 때문이다.

미국의 사촌 기든스(Anthony Giddens)도 불평하고 있는 것과 같이 국제 관계에서 미국은 미사일 방어전략(MD)과 환경 문제에서 각국의 반대와 압력에 직면하고 있다. 부시정부는 MD와 같은 일방적이고 독단적 전략 구상이 지난날의 엄격한 권력 정치와 낡은 제국주의적 영토 전쟁을 반영하며 국가간 협동으로 많은 중요한 문제를 집단적으로 해결하려던 입장과 거리가 멀다는 것을 깨우치고

국제 관계의 체제를 불안하게 만들지 말아야 할 것이다. 이제 미국
은 갈등이 또 있을지 모르는 굴레의 속박으로부터 벗어나야 한다.

1. 갈등의 굴레

1) 과거의 음영

과거로부터 자유로운 이가 얼마나 될까? 단체의 이름으로 행해
지는 국가의 경우는 더욱 과거로부터 자유롭지 못한 면이 많다. 예
컨대 제3의 제국 하에서 히틀러의 만행이 그것이다. 이를 제거하기
위한 작업이 얼마나 힘든 것인가를 전후 독일은 보여 주었다. 1970
년 빌리 브란트 독일 수상이 폴란드를 방문하자 제2차대전의 앙금
이 채 가시지 않은 폴란드는 분노했다. 하지만 그가 빗속에서 바르
샤바 희생자 유령탑 앞에 무릎 꿇고 진실된 회개의 눈물(Kniefall in
Warschau)을 흘리자 폴란드는 감동했다. 그것으로 과거를 보상받
을 수 없지만 진실된 회개와 표현은 어떠한 물질적 보상보다 귀한
것이었기 때문이다.

미국은 2001년 9월 11일 3000여 명이 희생되었다고 매우 슬퍼했
다. 하지만 잠시 돌아보면 촘스키가 그의 저서 『9·11는 미국의 업
보(*The Page You Made : 9·11, 2002*)』에서 말하고 있듯 과거의
업보처럼 다가오는 것이 있다. 미국의 번영 뒤에 있는 인디언과 노
예들과의 숨겨진 과거의 그림자가 있기 때문이다. 단지 과거의 것
이라고 돌리기에는 너무나 서글픈 비극이 도사리고 있다. 역사는

돈다는 표현이 여기에 접목된다면 매우 두려운 일이다. 하지만 잊는다고 잊혀질 수 없는 과거는 현재에 되살아나고 있고 삼라만상처럼 태동, 성장, 발전 그리고 쇠퇴를 거듭한다. 그리고 불행한 역사의 한 단면일 수 있는 9 · 11테러는 그것일 수 있다. 여기서는 두 가지 이야기를 예로 든다.

먼저 인디언(Indian: Native American)과의 관계를 살펴보자. 주지하다시피 인디언들이 살고 있던 아메리카 대륙이 발견된(?) 이후 미국인들이 되고자 하는 많은 백인들이 그곳으로 몰려들었다. 그들은 미국 땅을 발견했다고 우겼고 서양인들은 계속 아메리카로 몰려들었다. 그들은 인디언의 땅을 주인 없는 땅으로 간주하고 소속을 뜻하는 깃발을 달 수 있는 만큼 그리고 깃발이 떨어질 때까지 경계를 표시하거나 그것도 모자라면 그들이 말하는 황야(荒野)에서 서로 총질을 해가며 늘려갔다. 영화 제목이기도 한 '황야의 무법자' 만큼 적절한 표현도 없다. 이곳에는 자연의 상태에서 일반적으로 통용되는 상식을 넘어 남을 꾀거나 속이고 때로는 어르는 어설프고 지식의 가면을 뒤집어쓴 술수(術數)를 동원하며 인디언들을 몰아내는 대학살을 시작했다. 서부 활극에서 인디언을 고꾸라뜨리며 거친 땅을 개척하는 백인들은 영웅시되거나 칭송이 되기도 했다. 이주민들이 문명의 가면을 쓰고 인디언들을 몰아내면서 생존 차원에서 그렇게 해야 했다고 말한다면 아직도 인디언은 개척의 대상이 된다.

그러나 이주민들이 간과하고 있었던 것이 있다. 그것은 이주민들 역시 자신의 고향에서 쫓겨났다는 사실이다. 그들이 살던 곳에서 잘 살았거나 경쟁력을 가진 이들이라면 굳이 남의 땅으로 옮기지 않았을 것이다. 정든 고향을 떠나올 때는 그곳을 떠나지 않으면 안

될 절박한 상황이 있었을 것이다. 교통이 편리한 것도 아니고 배로 여행을 하면서 수많은 이들이 목숨을 건 이주를 했던 것이다. 그들이 흘렸을 눈물 그리고 그리운 고향을 떠날 때 그 심정을 헤아릴 수 있는 이는 그리 많지 않았으리라!

목숨을 건 오랜 여행 끝에 도착한 북미 동안(東岸) 역시 그들이 마음놓고 내릴 수 있는 곳은 아니었을 것이다. 미지에 대한 설렘보다는 호기심과 두려움 그리고 남의 땅에서 어떻게 살아가야 할 것인가에 대한 착잡함과 막막함은 오랜 여행 끝에 얻은 지친 영혼의 사치이었을 것이다. 죽을 각오로 떠나올 때 이미 반은 죽은 것이었다. 이런 각오로 첫발을 내딛었다. 뜻밖에도 원주민들은 생각보다 친근했다. 아무 것도 없었던 이주민들에게 옥수수(Indian Corn)와 감자 그리고 다음해에 심을 곡식까지 내밀었다.

그러나 이것이 인디언들의 비극의 시작이었다. 하나를 내주자 그 다음은 둘을 내주었고 그 다음은 모두 내주게 되었다. 잘 살고 있던 팔레스타인을 몰아내었던 유대인 못지않은 횡포이다. 방랑과 고향을 잃은 설움을 아는 이들이 팔레스타인과 인디언들을 자신의 과거 속으로 밀어버린 것이다. 아메리카 신대륙으로 백인들이 이주한 후로, 수난의 길로 들어선 인디언의 역사는 흑인 문제같이 정치 쟁점화 되지도 못했다. 17세기 이후 유럽인의 본격적 침탈로 인해 식민지로 전락한 인디언의 땅 아메리카에서 영국의 팽창이 심화되던 18세기에 동부 지역을 빼앗기고 서부로 쫓겨 간 인디언들은 그렇게 찢기고 고립되면서 19세기, 끝내 몰락의 길로 접어든다. 북미 대륙에서 원주민이었던 인디언들과 이주자 백인들과의 싸움에서 이주자의 승리였다. 말하자면 프론티어는 굴러온 돌이 박힌 돌 빼내는 역사인 것이다.

또한 노예무역선 아미스타드(Amistad)와 헨리에타 마리
(Henrryetta Mary)가 증언하고 있듯 미국사에서 노예는 빠질 수 없
는 치명적 결함이다. 그만큼 해결되어야 할 과제라는 것을 말한다.
불과 200여 년 전에도 흑인은 목숨이 붙어 있는 한 상품가치 즉 고
분고분 말 잘 듣는 노예만 살아남고 병들거나 저항이 심한 자는 가
차없이 죽이며, 살아남기 위해서는 노예가 유일하다는 사고 이외에
아무런 대안이 없는 시대였다. 왜 그랬을까? 흑인을 잡아온 이들이
원래 사악한 존재이기 때문일까, 아니면 흑인은 그렇게 대우를 받
아야 할 만큼 원죄를 지니고 태어났기 때문인가? 원죄라면 다 같이
적용되어야 할 것이 아닌가? 사는 방식과 믿는 신이 다른 것이 그
이유인가? 사는 곳이 다르면 사는 방식이 다를 수밖에 없다. 그렇
지 않다면 믿는 신이 다르면 그렇게 해도 괜찮다는 것인가? 그렇다
면 먼 훗날 아프리카 흑인들이 고도의 문명을 갖추어 지난 날 백인
들이 그렇게 했던 것처럼 매질하고 노예로 삼고 부려도 괜찮은 것
인가? 그들이 온갖 것을 다 짜내어도 얻을 수 있는 답은 사람 바탕
에 검은 색깔을 하고 있다는 것이 통한일 뿐이다. 그 이외에 다른
이유가 없어 보였다.

아! 사악한 자여 그대 이름은 인간이다! 지난날 히틀러가 무력으
로 유대인들을 학살했던 것처럼 유대인들이 게르만의 정통 아리아
인들을 잡아 학살할 수 없다. 과거는 되돌릴 수 없기 때문이다. 그
러나 그에 대한 진실한 반성은 가능하지 않을까? 그 반성은 물질적
인 것이 아니라 철저하게 인간답게 살 수 있는 문화를 수립하고 동
시에 과거를 거울삼아 엄격하게 교훈을 사는 것이다. 어줍지 않게
돈으로 보상하려 하거나 과거에 대한 확실한 기록을 말살하려는 것
으로 과거의 죄를 상쇄한다면 또 다른 죄를 짓는 것이다.

혹은 어떤 이는 '나는 과거 조상들의 빚을 갚아야 할 이유가 없다'고 말하고자 하는 이들도 있을 것이다. 그러면 그는 그의 조상이 부정하게 수집한 모든 것들 중 어떤 것이라도 이용하여서는 안 된다. 그렇지 않으면 그 조상이 저지른 죄에 대한 대가를 치러야 할 것이다. 그의 조상의 성공이 그의 것이 아닌 것처럼 그의 조상의 실패 역시 그의 것이 아니어야 하기 때문이다. 조상의 빚을 갚아야 할 이유가 없다면 그 조상을 처벌하는 것과 그는 무관하여야 할 것이다. 하지만 무 자르듯 자신의 조상과 자신을 결별시킬 수 없는 것이 현실이다. 그렇다고 죄과를 덮어둘 수 없다.

오늘을 사는 우리는 과거로부터 빚을 지고 있다. 과거 없이 현재가 있을 수 없다. 이것이 우리가 과거로부터 자유로울 수 없는 이유이다. 이것이 오늘날 과거 제국주의와 식민지주의를 경험한 국가들이 과거로부터 자유롭지 못한 이유이다. 기껏해야 수백 년이 지난 오늘날, 노예제도는 과거의 것이라며 생존 경쟁에서 이기지 못한 자들이 맞는 것이라고 말한 부시 정부의 외교안보 보좌관 라이스(Condoleeza Rice)의 말은 매우 인상적이지 않을 수 없다. 2001년 남아공 더반에서 열린 인종 차별 철폐 회의에서 미국 대표단을 철수시키는 데 공헌하기도 했던 흑인 출신 라이스 보좌관의 흑인노예에 관한 이 같은 표현은 소신인지 아니면 배신인지 모른다. 다만 그녀도 동의하고 있듯 이 같은 발언이 과거 흑인에 대한 원죄를 모두 해결하지 않은 상태에서 나온 것임은 분명하다. 따라서 그녀가 미국내 최고 의사 결정 과정에서 많은 영향을 줄 수 있는 위치에 있기 때문에 라이스의 발언으로 미국내 반응은 몹시 분분했고 흥분할 수밖에 없었다.[31] 그녀의 조부모, 부모 그리고 그녀 자신이 노예를 경험했더라도 그녀가 그러한 주장을 했을지 의문이다. 그녀가 동의하든 하지 않든 미국의 노예제도는 미국의 태생적 결함이다. 오늘날 잊혀진 것으로만 알고 싶은 이 역사와 이에 대한 후유증은 아직도 남아있다.

제시 잭슨 목사와 같은 인권 운동가들이 노예제도 시대에 저질러진 잘못에 대한 보상을 요구하고 있는 것이 이를 대변한다. 라이스가 보여준 것은 자신의 삶에서 흑백 차별 정책을 넘어 새로운 가능성을 열었던 것으로 매우 칭찬 받아야 마땅하다. 이는 그녀가 흑인이기 때문이 아니라 한 인간으로 노력의 대가가 무엇인지를 보여주기 때문에 더욱 기특하다. 하지만 그녀가 간과하고 있는 것은 그런 가능성을 흑인 모두가 가지고 있지 못하며 그 가능의 기회가 백인보다 매우 제한되어 있다는 것을 지나치고 있다는 것이다. 백 번 양보해서 이제 '과거를 손가락질하기보다는 흑인과 백인, 이민 사회의 지도자들이 힘을 모아 미래를 설계하는 데 시간을 투자해야 한다'는 라이스의 말이 맞는다면 이를 실행할 수 있도록 노예제도 보상을 요구하고 있는 잭슨 목사의 가슴에 응어리진 것을 풀어야 할 것이다. 그럴 때 라이스의 가치는 빛날 것이다.

역사적으로 북미 대륙의 원주민이었던 인디언들이 과거를 되찾기 위한 투쟁은 불가능하다. 이제는 힘에 굴복하고 나직이 엎드린 채 살아가고 있다. 인디언들에 대한 관심을 반영한다는 것이라야 겨우 환경 보호 측면에서 혹은 소외 계층을 부각시키려는 상징적 차원에서 인디언들을 바라보며 인디언들이 있는지 없는지 확인되지 않은 과거의 향수와 신비적인 초월적 자연 속으로 인디언들을 밀어 넣고 사라져 가는 종(種)을 보호하는 정도이다. 이 정도라도 없는 것보다 낫지만 이 역시 인디언의 자연을 지배해버린 백인의 서구 문명을 과시하는 것이다. 조상의 역사는 고사하고 말조차 잃어버린 그들은 이주민들이 가져다주는 영세민 보호조치로 살면서 할 수 있는 일이란 희미한 구전의 역사에 의존한 채 신화를 되새기는 것뿐이다.

이제 인디언의 문명은 기록되지 않은 채 사라졌다. 마야와 잉카가 그러했듯 역사 속으로 사라질 것이다. 잉카와 마야의 문명 그리고 인디언의 문명이 차이가 있다면 전자의 문명은 일순간에 망했지만 후자의 역사는 오랜 동안 사라지고 있다는 것이다. 역사의 뒤안길로 사라지기는 마찬가지다. 이제 그 찬란했던 문명이 사라지며 말하고자 하는 것이 있다면 어떠한 문명도 언젠가 사라진다는 것이다. 그것도 비참히 사라질지 모른다는 것을 인디언 몰락은 말하고 있다. 위 두 경우는 현재의 달콤함에서 쓰라린 과거를 쉽게 이야기해서는 안 되며 불확실한 미래를 속단하지 말하는 것이다. 왜냐하면 현재는 과거의 어디쯤이고 미래의 암울한 것 속에 끼여 있을 수 있기 때문이다. 이것이 우리가 과거의 음영 속으로부터 길게 늘어진 갈등의 굴레에서 벗어나야 하는 이유이다.

2) 또 다른 갈등의 굴레

민간인이 탄 여객기를 납치해 초대형 마천루에 충돌시켜버린 이번 사건은 극단으로 치닫는 테러의 종착지가 과연 어디일까 그리고 그렇게 해서 그들이 얻는 것은 무엇일까 하는 우려와 의문을 자아내게 한다. 자연의 법칙에 따르면 약자는 강자의 법칙에 따라 생존해야 한다. 약자가 강자가 되기 위해서는 강자가 쇠약하거나 약자 스스로 강자가 될 수 있는 조건을 만들 때까지 현상을 유지해야 한다. 이것이 자연의 현상이다. 그러나 종종 이러한 것과 어긋나는 변이가 발생하기도 한다. 강자가 버젓이 세력을 과시하고 있는데 무모한 도전과 반항이 나타나는 것이 그것이다. 동물사회에서도 그러하듯 인간사회에서도 이러한 현상이 나타날 때는 그 만한 이유가 있다. 약자가 인내할 수 있는 수준을 넘는 강자의 강압적 태도로 인해 변화시킬 많은 능력을 갖추기 전에 현상(現狀)을 변화시키기 위해 최후의 수단이 동원되는 것이다. 여기에는 생명을 담보로 하는 테러가 여기에 해당한다. 비단 이러한 극단적 태도 이외에 주어진 영역 내에서 취할 수 있는 태도는 많이 있을 수 있다. 유화적 태도, 급진적 적대적 태도 혹은 시위적인 태도를 취하든 '자신의 존재'가 확인될 때 취할 수 있는 것이다. 여러 태도에서 획득할 수 있는 결과가 무엇인가에 따라 태도를 나타내는 과정은 각기 다를 수 있다. 그렇기 때문에 태도 결과를 미리 예측하지 않은 행위는 특정의 목적이 없이 무의미하다. 말하자면 모든 행위는 자신의 존재를 바탕으로 행위 결과를 예측함으로써 얻을 수 있는 목적 달성에 의존한다. 종교적 신념으로 뭉친 테러 집단들이 날로 대형화, 조직화, 기업화되면서 이번처럼 허를 찌르는, 상상을 뒤엎는 신종 기법으로 과격의 극치를 달리고 있는 것이다.

그러나 9·11테러는 이러한 것들이 없다. 이번 테러의 배후로 지목된 빈 라덴이나 추종자들은 1970~80년대 테러 조직들처럼 자신들의 존재와 정치적 주장만을 알리기 위해 테러를 선택하지는 않았다. 그들의 말에 따르면 오직 알라신의 영광을 위한 '성전'을 치르고 있다. 따라서 이들의 사전에 '타협'이란 없다. '돈'을 위한 치졸한 것이 아니라 이와 비교할 수 없는 엄청난 '무엇'을 제시하고 있다.

앞서 언급되었다시피 빈 라덴의 테러 조직인 알 카이다는 엄청난 자금력으로 세계 30여 개국에 국제적인 네트워크를 구축하고 있다. 그리고 주목할 만한 것은 9·11테러에 가담한 자살 테러 요원의 대다수가 중산층 생활을 하며 대학교 이상의 고등교육을 받은 엘리트들이었다. 이른바 등이 따뜻하고 배가 부르면 유희(遊戱)를 생각하게 마련이다. 안락하고 편안한 삶에서 자살 테러와 같은 극단적 행위를 하는 데는 뚜렷한 소신 그리고 나 아니면 안 된다는 특별한 신념이 없으면 불가능한 일이다. 붓(筆)대신 칼(劍)을 들어 대의명분을 세우는 것과 같다. 하지만 이 같은 행위가 세인의 지탄을 면하지 못한다면 그들의 죽음은 도로(徒勞)에 불과하며 그들의 믿음은 맹신에 그칠 것이다. 가령 제2차 세계대전에서 일본의 자살 특공대 즉 가미가제 대원들은 출격 직전 돌아오지 못할 길을 떠나면서 술 한 사발을 들이키고 그들의 우상 일왕(日王)을 향해 인사하고 자살 공격을 한 것이 그것이다. 이러한 맹목적인 신념에 의한 특별 의식은 타인을 의식하지 않는다. 아울러 대규모 인명 피해에 따른 도덕적 부담도 인식하지 않는다.[32] 바로 이것이 맹신과 술수로부터 오는 결과이며 대량 살상을 부추기고 있다.

분명 남을 의식하지 않는 것은 문명을 매개로 살아가는 사회에서 최대의 금기 사항이다. 반드시 전체 사회를 위해 개인의 가치를 희생시킬 필요는 없다. 하지만 자신만을 위한 개인적 가치를 충족하기 위해 전 사회 구성원을 위한 사회적 가치를 손상하는 것은 문명 사회에서 반문명적 행위이다. 자기 대원을 죽이면서까지 특정 세력의 목적을 달성하고자 하는 테러 행위 또는 무고한 민간인을 죽일 수 있는 오폭도 불사하면서까지 반격으로 자기감정을 극단적으로 보이는 행위 역시 문명의 적이다. 그럼에도 불구하고 자기 한 몸을 던져 국가 이익과 자기 것의 '홀로 서기'를 위한 밑거름으로 환원한다는 대의명분 아래 태연히 폭탄을 몸에 감고 돌진하거나 공중에서 투하하는 사태가 빈번하게 일어나고 있다. 우리가 우려하는 것은 이러한 야만적 행위가 멈춰지지 않고 있을 뿐만 아니라 자살 폭탄 테러 지원자의 비밀 훈련과 국가의 공인 하에 이루어지는 대량 살상 훈련이 진행되고 있다는 것이다. 사실 무력 사용 그 자체가 문제가 아니라 무력에 의존하여 숨은 의도를 드러내는 얄팍한 술수가 큰 문제이다. 신(神)과 왕(王)을 위한다는 빌미를 삼아 다른 종교 탄압을 묵인하는 반종교적 행위 그리고 다른 국가 침략을 정당화시키는 제국주의에 필히 이를 종용하는 술수와 얇은 책략이 묻어 얼룩져 있는 것이다. 이로 인한 결과는 천인공노할 지경에 이른다. 하지만 누구도 그 책임을 대신할 수 없다.

비록 전후 히틀러, 무솔리니, 히로히토와 같은 제2차 세계대전을 일으킨 주범들은 처벌될 수 있고 동시에 스스로 반성할 수 있다. 하지만 무조건적 믿음(神)과 물질추구가 인간들의 마음속에 찌꺼기로 무한하게 박제되어 있는 한 갈등의 굴레는 도사리고 있다. 예컨대 아프가니스탄 보복공격이 있자, 많은 파키스탄 인과 아프가니스탄 인들 중 수염이 허옇게 난 할아버지가 등에 총과 봇짐을 둘러메고 이민족의 침략에 맞서 싸워야 한다며 길을 나서는 모습은 흡사 신의 부름을 받은 이들의 움직임과 같았다. 그리고 온갖 첨단 무기를 둘러쓴 군인들은 컴퓨터 게임의 프로그램의 주인공 같았다. 누가 누구를 죽이려 하며 누가 옳은지 분간하기 어렵다.

주장하거니와 신의 말씀은 인간의 짧은 지식과 술수로는 알 수 없다. 신은 인과적 설명을 할 겨를이 없이 순간적 찰나에 오직 말씀(결과)만 남길 뿐이다. 만일 인간이 이 말씀을 풀어 신뢰하지 않고 맹신하게 되면 신의 말씀이 주는 본래 취지는 무색하게 한다. 가령 '신의 계시에 따라', 그리고 '알라의 뜻에 따라', '부처님의 가르침에 따라' 등이 그것이다. 이분들은 주어진 시간과 공간을 당시의 것과 맞추어 설명했다. 궁극적 선(善)을 위하여 도달하는 과정이 각기 차이가 있을 뿐이다. 궁극적 선이라는 결과를 위한 방법을 동시에 전달했지만 그 과정은 상이할 수 있다는 것을 신자의 몫으로 남긴 것이다. 어느 종교든지 궁극적 결과는 동일하다.

따라서 과정은 변화될 수 있고 그 변화는 충분한 실험과 토의를 거쳐 옮겨질 수 있다. 그렇다고 결과를 중시하고 과정을 무시하라는 것은 아니다. 궁극적 선을 위한 과정을 의미할 뿐이다. 이는 결과와 과정을 동시에 고려하는 것이지 결코 하나에만 의존하라는 것은 아니다. 결과를 위한 과정이 무시되면 타협은 무의미하기 마련이고 타협과 조정이 없으면 신뢰는 없다. 극단적 불신이 팽배한 상황에서 '인간이 희망이다'라는 말은 매우 공허해 보인다. 불신과 맹신이 힘(Power)과 테러와 묶이게 되면 누구도 이로부터 자유로울 수 없다는 것을 9·11테러에서 보았다.

그리고 미국 역시 예외는 아니었다. 아프가니스탄 보복공격에서도 충분히 보았기 때문이다. 미국은 이를 위해 얼마나 마음이 다급했는가를 보이며 이성적 판단을 감정적 분노로 대신하고 있었다.

아프가니스탄 보복이 아니라면 일어나지 않았을 파키스탄, 인도, 동티모르 등 여러 나라에 대한 경제제재 해제와 중국과 러시아에게 한 아쉬운 소리는 미국이 이성을 자제하지 못했다는 것을 의미했다. 평상시 철저한 절차와 분석 그리고 여러 전문가들의 검증을 거친 후 정책을 입안하는 미국이다. 그렇다면 미국 전체가 전쟁에 휩싸인 것도 아니고 미국과 멀리 떨어진 곳을 공격하기 위한 조치로

서는 매우 헐값에 물건을 넘기는 듯한 것은 결코 이성적 판단이 개
입했다고 볼 수 없다. 중국과 러시아는 그렇다 치더라도 핵실험은
인류를 위해 더이상 금지되어야 할 것이다. 인류평화를 위해 파키
스탄과 인도에 경제제재를 취했다면 그러한 실험이 재발되지 않을
것이라는 다짐을 받은 후에 해제해야 마땅하다. 미국 역시 외부는
물론 자국 내에서 핵 실험을 하지 않겠노라고 공언하고 실천해야
할 것이다. 그래야 설득력을 획득할 것이다. 원칙과 절차는 민주주
의 국가가 취해야 되는 필수이다. 그러나 이러한 원칙도 절차도 생
략된 전략적 편의이다.

많은 사람들이 염려하고 있듯이 미국의 이 같은 정책 변화는 아
프가니스탄을 보복하기 위한 단기적인 목적에서 기인하고 있기 때
문에 일방적인 외교 노선을 바꿀 것인지는 모호하다. 이로 인해 미
국에게 닥칠 위험은 사라지지 않을 것임을 경고하는 이들이 적지
않다. 울시(James Woolsey) 전 CIA국장, 리버만(Joseph
Lieberman) 미 상원의원 그리고 샘넌(Sam Nunn) 전 상원의원 등
은 비록 구체적인 대안을 제시하고 있지 않지만 미국이 새로운 세
력(New Powers)으로 생화학 무기의 공격을 받을 수 있음을 경고
하고 있다.[33] 그리고 이에 대한 이유를 몇 가지로 도출할 수 있다.

첫째 신윌슨주의(New Wilsonianism)로 대변되는 미국의 외교
정책이다. 냉전 이후 미국에 만연되어있는 신보수주의
(Unilateralist Neoconservatives), 그리고 미국의 강경한 외교가
그것이다. 그 동안 미국은 모든 대외적 행위에서 예외를 인정받는
것을 당연시하였던 예외주의(Exceptionalism)를 보여왔다. 그러나
이러한 태도는 세계는 제국적 분위기를 우려내는 것으로 매우 경계
하고 우려하고 있다. 미국이 변화해야 한다. 미국의 가치 실현을 위

해 인도주의적인 면이 간과될 수는 없다. 하지만 아프가니스탄에 떨어진 미국의 폭탄이 민간인에게 피해를 주었던 사실은 미국의 이 같은 변명을 무색하게 한다. 공습 개시 이후 미 국방부는 여러 차례 오폭을 시인했기 때문이다. 결국 이러한 치명적 결함은 9·11테러의 원인을 미국의 대외전략과 그로 인해 고통받았던 국가와 세력들의 입장을 전혀 고려하지 않고 있음을 말한다. 현재 미국이 9·11테러와 밀접하게 관련되어 있다고 간주하는 아프가니스탄 탈레반과 알 카이다 조직에게 어떻게 대처하든 일방적이고 압도적인 우위로 유지되고 있는 미국 주도의 국제 체제가 지속되는 한 그리고 친이스라엘의 중동정책이 변하지 않는 한 테러와 같은 비대칭적 반미세력의 위협은 일소되지 않을 것이라는 데 문제의 심각성이 있다. 9·11테러에서 가장 심각하게 우려되는 점은 그 동안 간헐적으로 발생되던 반미 감정이 미국 내에서 극단적으로 폭발되었을 뿐만 아니라 향후 이러한 테러 발발 가능성이 지속될 수 있다는 것이다. 이에 대해 팔프(William Pfaff)는 오늘날 미국이 가지고 있는 위험성을 자기 파괴적 오만으로 간주하고 9·11테러에 대해 간접적으로 시사하고 있다(William Pfaff 2001; 이아정 2001, 25).

둘째, 미국주의에 대한 불평이다. 클린턴 정부 말기 버거(Samuel R. Berger)는 미국의 대외정책은 특정 위협에 대비한 신 미국 안보 우선 전략을 채택할 것을 권고했다(Samuel R. Berger 2000, 22~39). 하지만 그것은 미국주의에 대한 불평이 조직화되는 현상에 기인할 것이다. 기실 이러한 것들로써만 미국의 대외전략의 성격을 설명할 수 없다. 다만 미국의 대외전략의 수혜를 받을 이들의 '혜택과 고통'으로 이분한다면 고통 쪽에 놓인 국가들의 입장을 들어볼 필요가 있다. 즉 전후 미국과 직간접으로 연계된 국가들 이를테면 니카라과, 이란, 이라크, 쿠바 그리고 탈레반 정권 등은 미국의 지원을 받은 경험이 있는 국가이면서 동시에 극도의 반미 성향을 가진 국가라는 것이다. 이 국가들에서 시사하는 것은 모든 대외전략을 미국 중심으로 혹은 이들 국가의 이익에 반하는 전략으로 구사함으로써 미국의 대외전략이 매우 고압적이라는 비난을 면하기 어렵게 된 것이다. 예를 들어 2002년 2월 미국의 국정연설에서 부시 대통령은 이라크, 이란, 그리고 북한을 미국과 미국의 동맹국을 위협하는 악의 축이라고 몰아붙이며 국제사회에서 군사적 대결 분위기를 조장하는 데 대해 여러 유럽 국가들은 깊은 우려를 표시했다. 이러한 표현은 대화와 타협으로 해결할 수 있는 방법이 있음에도 불구하고 이들 국가로부터 선제공격을 유발시켜 갈등을 야기하는 얄팍한 속셈이라고 밖에 볼 수 없다. 이러한 미국의 태도에 대해 NATO 사무총장은 불쾌함을 감추지 않으면서 '미국은 혼자 행동하든지 아니면 같이 행동하든지 결정해야 할 것이다' 라고 경고했던 것은 대표적이다. 말하자면 부시와 그 참모들이 좋아서 하는 결정에 다른 이들을 끌어들이지 말라는 것이다. 아직은 힘이 없어 미국을 제재하지 못하지만 적어도 언어적인 극한 반대를 서슴지 않을 것임을 시사한다. 유럽의 반발까지 사고 있는 이 같은 미국의 오만은 힘의 과시 뒤에 서성대는 사탄의 유혹이 있는 것처럼 보인다는 것이다.

결국 이 문제를 해결하기 위해서는 국제사회에서 미국이 경제 이익의 강화 그리고 군사력의 팽창뿐만 아니라 청교도적 정신(Puritanism)으로 무장한 다른 면을 보여주어야 하며 경제적 불균형을 줄이고, 제3세계의 불만을 완화시키기 위해 중동정책을 변화하고, 반테러 공조 체제를 위한 국제사회의 합의를 반드시 마련해야 한다는 말에 귀 기울일 필요가 있다(Berger 2000, 39).

2. 갈등의 굴레로부터의 도피

사회 구성원들이 자신들이 속한 사회에 접목시킬 어떤 가치들을 선택하고 확산시키기 위해 이를 보급시키는 모든 것을 균등히 적용하는 것은 단순한 제도적 실행이 아니라 도덕적 태도가 첨가된 의무를 포함한다. 만약 이러한 것들이 무시, 간과 혹은 외면될 경우 기울어진 가치 분배를 반대 급부적인 형태로 또는 제대로 된 균형 분배로 이루기 위한 시도들이 반드시 등장한다. 이런 맥락에서 오늘날 세계 사회에서 일고 있는 사회적 제 가치에 대한 불만과 저항은 비뚤어진 가치 분배를 바르게 바로잡아야 한다고 알려주는 시계와 같다. 즉 새천년 벽두 9 · 11테러와 그 이후 미국의 향방이 주요 화두가 되어 크게 부각된 데는 빈 라덴의 테러 여부와 그 파장보다 오히려 미국의 일방주의적 외교노선을 통한 '힘의 정치'의 구현움직임에 관한 세계의 염려와 경계다.

오늘날 세계질서는 미국 중심의 단극(unipolar) 구조로 급격히 재편되고 있다는 것을 부인하기 어렵다. 하지만 얼마나 지속될 수 있을지 의문이다. 가장 큰 이유는 오늘날 미국은 과거에 가졌던 호혜적 권위가 사라졌다는 것이다. 권위란 칼집 속의 칼과 같아 칼을 사용하지 않으면서 그 위력을 발휘하는 것이다. 칼을 뽑기 전에는 칼에 의한 제재를 두려워하거나 동경하지만 칼의 정체를 드러내면서 칼에 대한 신비는 사라지기 때문이다. 뽑혀진 칼의 상태에서 더

이상 권위는 없다. 그리고 이미 뽑혀진 상태에서 권위를 보이기 위해서는 뽑혀진 칼 상태 이상의 것을 보여주어야 한다. 그래야 권위를 유지할 것이기 때문이다. 하지만 명분상 칼을 휘두르는 것이어도 이미 그 제재로 인해 과거의 권위는 빛을 바래게 된다. 이미 저항을 경험했기 때문이다. 게다가 명분이 분명하지 않거나 정도가 심하게 보인다면 그 권위의 실추 정도는 심화될 것이다. 아프가니스탄 보복공격과 그 이후의 군사적 사용에서 미국은 필요 이상으로 칼을 휘두르고 있다.

역설하건대 미국은 결코 붕괴되지 않을 것이다. 또한 건재해야한다. 하지만 염려스러운 것은 세계가 미국에 대한 모방의 유혹이 다하는 날, 미국은 평범한 국가로 전락하게 된다는 것이다. 그로 인해 미국은 과거의 향수를 그리워해야 할지 모른다. 지난날 제국이 그랬던 것처럼 오늘날 영국이 그러고 있지 않은가! 그렇다면 과거 제국이 남긴 것은 무엇인가? 희랍은 오늘날까지 인간들의 사유체제를 형성하였고, 로마는 희랍이 남긴 발자국을 따라 인문학의 그림자 그늘에 쉬기도 하지만 무력으로 일어서고 무력으로 망한 국가는 잊혀진 제국으로 사라져 갔다. 그리고 기껏해야 이미 해놓은 업적들을 다시 들추며 잊혀진 소중한 보물 마냥 다루지만 과거 도덕과 윤리에 대한 고민이 끊임없이 이어지고 있을 뿐이다. 그렇다면 오늘날의 패권국가 미국은 무엇을 남길 것인가?

과거는 물론이고 미래에도 존재하지 않을 수도 있는 존재가 현재에 집착하며 현재가치가 중요하다면 어쩔 수 없다. 혹자는 뜬구름과 같은 모호하고 막연한 이상을 쫓는 듯한 도덕과 윤리를 바탕으로 하는 사고가 결코 생산과 효율의 측면에서는 도움이 되지 못한다고 비아냥거린다. 개인은 사회와 자연의 일부가 아닐 수 있다. 만약 혼자 살아간다면 그렇다. 하지만 사회는 개인으로 구성되어 있고 그 사회는 자연의 일부가 된다. 사회는 그 개인들이 살아갈 수 있는 인위적인 자연이기도 한 것이다.

즉 개인들과 관계는 조화를 이루고 그 속에 상호의존과 이익을 모색하는 것이다. 환언하면 사회를 이루며 사는 가장 근본적인 취지는 각자가 추구하는 바를 이루되 타인에게 부정적 영향을 미치지 않는다는 것을 전제로 한다. 이를 구현하려는 시도가 제도와 법이다. 결국 제도와 법과 같은 것들은 사회전체를 위한 수단일 뿐이며 그마저도 매우 불안전하여 유용하지 못한 면이 매우 많다. 유럽에서 나폴레옹 법전이 지금까지 사용되고 있는 취지와 이상이 중요하다는 것을 보여준다. 결국 인생을 자로 잰 듯한 그리고 모든 것에 답이 있는 듯한 이익을 추구하려는 사고는 결코 건전하지 못할 수 있다는 것이다. 아니라고 우긴다면 그저 웃음으로 답할 수밖에 없다. 왜냐하면 전통적으로 물질만을 추구하는 이들이 가지는 공통점은 물질적 풍요 못지않게 물질로 인한 정신적 빈곤이 있었고 이로 인해 걷잡을 수 없는 불만으로 나타나는 것을 어떻게 설명할 것인가?

이러한 것은 '일하기'와 '일시키기' 사이에 빈번하고 대체로 이러한 부분은 일을 시키고 사람을 부리는 자와 일을 하면서 사람을 섬기는 자 사이에 물질적 풍요를 함께 하지 못하면서 상호 교감할 수 없는 부분(gulf)이 평행하게 있는 데서 나타나기 때문이다. 어느 시대에나 존재한 이러한 현상은 특정하거나 매우 미미한 부분으로 머물지 않고 더 큰 부분으로 혹은 전체로 확산될 경우 반발과 저항과 같은 이상 현상이 발생하였다.

비록 그것이 무모할지라도 시위할 수 있는 틈새를 찾아 자신들의 삶을 개선해 보려 한다. 예컨대 트라키아 출신의 노예였던 스타르타쿠스(Spartacus?~ 71 B.C.)의 반란, 지배세력에 저항했던 전봉준(1854~1895)의 동학혁명(東學革命), 루쉰(1881~1936)의 문화혁명(文化革命), 사카모코 료마(板本龍馬 1835~1867)의 명치유신(明治維新) 등은 상호 교감하는 이들끼리 같은 처지를 호소하며 이를 시정하려는 움직임 등의 대표적인 것이다.

이와 같은 것들은 현실을 도저히 묵과할 수 없다는 이성적 판단과 극단적 감정을 앞세운 다수의 동정을 구할 수 있는 말기적 현상의 단초를 제공하는 경향이 있었다. 큰 내(川)의 원천은 조그마한 샘(泉)에서 비롯되고 일몰의 시작은 서산을 넘어갈 때가 아니라 그림자가 없는 정오부터 시작되는 것처럼 국력이 강성한 만큼 반미의 도전이 심각하다는 것을 되새길 필요가 있다. 바위에 달걀 던지는 듯한 극단적인 행동은 더이상 지배세력으로부터 얻을 것, 배울 것 등이 없다는 경고를 의미한다.

이런 맥락에서 9 · 11테러는 소수 세력의 창조적 주도와 다수 세력의 협조적 모방 혹은 방관 사이에 빈 공간(gulf)을 채우는 변이이다. 자연과의 조화, 개인과 개인과의 관계 속에 도덕의 역설을 허울삼아 부르는 노래쯤으로 그리고 매우 진부한 것으로 치부하는 신자유주의 뒤에 도사리는 오만과 집착으로 인한 역겨움이 자리잡고 있는 것이다. 이것이 아니라면 그 이유를 설명해야 한다. 혼자만 알고 다른 이들은 몰라도 된다는 사고는 혼자 살면 모르되 조직과 사회 구성원으로서는 금기이다. 불화를 조장하거나 다른 이들을 불안하게 만드는 첩경이다. 게다가 무소불위의 막강함을 휘두르는 세력들이라면 더욱 그렇다.

미드(Walter R. Mead)가 『천우(*Special Providence: American*

Foreign Policy and How It Changed the World, 2001)』에서 언급한대로 지금까지는 운이 따랐다. 그럼에도 불구하고 다른 국가들이 도전하기에는 아주 막강하지만, 핵 확산과 테러리즘 등 국제적 문제를 해결하기에는 미진하기 때문에 더 큰 미국의 국력이 요구되며 동시에 미국의 위상을 높이기 위해 더 많은 국력이 필요하게 된다는 자유주의 이론가 조셉 나이(Joseph S. Nye)는 『미국의 역설 (*The Paradox of American Power: Why the World's Only Superpower Can't Go It Alone, 2001)*』에서 역설의 역설을 하고 있다.

반미 시위와 테러의 원인을 미국의 부가 탐나서 저지른 것이라고 간주하는 것은 아주 극미하게는 옳다. 하지만 오늘날 미국의 주변에서 발생하는 문제는 미국의 국력이 약해서가 아니라 너무 크다는 데 있다. 그것도 미국이 혼자 미처 방어할 수 없을 만큼 많은 적이 있다. 오늘날 9·11테러와 같은 비극은 미국이 패권적 오만과 일방주의적 독주에서 벗어나 국제문제 해결과정에서 국제사회의 지지와 동의를 구하고 그들이 구현하고자 하는 민주주의를 접목시켜야 한다는 것을 말하고 있다. 국제사회에서 힘에 의존하는 패권만으로 세계 질서를 주도할 수 있는 정통성을 획득할 수는 없다. 힘에 의한 패권질서가 단기적 지속을 가져올 수는 있어도 장기적으로 보장하기는 어렵다는 것은 로마제국, 몽골제국, 대영제국의 몰락이 대변하고 있다.

9·11테러의 비극에 애도를 표하고 아프가니스탄에 대한 보복공격에 공감을 표한다. 하지만 군사적 응징은 보복과 응징의 악순환을 부른다. 이를 차단할 수 있는 길은 '내가 힘이 세니까 당연히 내 마음대로 할 수 있다'는 사고를 버리는 것이다. 힘의 가치는 포용

력을 통해 지지와 동의 그리고 존경을 동반할 때 권위가 있다. 예컨대 이슬람권 사회에 팽배해 있는 인권문제, 빈곤, 착취, 외부간섭, 문화적 소외 등을 극복하고 자유와 평등에 기초한 민주주의 확산으로 그들의 생활 향상에 그 초점을 맞춰야 한다. 미국과 테러리스트 중 하나를 선택하라는 '도 아니면 모' 식의 편가르기식 단순 흑백 논리와 일방주의 외교 압력은 우방까지 미국의 적으로 만들 수도 있다. 포용을 위한 포괄적이고 신축성 있는 대응자세가 절실하다.

따라서 알 카이다와 탈레반 포로는 미국의 법이 아닌 국제사법재판소 혹은 제3국에 맡겨야 한다. 나아가 이라크로 확전하려는 구상은 버려야 한다. 설령 이라크가 이슬람 테러리스트 배후 지원 국가라는 증거가 있다 해도 이라크와의 전쟁은 아니 된다. 왜냐하면 이라크에 대한 공격은 이슬람권의 반미주의를 급격히 확산시킬 수 있다. 이는 단지 지금까지의 문명과 야만의 대결이라는 9·11테러 이후 아프가니스탄 보복전쟁이 끔찍한 문명간의 충돌로 비화될 수 있는 것뿐만 아니라 미국이 그 역할을 외면하거나 몰락하게 되면 세계질서는 또 다른 패권질서를 위한 세계 각국의 각축장으로 변하기 때문이다. 다시 역설하거니와 '돈과 힘만이 믿을 만하다(The money and force is talk)' 라는 집착과 맹신만이 해결사는 아니다. 패권 지배력과 군사적 보복만으로는 문제가 해결되지 않는다. 이제 냉철한 이성으로 세계평화를 위해 세계 구성원이 공감하고 지지할 수 있는 새로운 세계질서를 구상할 때이다.

1) 미국도 희생자

미국과 연계된 9 · 11테러에 관한 논의에서 주의해야 할 점은 세계화 시대 미국이 단지 세계 최강자라는 이유 때문에 모든 악의 근원이라는 누명을 쓰는 것은 아닌가 그리고 반미주의의 시각에서 모든 것을 볼 수 있는 편견이다. 라덴을 결코 지지하지는 않지만 그동안 미워했던 미국을 라덴을 통해 대리 만족하려는 것일 수 있기 때문이다. 만에 하나 이는 미국에 대한 반대가 오늘날의 모더니즘으로 행해지며 발생하는 병리적 현상에 대한 원인 제거로 오인하는 것일 수 있다. 예를 들자. 한국의 경우 70~80년대 군사정권에 맞선 시위와 데모 등 정부에 대한 보이코트를 마치 민주화의 총체인 양 했던 경우와 같다. 한국의 민주를 위해 희생했던 분들과 자신의 과거를 숨기기 위해 투쟁으로 위장했던 이들과의 구별 없이 모두가 시위하면 민주화하는 것으로 잘못 알고 있었던 것이다. 어쩌면 이러한 구분 없는 무절제한 것들이 한국 사회의 병리적 현상의 주범일 수 있다. 현상의 오류를 지적하되 그 오류의 지적에는 다른 특정의 목적이 묻어있어서는 안 된다.

따라서 반미는 가능하지만 극단적 반미는 자제되어야 한다. 미국이 하는 모든 일이 정제되고 민주적일 수 없다. 그렇다고 이를 극단적으로 몰고 갈 수 없다. 미국 역시 국제사회의 일원으로 다른 국가가 도달하고자 하는 것들을 획득하고자 할 것이다. 국가 이익이라는 차원에서 국가 행위가 행해지는 것이다. 말하자면 9 · 11테러는 미시적으로는 미국의 반아랍과 친이스라엘 중동정책에서 찾을 수 있지만 거시적으로 보면 국제사회의 행동윤리강령(The States'

Program to Act)이 없기 때문에 일어난 것이다.

예를 들어 보자. 한동네 사는 친구 갑(甲)과 을(乙)이 산을 걸어가고 있었다. 끼니를 걸은 둘은 몹시 배가 고팠다. 그때 산길에 먹음직스런 알밤을 동시에 보았다. 갑(甲)은 얼른 그것을 입에 넣었다. 이것을 본 을(乙)은 매우 화가 났다. 그리고 을은 갑에게 싸움을 걸었다. 그리고 을 역시 갑에게 앙갚음을 했다. 평소 갑에 대한 감정이 좋지 않았던 다른 사람들은 둘의 다툼을 말리기보다는 은근히 즐기기도 하고 갑의 행동을 제어하고자 했다. 이는 을의 행동이 옳기 때문이 아니라 갑이 미웠기 때문에 나온 것이다. 이 이야기에서 갑을 미국이라 하고 을을 라덴으로 그리고 이웃을 다른 국가로 그리고 밤을 사회적 제 가치라고 바꾸어 볼 수 있다. 그런데 9·11테러의 원인이 무엇인가를 논의하기에 앞서 갑의 행동이 얄밉다 해서 을의 행동을 빌어 통쾌해 하면서 반미 감정을 속으로 삭이고 있는 것은 아닌지를 반성하자는 것이다. '그렇다면 을의 행동이 옳다고 말할 수 있는가'에 대한 질문에 부정적인 대답이라면 더더욱 그러하다.

따라서 제3국의 행동은 대체로 두 가지 이유에서 기인한다. 첫 번째는 을을 노골적으로 옹호하면 갑으로부터 얻을 수 있는 것이 아무것도 없을 뿐만 아니라 가진 것도 잃어버릴 수 있기 때문이다. 두 번째는 을의 행동은 테러로 규정되고 있는 만큼 이를 동정하는 발언은 테러지원국 혹은 야만국으로 낙인될 수 있기 때문이다. 이러 저러한 이유로 을을 측은하게 쳐다보는 것도 금기이다. 따라서 오늘날 9·11테러와 아프가니스탄 사태를 이해하기 위해서는 적어도 당사자들의 입장을 들어보아야 한다. 라덴의 입장, 미국의 입장이 그것이다. 그러나 라덴과 부시가 만나 이야기해도 '누가 잘못했는가 누가 잘했는가' 를 가리기는 쉽지 않을 것이다.

그렇다면 왜 이러한 사태가 반복되는가? 기실 근대화의 개념이 보편적으로 확산된 제2차 세계대전 이후 국제사회의 행동윤리강령은 서구의 민주주의 좀더 정확히 말하면 미국의 민주주의가 그 역할을 대신했다. 예컨대 제1차 대전에 참전하면서 미국의 월슨 대통령은 인류의 미래를 위해 미국적 민주주의가 보편 타당한 가치가 될 것이며 미국은 민주주의와 자국을 안전하게 지켜야 한다고 말한 바 있다. 그리고 그 수단은 1942년 UN과 각종 국제기구 등을 통해 실현하고자 하였다. 그리고 국제사회에 대한 기여와 공헌으로 많은 업적을 남기기도 했지만 그 못지않게 많은 비난과 병리적 현상을 야기하기도 하였다. 예컨대 세계 25곳에서 친미 정권의 수립을 위한 각종 개입이 그것이며 이번 9·11테러와 같은 반미 원인을 제공하기도 한 것이다. 그래서 자유를 확산하기 위해 노력한 미국은 자기의 것만 신경을 쓴 나머지 쿠바, 니카라과, 이란, 이라크, 베트남 등에서 이들 식으로 살려는 자유와 충돌하였다.

돌이켜보면 인류는 자유와 평등을 찾았음에도 불구하고 이를 동등하게 실현하려는 노력은 좌절되었다. 자국의 의지를 확산시키려는 자유는 각국이 가지고 있었지만 미국과 부딪쳐 반미 세력으로 형성된 이들의 자유는 국제사회에서 등한시되거나 경계의 대상이 되곤 했다. 여기에는 예외적으로 국제사회에서 용납할 수 없는 침략적 측면이 포함되어 있다. 하지만 모두가 동등한 조건에서 자유를 경쟁의 수단으로 삼지 못했다. 궁극적으로 근대와 더불어 등장한 자유와 평등의 실현 측면에서 자유는 미국만의 것으로 잔존하고 있는 것으로 보이는 반면 평등은 실현시키지도 못하고 있다. 이것이 오늘날 인류가 직면한 과제다. 현재 이 문제를 해결할 수 있는 것은 보이지 않는 것 같다. 9·11테러와 아프가니스탄 사태는 자신의 의지를 보여주는 자유는 존재하지만 누구나 똑같아야 한다는 평등은 요원해 보인다. 왜냐하면, 다음과 같은 상이한 시각이 존재하기 때문이다.

첫째, 알밤은 가치 있지만 두 사람이 나누기에는 매우 희소하다. 따라서 어떻게 분배할 것인가가 관건이다. 가치 분배에서 가장 쉽고 용이한 것은 분배 장치에 따르는 것이다. 시장은 이를 잘 설명하고 있다. 재화의 질이 좋고 값은 싸며 판매자의 서비스가 좋으면 그 제품은 경쟁력을 갖추게 되어 수익을 낼 수 있다. 여기에 동정과 측은은 금물이다. 이런 것에 눈길을 주면 발전은 있을 수 없으며 다같이 못살 수 있다고 믿기 때문이다. 말하자면 어차피 다같이 먹을 수 없는 알밤이라면 먹는 이라도 잘 먹자는 것이다. 반면 두 번째 시각은 다음과 같다. 특정 재화의 가치는 경쟁에서 기인하기보다는 어떻게 쓰는가 하는 데 달려있다고 본다. 물은 많은 곳에서는 가치가 없지만 사막에서 갈증을 느끼는 이에게는 생명수와 같다. 이 같은 차원에서 보면 돈을 많이 벌어들이는 것 그 자체가 가치 있는 것이 아니라 유용하고 적절한 곳에 사용할 때 가치 있는 것이다. 이러한 사고는 공동체주의를 지향하는 곳에서 많이 나타난다.

따라서 이 같은 시각은 '부자가 천당 가는 것은 낙타가 바늘구멍 통과하는 것보다 더 어렵다'고 믿기 때문에 지금 나의 베푸는 보시(普施)는 언제고 감사로 돌아온다는 믿음으로 남을 생각하며 가지고 있는 재화를 분배하곤 한다. 말하자면 콩 한쪽이라도 나누자는 것이다. 즉 을은 갑이 주었을 경우 비록 작은 것이기는 하지만 나누어 먹을 것으로 기대했던 것이고 이 기대가 어긋나자 사회적 윤리적인 처벌을 했다고 생각하게 된다. 그러므로 거시적인 관점에서 9 · 11테러와 아프가니스탄 사태는 개인주의 문화와 전체주의 문화의 충돌이다.

그 동안 미국은 세계 구석구석을 간섭하였기 때문에 미국의 문화가 세계적 혹은 코스모폴리탄(Cosmopolitan)적 경찰역할을 해왔다는 것을 부인할 수 없다. 게다가 햄버거와 콜라로 대변되는 미국주의는 특정국에서 필요에 따라 확산되기도 했다. 역사적으로 미국은 빠른 발전을 이룩했다. 그리고 그들의 경험을 세계에 접목하려는 시도가 세계화로 점철된 미국화(Americanization)이다. 그래서 일면 미국의 세계화로 명명될 수 있는 이러한 세계 변화는 저발전 혹은 미발전 국가와 세력들에게 이로운 면도 있을 수 있다.

자기의 것과 남의 것을 혼합해서 새로운 문화를 생산하는 것은 매우 자연스러운 것으로 이상한 것이 아니다. 다만 그 과정이 매우 빠르거나 조작적이고 인위적일 때 반작용이 발생하게 된다. 제 아무리 좋아도 나 하기 싫으면 그만이기 때문이다. 게다가 필요한 1차 산업의 상품의 수확이 아니라 생산된 재화가 균등하게 분배되지 못하는 세계화가 세계 곳곳에서 행해짐으로 해서 발생되는 불평등의 문제는 심각하다. 세계가 곪고 병들고 있다. 아울러 인위적인 문화 획일화는 어느 누구에게도 결코 이롭지 못하다. 미국을 포함한 많은 선진국의 기업들이 그 역할을 도맡아 왔기 때문에 미국을 중심으로 하는 세계화는 보편적 가치로 확산되기에 많은 어려움이 있다. 이에 대한 반발로 등장한 9 · 11테러는 미국을 공포의 도가니로 몰아넣을 만큼 위험수위에 있다는 것을 대변한다. 따라서 미국 역시 세계화로 인한 병리적 현상의 희생자이다.

2) 그래도 미국이다

9·11테러 이후 부시 정부는 1대 3의 대결을 펼쳤다. 첫째, 9·11테러의 용의자, 그 단체 그리고 우익 정권이다. 즉 라덴과 알 카이다 그리고 탈레반 정권이 그것이다. 둘째, 미국 내 기관과의 싸움이다. 즉 언론과 반전 단체가 그것이다. 예컨대 공습 개시 3주째인 지난 10월 22일 워싱턴, 뉴욕, 로스앤젤레스 등 미국 주요 도시에서 반전시위가 동시다발적으로 열렸고 10월 18일에는 반전운동의 메카였던 버클리의 시의회의 반전 결의안 채택과 각종 언론들의 보복 응징 비난 등이 그것이다. 그리고 끝으로 의사 결정자들의 내적 고심이 그것이다. 9·11테러 응징에 대한 결정을 내려야 하는 미국의 최고 의사 결정자들 역시 많은 고민을 한 후에 용단을 내렸을 것이다. 그렇다고 테러가 결코 동정 받거나 정당화될 수 없듯 오폭으로 인한 무고한 민간인의 희생을 가져오는 보복의 결정 역시 정당화될 수 없지만 많은 이들의 목숨이 경각에 달린 결정을 하기란 쉽지 않았을 것이다.

사회 구성원들이 자신들이 속한 사회에 접목시킬 어떤 가치들을 선택하고 확산시키기 위해서는 이를 보급시키는 모든 것을 균등히 적용하는 것은 단순한 제도적 실행이 아니라 도덕적 태도가 첨가된 의무를 포함한다. 만약 이러한 것들이 무시, 간과 혹은 외면될 경우 기울어진 가치 분배를 반대 급부적인 형태로 또는 제대로 된 균형 분배를 이루기 위한 시도들이 반드시 등장한다. 이런 맥락에서 오늘날 세계 사회에서 일고 있는 사회적 제 가치에 대한 불만과 저항은 비뚤어진 가치 분배를 바르게 바로잡아야 한다고 알려주는 시계와 같은 것이다. 9 · 11테러와 그 후유증은 바로 이를 말하고 있다.

오늘날 미국은 피아 선호의 법칙 즉 '내가 좋아하는 것은 남도 좋아하고 내가 싫은 것은 남도 싫어한다' 는 평범한 진리를 모르고 있다.[34] 미국은 국제사회에서 따로 행동하는 국제적 왕따를 자초하고 있는 것이 그 대표이다. 미국 스스로는 개혁하지 않으면서 다른 나라로부터 양보와 동의를 획득할 수 있다는 제왕적인 사고에 집착하고 있다. 사실 미국의 이 같은 독단적 외교노선이 노골적으로 나타난 것은 소련붕괴 이후이다.

그 동안 미국의 외교정책은 사회적 약속이라고 할 수 있는 규율, 규범, 법과 질서 등 레짐(Regime)이 적용되는 예측 가능한 국제사회를 재편하는 데 많은 공력(功力)을 기울여 왔다. 세계의 많은 이들이 미국을 자유, 평등, 민주, 그리고 법과 질서 등에 관한 한 조종(祖宗)으로 그리고 이를 위해 가능한 수단과 방법을 동원할 수 있는 국가로 간주했던 것도 사실이다. 하지만 최근 미국이 세계에 심고 있는 미국의 상(American Image)이 매우 열악하다. 왜 그러한가? 이를 말해주는 가장 적절한 두 가지 표현이 있다. 하나는 '돈이 말한다(Money is talk)' 이고, 또 하나는 '믿을 것은 힘뿐이다(Power is unique)' 이다. 전자는 자본으로 후자는 군사력으로 세계를 엄습하고 있는 것이다. 하지만 미국은 자신을 추스릴 있는 신독(愼獨)이 부족하다. 적절한 절제와 신중한 의사 결정 그리고 국제사회의 상호의존 관계를 무시하고 있다.

이런 방식으로 미국이 자국의 국력을 과시할 경우 필연적으로 똑같은 방식으로 다른 나라의 외면과 도전에 직면하는 부메랑 효과를 맞게 된다. 9 · 11테러 이후 유럽에서 미국의 동맹국으로 간주한 국가들이 9 · 11테러에 대해서는 동정을 보내지만 미국의 국력 과시에 대해서는 우려를 넘어 비난의 수위에 이르고 있을 뿐만 아니라 국제사회에서 미국을 밀어내고 있는 것이 그것이다. 예컨대 UN의 마약과 인권위원회에서 미국의 자격상실, 교토 협약과 관련한 협의 이후 미국과 유럽간 힘의 균형이 최근 들어 심각하게 변하고 있는 것이 그것이다. 그리고 미국에 대한 반대 세력의 규합으로 중국과 러시아의 관계가 급속히 진전하고 있는 것이 이를 말한다. 게다가 부시 정부가 출범한 해에는 한 달에 한 건이라 할 수 있을 만큼 국제 협약과 조약에 대한 뚜렷한 명분을 제시하거나 협약 이외의 방법으로 같은 효과를 생산할 수 있는 대안을 내놓지 못했다.

국가가 자국의 이익을 위해 국가 행위를 하는 것은 당연한 것일 뿐만 아니라 매우 자연스러운 것이다. 하지만 오늘날 국제사회는 '만인의 만인에 대한 투쟁(Hellum Omnium Contra Omnes)'을 언급한 홉스(Thomas Hobbes 1588~1679)의 리바이어던(Leviathan)과 같은 무질서적 개념이 아니다. 국제사회에는 유념하고 지켜야 할 약속이 있다. 최소한 양심과 도리에 따라 타국에 해를 끼치는 행위를 하지 말아야 하며 나아가 적어도 자기가 말한 바는 스스로 지켜야 할 것이다. 표리부동(表裏不同)과 위선(僞善)에 대한 응징 즉 책임과 비난은 감수해야 한다. 그 대상이 국제사회에서 큰 영향력을 행사하는 미국이라면 더욱 그러하다. 그래서 적어도 미국은 달라야 한다. 왜냐하면 세계 안정의 가장 중요한 열쇠를 쥐고 있기 때문이다. 미국이 국제사회 약속을 어기고 국제사회로부터 외면되면 혼란과 무질서를 이용해 새로운 강자로 부상하려는 세력들에 의해 세계를 혼돈으로 밀어 넣을 수 있다.

미국이 무너지면 미국을 대체하는 과정에서 많은 희생이 뒤따르는 것은 자명하기 때문이다. 그것이 지금이 아니고 먼 훗날의 일일지라도 힘의 의해 변화가 가져오는 재앙은 이미 수없이 경험했기 때문이다. 그래서 오늘과 미래의 국제사회에 대한 비전은 미국의 손에 달려있다. 현실적으로 미국을 제외하고 국제정세와 현실을 논할 수 없기 때문이다. 누가 뭐라 해도 국제문제를 원만히 그리고 신속히 마칠 수 있는 국가는 미국밖에 없고 그밖의 국가들은 자기 한 몸 챙기기 어렵거나 국제문제는 능력 밖이다(拙著 2001, 230~234).

그리고 국내 정치는 세계 사회로 가기 위한 실험인 바 자유와 평등 그리고 민주주의에 대한 실험과 훈련을 잘 받은 나라는 몇 되지 않는다. 그중 미국은 단연 으뜸이다. 물론 처음부터 자유와 평등 그리고 민주주의가 정착되었던 것은 아니다. 미국은 건국 당시 개인 자유와 개인 자유에 있어서의 평등을 기본 가치로 내세웠고 이를 바탕으로 국가의 틀을 갖추려고 했던 건국 초기 일부 미국인들의 노력에도 불구하고 이를 제도화하는 데 실패했다. 예를 들어 노예제도는 민주주의와 평등 및 자유 이념을 위배하는 것이었고 이를 타개하는 것이 주목적은 아니었지만 결과적으로 노예해방을 가져왔던 미국 내전이라는 엄청난 대가를 치러야 했다.[35]

이를 바탕으로 미국은 식민지 시절부터 상대적으로 개인의 자유를 누릴 수 있었지만 집단의 엄격한 규율에 따른 행동을 구속하는 사회공동체적 의식은 취약했다. 사회관계가 자유롭게 결정되는 경우에는 강한 집단이 생기기 위해 필요한 어떤 공동체 의식이 형성되기 어렵다. 그 이유는 자신의 이익에 따라 자유롭게 서로간의 관계를 형성하므로 신분 이동이 가능하기 때문에 공동체 의식이 상대적으로 약하다(김종완 2001, 10). 결국 이러한 것은 이익을 모색하면서 행동을 취한 이익 추구적 행동양식을 보이게 마련이다. 비록 이러한 것이 도덕적으로 옹호의 대상인가에 대해서는 매우 회의적이다. 하지만 오늘날 미국은 세계 영향력이 큰 나라다. 미국을 제외하고 이루어질 수 있는 국제 협상은 없다. 이 정도면 미국이 왜 희망이어야 하는지를 언급하는 것은 잔소리가 된다. 하지만 단지 이러한 이유만으로 미국을 어르고 달랠 수는 없다.

'미국이 다음 세기에도 여전히 필요하다'라는 것을 말하고자 한다. 두 가지 이유에서이다. 첫째 모든 일을 혼자 무리하게 처리하면 후유증이 따르게 마련이다. 돌아보면 인류는 갖은 문명을 창조하고 이를 성장 발전시키고 사라지는 것을 반복했다. 그러한 과정에서 인류는 희소한 사회적 제 가치를 분배하기 위해 가능한 다수가 만족할 수 있는 분배 방법을 모색하였다. 그리고 마침내 찾아낸 것이 민주주의였다. 자유를 위해 목숨을 버리며 기꺼이 불 속으로 뛰어든 분들의 희생 속에 건져낸 인류 최고의 발견이었다. 미국은 적어도 자국 내에서 이를 충실히 반영해왔다. 하지만 냉전기 미국은 국제사회에서 이를 적용하지 않았다. 서방 동맹도 이를 알고 있으면서 미국의 독재를 두고보기만 했다. 일견 명분과 일리도 있었기 때문이다.

그러나 소련이 사라진 오늘날 독재의 명분은 사라졌다. 예컨대 독재가 갖는 본래 의미는 특정 문제를 해결하기 위해 동원할 수 있는 모든 수단을 활용할 수 있도록 국가에서 위임한 정치적 특권을 말한다. 독재는 특정 문제 해결이라는 목표를 가지고 있기 때문에 존재를 확인 받을 수 있고 특정 문제를 해결하는 시간이 길면 길수록 독재는 합법적으로 빛을 발하게 된다. 그래서 때로는 정치가 권력의 확산을 끊임없이 제어하는 것이 되기도 한다. 문제는 특정 문제가 아니거나 해결되었음에도 불구하고 이를 계속 문제화하고 지속하려 할 때 독재에 항거하게 만든다는 것이다. 하지만 독재에 항거할 때 항거 목적에 따른 차별이 없이 이루어지고 있다. 예컨대 보상 없이 민주화 운동하는 이, 절대적 보상을 목적으로 독재에 투쟁하는 이 그리고 자신의 과거 잘못을 은폐하기 위해 참여하는 이들을 구별하지 않는다. 사실 이것들은 구별되기 어렵다. 설사 구별된다 하더라도 시간이 흐르면 과거의 잘못과 독재 항거를 상쇄하는 시간의 관대함이 이미 적용되기 때문이다. 따라서 독재에 항거하면 모든 것이 민주주의를 실천하기 위한 운동으로 비춰지는 것과 같다.

그러나 독재정권이 붕괴되면 그 동안 시위와 표현 그리고 행동은 어느덧 독재를 닮아버린다. 그리고 자기도 모르게 독재자가 되었다는 것을 발견할 때는 전임자의 비난 속에 자신이 물러가고 있을 때이다. 냉전기에도 그랬다. 냉전기에서 소련과의 투쟁은 자유주의를 위한 투쟁과 헌신 그리고 봉사로 간주될 수 있었기 때문이다. 공산주의 확산방지가 미국의 지상 과제였고 신의 임무(Mission) 정도로 여길 수 있는 것이다. '공산주의를 막기 위해서'라는 딱지를 붙이면 중세의 면죄부처럼 사용될 수 있기 때문이다.

이러한 현상은 비단 국가나 사회 세력에 국한되는 것은 아니다. 개인들 사이에서도 마찬가지이다. 그가 있어 내가 존재한다는 것을 아는 것은 그가 사라진 후에나 알 수 있게 마련이다. 주지하다시피 얄타 체제가 사실상 붕괴되면서 냉전이 해체될 때쯤 미국은 소련과의 경쟁에서 승리자가 되었다. 미국은 당연히 승리의 축배를 들어야 하겠지만 목표가 갑자기 사라지면 목표를 위한 온갖 명분과 수단이 사라지게 된다는 것을 깨닫기 전에 새로운 목표를 수립해 두지 못했다. 갑자기 사라진 경쟁자는 아무 것도 남기지 않았다. 새로운 경쟁자도 없다. 이제 미국 혼자서 세계 질서를 운용해야 한다. 그러나 21세기를 어떻게 운용할 것인가에 대한 청사진을 제시하지 못했다. 그저 과거에 해왔던 것처럼 힘의 우위를 고수하고 있을 뿐이다.

이에 대한 부작용은 지금 경험하고 있다. 이제 미국이 필요한 것은 두 가지이다. 하나는 지금까지와 다른 패러다임을 제시할 것인가 그렇지 않으면 새로운 경쟁자를 찾아 과거의 전략을 지속적으로 적용시킴으로써 미국의 역할을 합리화할 것인가가 그것이다. 만약 이 두 가지 중 어느 것도 찾지 못하면 미국이 오늘날 해야 할 일은 없다. 이 두 가지는 오늘날 미국을 고립시키고 있다. 미국이 잘못한 것은 없을 것이다. 만약 독재의 명분이 사라졌음에도 불구하고 냉전기에 적용했던 경쟁의 법칙을 원칙적으로 적용하고 있다는 사실을 모르고 있다면 말이다. 이제 국제사회에서 미국은 다 같이 하는 것도 배워야 한다.

둘째, 미국은 민주주의에 충분히 훈련되어 있다. 예컨대 미국은 2000년 대통령 선거 개표 과정에서 결과가 오리무중이었다. 세인의 이목이 집중된 곳은 플로리다 주 재검표장이었다. 조지 W. 부시와 앨 고어 후보간 표 차가 200표 대로 줄었기 때문이다. 당시 상황은 부재자 투표의 집계가 마무리되기 전에는 섣불리 당선 판정을 하기 어려운 상황이었고 고어 진영 측은 부정선거 의혹과 관련한 소송도 불사한다는 입장을 밝혔다. 근대 민주주의의 조종으로 행사하던 미국의 체면이 말이 아니었다. 어렵게 이루어진 선거 제도뿐만 아니라 선거 관리 측면에서도 세계의 눈총을 받고 있었다. 유럽과 일부 국가들이 미국의 선거는 돈과 매스미디어에 의해 판가름 나기 때문에 진정한 민주주의는 시들어가고 있다고 꼬집었다. 2000

년 미국 선거에서 들었던 돈은 대략 30억 달러로 추산되었고 매스미디어를 통해 상대의 약점을 끈질기게 부각시키려 하는 등 눈살을 찌푸리게 하는 것도 많았다. 게다가 많은 돈을 들였음에도 투표율은 고작 50%뿐이었다.

하지만 선거 시일이 많이 소요되어 돈이 없으면 참여하기 힘들고 선거 과정에서 많은 문제점을 노출하였음에도 불구하고 미국의 정치는 대체로 성숙한 면을 보여주었다. 크게 네 가지 측면이 고려되었다.

첫째 재검표 과정에서 미국 유권자와 대통령 후보들은 차분하게 대응했고 결과 발표 이후 부시 진영에게 축하를 보낸 낙선한 고어의 자세와 낙선한 고어에게 격려의 전화를 잊지 않았던 부시의 태도 역시 미국 민주주의의 건강한 모습이었다.

둘째, 민주당 진영에서 부시의 당선을 수용하고 고어에게 이를 수용할 것을 종용했던 것뿐만 아니라 이를 빠르게 수용한 고어의 자세는 칭찬 받아 마땅하다. 패자에 대한 승자의 아량은 쉽지만 패자가 승자에 대해 축하를 전하기란 쉽지 않기 때문이다. 선거 결과 이후 대통령이 대통령으로서 역할을 다하기 위해 선거 패자는 승자에 대한 정치적 비난을 자제하였던 것이다. 사람은 회합할 때보다 헤어질 때 아름다워야 한다. 고어는 이를 잘 지켰다.

셋째, 표 차가 근소할 경우 재검표를 하도록 한 법에 따라 재검표를 하는 제도는 각국의 조건에 따라 달라질 수 있는 것이다. 하지만 미국에서 대표자를 선출하는데 중요하게 여기는 것은 '누가 대표자가 되는가' 보다는 '미국의 제도를 잘 운용할 것인가' 에 정치의 초점을 맞추고 있다는 것이다. 이 점이 똑같이 대통령제를 실시하면서도 미국의 선거와 민주주의가 대통령 제도를 선택하고 있는 다른 국가와 차별되는 이유이다.

　넷째, 국가가 위기에 처해 있을 때 전 현직 대통령들이 같은 목소리를 낸다. 9·11테러와 같은 경우, 부시가 9·11 당일 뉴욕에 모습을 보이지 않아 많은 비난이 있었음에도 불구하고 전직 대통령과 낙선 후보는 부시가 이를 가능한 빨리 극복할 수 있도록 북돋아주는 미국의 결속력을 보여주었다. 이밖에도 민주주의 국가에서 편중은 오만과 독선을 가져올 수 있기 때문에 공화당 당적을 버리고 민주당으로 당적을 옮긴 페레즈(Perez)의원의 당적 이전은 견제와 균형이라는 민주주의 과제를 어떻게 해야 하는지 보여주었던 것에서 다음 세대에도 모범이 될 수 있을 것이다. 만약 미국이 미국 내 정치에서 민주주의를 충실하게 해왔던 것만큼 국제사회에도 이를 적용한다면 말이다. 그리고 여전히 지금 같은 테러와 보복 공습의 악순환의 해결은 미국의 손에 달려있다.

　결론적으로 당연한 것이지만 미국은 안전해야 한다. 왜냐하면 미국은 세계 속의 작은 세계다. 말하자면 미국은 다양한 민족과 인종들의 다양한 문화가 자리하고 있는 실험실과 같다. 그 속에서 안전함이 증명되며 이를 본판인 세계에 옮기면 된다. 다행히도 미국은 지난 200여 년 넘게 이 실험을 성공시킨 나라다. 이제 이를 실행할 시기이다. 미국은 국내적으로 이러한 마인드와 훈련이 되어 있는 만큼 이제 이를 세계에 적용할 때이다. 이것이 '그래도 미국이다'의 근거이다.

제5장

갈등의 굴레를 넘어서

오늘날 새롭게 그리고 마치 계몽적으로 사용되는 선동적 수사는 '세계적(world)', '전지구적(global)' 등 국경의 개념을 넘어서는(beyond the boundary) 개념을 포함하고 있다. 이 개념들은 문화(culture)와 문명(civilization), 시민사회(civil society), 민중(People)을 아우르고 있다. 일반적으로 분명하게 가르지 않고 혼용되는 위 개념은 다음을 포함하고 있다. 문명은 인간을 중시하는 도덕적 개념과 자기 행동의 윤리성을 내포한 관계적 개념의 민중의 시민 사회에 기초하여 물질적으로 그리고 문화적으로 삶을 영위하는 장치로 인식되었다. 하지만 이 용어들의 의미는 역사적 국면과 상황에 따라 매우 다른 이념적 색채를 띠면서 변해왔다. 근 현대사에서 이들 어휘를 어떻게 사용할 것인가를 둘러싸고 현재 보존의 지속과 미래 변화의 시도를 무력 투쟁과 담론 논쟁으로 비화되기도 했다. 이는 9·11테러와 아프가니스탄 보복공격으로 21세기를 시작하는 오늘날에도 여전하게 나타나고 있다.

그렇다면 문화와 문명은 어떻게 구분되는가? 일반적으로 광의의 의미로 문화는 문명을 포함하는 것으로 인식되었다. 물질적 가치에 의존하는 문명은 과거의 생활수준이 진전되는 것을 의미하곤 했다. 예를 들어 걸어가는 것보다 말(馬)타는 것이 말 타는 것보다 자동차 타는 것이 그리고 비행기를 타는 것이 더 문명 생활을 향유하는 것으로 간주된다. 반면 문화는 자유, 평등, 평화 그리고 인권 등 개인이 살아가는 가치관을 형성하는 정신적 가치에 의존한다. 하지만 이러한 기준은 매우 애매하고 때로는 모호해서 문화와 문명이 서로 상위적 혹은 하위적으로 위치한다고 구분하기란 쉽지 않다. 왜냐하면 기록 문화를 가지고 있든 아니면 가지고 있지 않든 원시사회에서도 일정한 양식 하에 그들의 삶이 영위했을 것이기 때문이다. 그

들의 삶의 양식이 지금의 우리 것과 일치하지 않거나 유사하지 않
다 해서 높은 수준의 혹은 낮은 수준의 것으로 치부하는 것은 어리
석다. 오늘날 세계 어디선가 이러한 형태로 지내고 있는 이들은 바
로 우리일 수 있기 때문이다.

　따라서 문화와 문명적 혹은 야만적이라고 단정하는 것은 매우 위
험한 일이다. 우리가 알아야 할 것은 모든 것을 자기 기준에 맞출
수 없다는 것이다. 이 같은 사고는 제1차 세계대전 이후 슈펭글러
가 문명을 문화가 죽어 경직된 것으로, 유기체적 양식의 경이로운
성장과 퇴화가 순환하는 단계에서 쇠퇴하는 것으로 언급했던 것과
궤를 같이 한다. 그는 유럽 중심주의적 사관을 비판하고 유럽 이외
의 다양한 문명을 역설하며 제2차 세계대전의 원인이었던 제국주
의, 서구 산업주의를 비판하였다. 슈펭글러가 보기에 한때 성장하
며 살아 있던 유럽의 문화가 쇠퇴 단계에 접어드는 증후로써 제국
주의와 산업주의를 서구의 운명이 돌이킬 수 없는 파멸의 길이라고
지적하였다. 서구의 산업은 다른 문화들의 오랜 전통을 바꿔놓았
다. 오래 지속될 것 같은 이 같은 서구의 삶의 양식에 대해 슈펭글
러는 오래 가지는 못할 것이라고 보았다. 그는 문명이 붕괴되는 과
정에서 새로운 문화가 싹틀 것이지만 그 해결 수단은 전쟁과 같은
극단적 수단이라고 보았다. 이 같은 예언적 언급은 유럽 전체에 해
당한다기보다 나치즘과 파시즘과 같은 국가 사회주의적인 체제에
적절하게 설명될 수 있다. 왜냐하면 80여 년 전 슈펭글러가 예언했
던 시대상황과 다르게 서구는 지속되고 있고 점진적 변혁을 통해
색다른 변화를 모색하며 과거를 망각시키고 있다. 하지만 그가 남
긴 교훈은 자기중심적 사고에 갇히면 그 해결은 처절한 투쟁이었다
는 것이다. 즉 사고의 다양성만큼 문화의 다양성도 존재할 수 있으

며 상호유기적인 관계 속에 기존의 가치와 새로운 가치의 충돌을 지극히 원만하게 타결 지을 수 있을 것이라고 해석할 수 있다.

하지만 이러한 교훈이 인류역사에 채 스며들기도 전에 문명은 또 한번 인류역사의 화두가 되었다. 후꾸야마는 역사의 종언이 서구의 몰락을 동반하는 현상으로서가 아니라 소련 공산주의의 붕괴에 따른 서구의 전면적인 승리의 전리품으로 간주했다. 소련의 붕괴로 한껏 승리의 도취감에 사로잡힌 이들 중에는 미국주의로 바꿔 쓸 수 있는 미국의 승리에 대해 다른 국가와 세력들의 질시와 시기를 염려한 이들도 있었다. 일방적인 미국주의의 반영으로 인한 '뻐김(Pride)'이 초래할 위험을 경고하였다.

하버드 대학의 전략연구소 소장 헌팅턴이 대표적인데, 1993년 그는 냉전 이후 인류 사회는 문명의 충돌이라며 엄청난 것을 누설했다. 그는 소련 공산주의의 실험이 실패로 끝나면서 자본주의와 맞설 수 있는 것이 사라짐에 따라 이념분쟁이 종식된 것은 부인할 수 없지만 이것으로 지구 차원의 적대적 관계가 청산되는 즉 갈등 과정으로서의 역사가 종언되었다는 것에 동의할 수 없다고 밝혔다. 그는 이념 분쟁은 종식되었지만 지배적인 분쟁 원천은 문화적이며 대신 이로 인해 문명의 충돌이 있을 것이라고 언급했다. 슈펭글러가 나치즘과 파시즘을 적중시키듯 헌팅톤은 종교적 신념에서 오는 문명충돌(9·11테러)을 적중시켰다.

하지만 슈펭글러와 헌팅톤이 말하는 문명은 차이가 있다. 슈펭글러는 문명을 성장과 쇠퇴를 거듭하는 순환 단계에서 마지막 단계에 접어드는 것으로 규정하였다면 헌팅턴은 최상위에서 사람들을 문화적으로 묶어주고 다른 종과 구분지어 주며 가장 폭넓은 문화적 정체성을 유지시켜주는 것으로 규정하고 있다(Huntington 1993,

22~25). 문명에 대한 슈펭글러의 개념이 부정적이었다면 헌팅톤의 개념은 성장의 단계에 있다. 하지만 헌팅톤의 문명 역시 자기 삶의 양식만을 집착하는 한 삶의 양식일 뿐 다른 문명을 수용할 수 있는 것은 못 된다. 즉 자유, 인권, 평등, 민주, 시장의 가치 확산 과정에서 다른 문명과 마찰을 말하고 있다. 오늘날의 인류사회를 서구와 나머지(The West and Others)로 나눔으로써 충돌로 인한 문명 성장보다는 소비적 투쟁과 갈등을 초래할 수 있다는 비판을 면치 못한다. 결국 내가 편하니 너도 편할 것이라는 자기중심적 오만에서 벗어나지 못하고 있다.

또한 1995년 후쿠야마는 『신뢰(*Trust* 1995)』에서 미래에는 문명 간 차이가 더 커질 것이고 국내사회이든 국제사회이든 문화에 더 많은 관심을 가질 수밖에 없다는 견해를 누차 지적했다. 후쿠야마는 오늘날 각 지역의 문화적 차이가 국제사회를 차별시키는 요인이며 그 자체가 자유주의-민주주의적 자본주의와 같은 제도적 틀의 전면적인 승리라고 『역사의 종언』의 내용을 거들었다. 그에 따르면 냉전의 종식으로 인류의 갈등의 원인은 경제적 경쟁으로 옮겨 사회적 자본(social capital)으로 평가되는 신뢰의 수준에 따라 그 사회의 종합적인 효율성과 경쟁력을 결정하게 된다. 즉 그는 문화의 수준은 '신뢰'에 의존한다고 보았다.

하지만 그 역시 자유주의적 개인주의가 초래한 부정적 기능을 간과하고 있다. 소위 현대 문명의 병리적 현상을 맹목적 믿음과 같은 '교활한 숭배'가 그 지배적 역할을 했다는 것을 놓치고 있다. 현대 문명의 병리적 현상의 주요인은 자유와 평등의 적절치 못한 분배에서 기인한다. 즉 자유로부터 파생될 수 있는 모든 것은 축출했지만 평등을 지향하는 것에는 인색했던 것이 사실이다. 기껏해야 사회주의의 복지 개념을 수용한 것이 고작이다. 앞으로 인류가 추구해야 할 것은 자유 못지않게 어떻게 평등을 구현할 것인가에 지혜를 모아야 할 것이다. 후쿠야마는 그 지혜를 종교에서 찾고 있다. 종교가 이 일을 원만하게 해결할 수 있을지는 의문이다. 다만 모두에게 자비와 사랑 그리고 구원을 약속하는 믿음의 체계에서 우리가 기대하는 것은 사회적 가치 분배가 모두에게 설득력 있고 그럴듯하게 이루어지는 것이다. 이미 중세(中世)라고 규정된 종교의 시대에 종교가 인간에게 주었던 폐단을 경험한 바 있고 근대사에서 종교가 식민지주의와 제국주의의 교두보로써 작용한 것을 목도하였기 때문에 후쿠야먀가 제시하는 종교는 이러한 폐단이 제거된 것이어야 한다.

최근 문명과 문화의 담론이 다시 회자되고 있지만 어떤 답도 삶의 방식의 총체인 문명에 대해 '무엇으로 이루어졌는가'에 관한 답으로는 명확하지 않다. 다만 내가 존중되어야 하는 만큼 상대를 존중해야 하는 삶의 양식을 전제로 하고 있다. 즉 많은 사회적 가치들을 둘러싸고 전개되는 타협과 갈등의 과정에서 자유, 인권, 평등, 민주의 가치가 보편적으로 확산되어 있는가 하는 것이 문명과 문화 그리고 야만을 가늠할 수 있는 기준으로 작용할 수 있을 것이다. 하지만 문명은 지리적, 공간적 이유에서 좀처럼 다른 문명과 밀접하지 못하는 경향이 강하다. 그래서 이질적이고 상호 침투가 이루어지기 어려운 면이 있다. 가령 시애틀에서 세계화에 반대하는 시위에서 보았듯 특정 사회에서뿐만 아니라 국제사회의 보편적 용어로 확산된 시민사회는 시민 사회 운동을 위한 지적 투쟁의 무기가 되고 있다. 최근 세계화(globalization)에 대한 결사적인 반대는 각 지역의 상황에 맞는 처방 요구와 동반하면서 자유와 평등을 위한 지적 투쟁으로 번지고 있다. 예컨대 WTO 출범 이후 각종 라운드가 제대로 성립되지 못하는 것은 이와 깊은 연관이 있다. 이는 독재와 반민주에 대한 마치 국내사회에서 시위와 집회에 관한 그리고 의사표명의 자유를 보여주고 있다. 그리고 이러한 불만과 인식의 혼돈을 틈타 발생하였던 9·11테러와 아프가니스탄 보복공격은 현대 문명사회에서 야만이 무엇인지, 그 야만이 왜 그리고 어떻게 악순환 되는지를 잘 보여주고 있다.

오늘날 이에 대해 많은 이들이 수긍하거나 그럴듯한 긍정적 대안이 등장하지 못하는 데는 탄력적인 인식대응이 부족한 탓도 크다고 생각한다. 예컨대 냉전의 종식을 말할 때 소련의 붕괴를 미국의 승리로 도식화하는 경향이 그것이다. 하지만 역사를 거슬러 가보자. 근대화 과정에서 서구는 자유를 그리고 소련은 평등을 붙들고 근대성을 실현하고자 하였던 것을 보지 못한 것은 아닌가 생각한다. 미국이 소련을 이긴 것이 아니라 소련 스스로 미국과의 군비경쟁에서 생산성과 효율성이 가지지 못하는 제도를 고집하다 제 풀에 주저앉은 것이다. 미국은 손 안 대고 코 풀었다고 말할 수 있지만 결코 미국에 의한 승리라고 볼 수 없다. 말하자면 미국은 자유를 맹신하였고 소련은 평등을 맹신하였지만 결과는 경쟁 체제의 도입을 한 미국은 살아남은 방법을 터득한 것이고 소련은 살아남지 못한 것이다.

이를 인류사적 관점에서 보면 근대의 산물 자유와 평등 중 평등을 새롭게 정립해야 하는 것으로 반쪽의 성립이다. 그것도 제대로 한 것이라기보다 자유 구현에서 파생된 문제를 보수하고 수정해야 하는 과제가 있는 것이다. 자유를 맹신한 것만 보지 말고 평등에 눈을 돌려야 한다. 그 동안 사유화된 상업 경제를 기반으로 출현한 다양한 제도들로 이루어진 시민사회가 자유주의 국가에서 번성하고 있기 때문에 공산주의 사회는 이러한 서구 사회의 높은 생산성과 정치적 자유에 저항할 수 없었던 것으로 보는 것은 지나친 편견이다. 서구의 문화적 가치를 자랑하는 이 같은 수사(修辭)는 오늘날을 설명하는 데 매우 유용해 보인다.

하지만 풀리지 않은 의문은 특정의 의사 결정 위치를 결정하는 데 유용하다고 간주되는 민주주의가 시민사회와 어떤 연계가 있는가? 혹 지금도 자유는 국가의 간섭을 배제하는 필요조건이지만 그렇다고 의사 결정 과정에서 다수가 참여해야 되는 것은 아니라는 고전적 자유주의에 집착하는 것은 아닌가? 뿐만 아니라 '노동시장의 유연성'과 같은 용어는 특정 계층이 노동자와 같은 다른 계층에게 많은 영향력을 행사하는 데 용이하게 이용될 수 있는 것은 아닌가? 자기 행위를 구속할 수 있는 결정에 대한 선택이 주어진 상황에 대한 가변성의 부재는 슈펭글러가 말하는 문명의 수준에서 새로운 문화적 결정체 혹은 다른 문명에 의해 대체될 수 있거나 흠집날 수 있음을 결코 간과할 수 없다. 만약 이를 물리적 힘 혹은 특정의 것으로 제약할 경우 서구의 우월성은 일정 시기를 지나면 서구의 문명에 저항하는 세력에 직면하게 된다.

오늘날의 문명의 기초를 경제적 효율성에 두고 있고 그 구현체로써 시민사회를 인식하며 여전히 자본주의 제도 즉 자유 시장의 원칙을 탈냉전 시대 유력한 대안(vision)으로 인식하고 있다는 현실을 간과할 수 없다. 하지만 지역을 발판으로 특정 지역에서 축적된 오랜 경험을 가시화한 문화를 단순 효율성으로 이입하기 어렵다. 예컨대 가나(Ghana)는 해외투자를 수용한 이후 해마다 원금은 고사하고 빌린 가나의 보건복지예산의 4배를 이자로 물고 있다. 그리고 콜롬비아의 많은 원주민들은 자기 영토에서 내몰리는 경우도 적지 않다. 가령 콜롬비아의 우와(Woowa) 족과 미국의 정유회사 옥시덴탈 원유(Occidental Petroleum) 사와 갈등 등도 위와 같은 문제를 드러내고 있다. 다국적 기업은 대체로 원주민들에게 영토, 보건소, 학교, 도로건설 등을 약속하지만 그 약속은 주는 이의 마음에 달려있는 경우가 허다하다. 자유시장원칙의 긍정적 측면 못지않게 부정적 측면이 현저하게 나타나고 있다. 무엇보다 노동을 삶의 수단이 아니라 궁극적 목표로 간주하거나 생산의 효율성으로 계산함으로써 자본주의 병리 문제를 더욱 심화시켰다.

그러면서도 오늘날의 문명과 문화의 수렴체는 단연 포스트모더니즘으로 귀결된다. 말하자면 문화의 다양성을 언급하면서도 서구 문화가 다른 문명의 총체보다 앞서고 있다는 것을 말한다. 아직 다른 문명은 분석조차 되지 못하고 있기 때문이다. 이는 전지구적이면서도 동시에 국지적인 하나의 문화로서 남아 있는 양식과 새로 부상하는 양식이 혼재하고 있다는 것을 의미한다. 포스트모더니즘은 근대성이 본래 가지고 있는 버그(bug)인가 아니면 근대성이 펼쳐지는 과정에서 침입한 바이러스(virus)인가는 두고 봐야 하겠지만 근대성에 문제가 있다는 것은 분명해졌다. 포스트모더니즘이 서구 문명의 한계에서 비롯되었고 근대성에 대한 비판으로 해체되고 있는 시점에서 '문명의 충돌' 혹은 '역사의 종언'과 같은 수사적 혼동 뒤에 숨어있는 것은 무엇인가 하는 것을 묻지 않을 수 없다. 이제 앞서 언급된 문명과 야만의 이중적으로 존재하는 21세기에 우리가 고민할 것은 야만을 회피하기 위한 노력뿐만 아니라 자본주의에서 기인하는 문명의 이면 즉 야만을 어떻게 떼어내는가 하는 것이다.

1. 굴레의 근원

1) 무지와 술수

역사적으로 인류는 유한한 가치를 두고 치열한 생존 경쟁을 해왔다. 인류사를 사회적 가치 분배사(分配史)라고 말할 수 있을 만큼 갈등과 대립 그리고 협조가 혼합되어 왔다. '어떻게 하면 가치를 공평하게 나눌 수 있을까'를 고민하기도 하고 동시에 이에 대한 불만이 교차하면서 분배를 둘러싼 가치 정립에 관한 그 시대를 이끄는 사고(思考)의 총체들이 접목되고자 하는 시도가 필수적으로 있었다. 우리는 이를 그 시대의 정신체계 혹은 신념을 이끄는 사고를, 즉 이념이라고 일컫는다. 매우 그럴듯하게 현혹하기도 하고 윽박지르기도 하면서 두려움과 막연한 설렘을 앞세우며 시대를 앞서가려는 시도도 있었다. 소위 획기적인 개혁 정신이 그것이다.

하지만 어느 시대를 막론하고 나타나는 이러한 것들은 무엇을 의미하는가, 공평한 분배가 이루어진 시대가 있는가, 그리고 앞으로 가능한 것인가? 인류는 끊임없이 이러한 주제를 가지고 사회적 제 가치에 투입되고 있는 정치적 사고를 시대에 접목하려고 한다. 그 일차적 몫은 국가이기 때문에 '국가란 무엇인가', '국가는 무엇을 하는가', '최선의 가치 분배에 관한 최적의 것은 무엇인가', 그리고 지금의 것으로 이를 충족시킬 수 있는가 하는 것을 고민하였다.

가령 왕권신수설, 절대주의, 계몽주의, 사회계약설, 마르크스 주의, 무정부주의, 민족주의, 보수주의, 자유주의, 민주주의, 사회주의 그리고 자본주의의 한계를 재조명하는 포스트모더니즘 등이 앞선 이념들의 대표적인 것들이다. 이들은 인류가 가지고 있는 과제를 해결하는 것이 얼마나 어려운 일인가를 역설적으로 보여주고 있다. 게다가 인류의 모든 문제를 풀어줄 수 있을 것 같았던 근대성(modernity)은 근대의 병리적 현상으로 피로를 느끼고 있다. 예컨대 오늘날 후기의(post)의 개념이 불분명한 채 논의되고 있음에도 불구하고 유행처럼 번지고 있는 포스트모더니즘이 그것이다. 포스트모더니즘의 논제가 무엇이냐에 따라 이견이 있을 수 있지만[36] 여전히 사회적 제 가치를 둘러싼 인류의 과제를 어떻게 해결할 것인가 하는 고민에서 벗어나지 못하고 있다. 이는 분명 대량생산 그리고 소비사회를 맞고 있는 서구의 문제만은 아니다. 그렇다고 후기 자본주의를 서구의 문화적 제국주의의 것만으로 간주할 수 없다. 질책 못지않게 중요한 것은 지난 세기를 주도하였던 발전 법칙에 대한 반발과 새로운 실천 논리를 모색하는 것이다. 그것을 통해서 현재의 우리 문제를 풀어가는 데 포스트모더니즘을 논의하는 그 함의가 무엇인가를 모색할 필요가 있다. 왜 모더니즘이 화두가 되어 심판대에 오르게 된 것인가?

이러한 논의가 관심을 채 확산하기도 전, 천년 벽두 인류는 카오스(chaos)를 목도하였다. 세계를 전선 없는 전쟁터로 만들어 버린 무지(無知)와 평화를 위해 전쟁도 불사한다는 자아도취적 술수(術數)의 만용 9·11테러와 아프가니스탄 보복이 그것이다.[37] 어쩌면 저것이 모더니즘과 포스트모더니즘 사이에 있는 인류 문명사회의 변이(變異)가 아닌가 하는 의심을 지울 수 없다. 게다가 여기에는 근대성과 함께 논의되던 어휘, 언어, 이념, 그리고 각종 표현으로 특정의 목적을 담아내려는 무수한 담론들이 밀착되어 있다. 그러한 것들 중에서는 자유가 단연 돋보인다.

근대 이후 자유의 발견과 획득은 인류 사회를 역사의 어느 시기보다도 더 많이 그리고 발전시켰기 때문이다. 하지만 포퍼(Karl Popper)가 말했듯이 20세기는 야만적 전쟁, 전체주의 실험, 인권 유린 등으로 점철된 역사의 실험기였다고 할 만큼 후진되어 있었음을 시인해야 한다. 굳이 이러한 경우를 나열하지 않아도 영화 〈브레이브 하트(Brave Heart 1996)〉, 동학혁명, 문화혁명, 명치유신에서와 같이 자유와 평등을 외치며 죽어 가는 선각자들은 우리가 바라는 지도자의 모습이다.

오늘날에도 여전히 이러한 걱정은 지워지지 않고 있는 것이다. 어느 면에서는 오늘날보다 지난 날의 사회가 좀더 문명적이었다고 해야 할 정도로 신자유주의가 민주주의와 인권을 강력하게 침해한다는 비난을 받고 있다. 국내총생산(GDP)에 대한 지출이 경제협력개발기구(OECD) 국가들은 증가했지만 가난한 나라들은 감소하거나 정체 상태다. 이제 이런 경험으로부터 교훈을 추출해야 한다. 그 교훈은 굶주리고 헐벗은 이들에게 의식주를 해결하는 것으로 문제는 해결되지 않는다. 그들이 원조를 받되 그 원조를 바탕으로 경제 재건의 기반을 제공하는 것이 더 값질 수 있다. 여기에는 제3세계도 가져야 할 국가적 위엄도 포함된다. 하지만 제3세계는 이러한 국가적 위엄을 발휘할 수 없을 뿐만 아니라 어떤 면에서는 차단되어 있다. 그러한 차단에 사용되는 메커니즘은 사회적 제 가치를 둘러싸고 발생되는 이념이 술수적으로 적용되는 데 있다.

근세에 들어서 선조들의 희생으로 태동된 자유와 평등. 그러나 필요에 의해 만들어낸 국가는 지배의 정당화라는 이름으로 스스로 자유와 평등을 가두어 버리곤 했다. 그 가둠은 자유인 스스로 국가를 만들어낸 다음 국가를 운영할 수 있는 장치를 국가에게 주어버

림으로써 국가를 구성하는 대다수의 구성원들은 국가의 볼모가 되었던 것이다. 한 국가 내에서 자유와 민주가 같이 있지 못하는 현상들이 통제되지 못하고 있는 것이 단적인 예이다. 예컨대 나치, 파시스트, 그리고 일제는 국가가 해서는 안 될 일들만 골라했다. 과거의 것만으로 치부할 수 없는 이 같은 현상은 지금까지 순환하고 있다. 독재와 반민주가 그것이다. 그러면서 이런 이유에서 국가권력을 통제하고 견제해야 한다고 말하곤 한다. 그리고 국민들이 국가 권력을 제한할 수 있어야 하고 국가의 폭력적이고 비인도적인 행동도 견제할 수 있어야 한다고 말한다. 다수의 국민이 참여하는 것 즉 민주주의를 실천해야 한다는 것이다. 우리는 이를 알면서도 실천에 옮길 수 있는 용기를 가지고 있지 않다. 비단 이러한 현상은 국내 사회에만 적용되는 것은 아니다. 왜냐하면 국제사회 역시 모여 산다는 사회적 개념이 적용되기 때문이다. 따라서 일방적 국력 사용과 반사회적이고 반민주적 행위 역시 국제사회에서 소멸되어야 할 사안이다.

그럼에도 불구하고 국제사회를 미개척의 자연 상태로 규정하고 말 타고 달려 깃발을 세워 땅따먹기 하는 정도로 간주하는 '정치적 사고와 학문적 술수'가 난동 부리는 것을 자연스러운 것으로 돌리는 데는 이념을 술수로 이용하며 맹신하는 세력들이 존재하기 때문이다. 단지 존재하는 것이 아니라 엄청난 영향력을 행사하며 다수를 죽음에 그리고 때로는 희생을 강요한다. 그리고 그 방법은 크게 전쟁과 경쟁이었다. 너 아니면 나. 이 이외에는 없다. 승리와 속박 둘 중의 하나라는 이분법적 단순 논리가 중세 종교적 속박으로부터 얻은 자유를 '자유인은 모든 행위를 할 수 있는 것'으로 잘못 인식하고 있는 탓이다.

　예를 들어 인류를 파멸로 치닫게 할 수 있는 핵무기나 다른 대량 살상 무기의 위험성은 더욱 증대하고 있고, 환경에 대한 경고가 있음에도 불구하고 이를 무시하는 행위들이 그것이다. 핵무기는 그 대표적이다. 탈냉전 시대 코소보의 폭격이 핵 확산의 위험성을 증가시킨 데다 미국이 핵무기 확산 금지 조약에 서명하기를 거부한 것은 인류 파멸의 위험성을 더욱 높였으며 환경 파괴 역시 인류 파멸의 수준에 이르렀고 지금도 그런 방향으로 치닫고 있다. 이러한 국제현상이 안타까운 것은 모든 사회는 혼자 사는 것이 아니며 누구나 내가 누리는 자유만큼 다른 이들도 자유를 누릴 수 있는 권리가 있는 곳으로 남을 배려해야 살아갈 수 있는 곳이라는 것을 인식하지 못한 채 외면하고 있다는 데 있다.

　그중 가장 급박한 문제는 전세계에서 엄청난 인구가 기아에 허덕이고 있다는 것이다. 빈부 격차의 심화이다. 빈(貧)의 문제는 노동자 자신의 노동을 아껴 생기지만은 않는 데서 문제가 심화된다. 게다가 이를 합리화하려는 술수들이 이념이라는 이름으로 생겨나고 있는 것도 문제다. 오늘날 신자유주의의 폐단은 이를 말해주고 있다. 지난 2-3백 년 동안 개인, 사회 세력, 그리고 국가는 권력과 부와 같은 사회적 제 가치를 소수에게 집중시키는 행위(개인적 행위, 사회적 행위, 그리고 국가적 외교정책)에 의해 분배되어 있다.

　경쟁에서 살아남을 방법과 법칙을 터득한 이들만이 번영을 구가하고 나머지는 경쟁의 패자가 되어 승자의 들러리로 살아가게 된다. 극도의 격차는 극도의 행위로 표출되기 마련이다. 극도의 행위가 극단으로 나타나는 결과는 참혹하며 때로는 스스로를 자박하는 우를 초래한다. 지난 2-3백 년 동안 자유 시장 법칙은 인류 사회에 가히 혁명적이었다. 하지만 산업혁명 이후 겪었던 자본주의 폐단은

몇몇 국내외적으로 경제적 영향력을 행사하는 경제 세력가들만을
위한 것으로 보일 정도로 사회적 가치 분배를 위한 장치들을 조정
하고 있다. 이 같은 폐단은 시장의 자기 조정 법칙이 독점과 가격의
완전 자유화와 밀착하고 있기 때문이다. 신뢰와 정직을 기반으로
성립될 수 있는 시장의 가치 분배를 위한 역할을 다 하기 위해서는
균형적 분배가 되어야 한다.

　1997년 프랑스의 세계적 석학 에드가 모랭은 20세기를 환멸의
세기라고 언급한 적이 있다. 그에 따르면 세계화가 익명의 형태로
무자비하게 지역 경제와 문화를 파괴하고 각 나라마다 수백만 명의
실업자를 만들어내고 있다고 보았다. 그 원인은 자유 시장 법칙이
문명을 파괴할 우려가 있다고 보고 이를 막기 위해 각국간 협동과
참여 및 상호 이해를 바탕으로 한 '국제적인 경제 안보 기구가 필요
하다'고 역설했다. 미국이 주축이 된 세계은행과 국제통화기금은
그런 역할을 하지 못하고 있다는 것이다. 그의 예측은 빗나가지 않
았다. 그해 동아시아 금융위기는 이를 증명한다. 게다가 IMF 금융
구제를 졸업했음에도 불구하고 여전히 세계화에 대한 개념파악은
쉽지 않다. 다만 국경을 넘나드는 기업의 자유로운 진출과 자본의
세계화를 제외하고는 세계화를 생각할 수 없다. 국제금융이 급속히
부상된 데는 시기적으로 1970년대 이후 세계 교역청정의 확대 및
다국적기업의 활동 등으로 무역회사, 다국적 기업, 대자본기업의
활동으로 소득 및 부가 급속히 증가되었다.

　이러한 활동이 가능하였던 데는 소위 정부 역할의 축소와 각종
규제 철폐 하에 기업의 이윤 추구 활동을 허용함으로써 부의 급속
한 형성을 초래한 것이다. 1980~1990년대에는 세계적으로 은행의
여신확대, 기업합병(M&A), 주식시장의 호황 등이 부유층의 부를

증대시키는 데 크게 기여했다. 1980년대 후반부터 본격적으로 시작된 세계 금융 시장의 개방과 각종 투기성 금융상품의 개발에 힘입어 투자 기회가 확대된 것이다. 하지만 이러한 국제금융을 순기능적으로 활동할 수 있게 하는 국제 금융 시장 제어장치가 마련되지 못했다는 것은 90년대 발생된 금융위기의 원인 중의 하나인 부의 극단적인 편중과 자본의 순환 경화(硬化)를 초래할 수 있다. 결국 이 같은 자본주의 경제 체제의 속성은 그 자체가 지니는 피할 수 없는 속성이다.

80년대 중반 이후 1조 달러가 넘는 헤지펀드 등 국제 투기성 자본은 세계 금융 자유화의 흐름을 타고 국경을 넘나들면서 국제 금융 시장을 매우 불안정하게 만들었다. 1996년 멕시코 금융위기, 1997년 동아시아 금융위기 등은 결코 이와 무관하지 않다. 이런 이유에서 한국과 같이 IMF의 권고와 요구 조건을 충실하게 수용하여 IMF를 극복한 나라가 있는가 하면 몇몇 동남아 국가들은 대중요법적 조치를 취하기도 했다. 예컨대 1997년 9월 3일 말레이시아는 204억 달러 상당의 자금을 조성, 주식을 사들이겠다고 발표했다. 즉 외국인의 주식은 시가로, 내국인의 것은 일정금액을 붙여 사들이겠다는 다분히 감정적인 조치이다. 인도네시아 역시 투기를 국가전복죄로 간주하고 선물거래의 규제를 추진하였다.

지금까지도 동아시아 금융위기 발생 원인에 관한 논쟁은 그치지 않고 있지만 소위 세계화라는 것과 얽히고 설켜 있다.[38] 그러나 위와 같이 자본의 국제적 흐름으로 세계화를 정의하기는 매우 어렵지만 경제적 이익 획득과 생산 측면에서 바라보면 세계화는 간단히 기술된다. 외국으로부터 노동자의 국내 유입 혹은 자본 시장의 개방은 외국과 내국을 연계시키는 국제적 교각이 된다. 국적에 관계

없이 투자, 고용 소득효과를 창출한다는 순기능적 역할에도 불구하고 대부분의 개도국의 산업 구조에서 이러한 교각은 역기능적인 경향이 현저하다. 즉 외국 자본 유입과 외국 기업의 투자로 인해 국내 산업이 위축되는 것은 물론 각종 규제 등 세계 표준화에 익숙하지 않기 때문이다. 사실 이에 관한 논의는 귀머거리와의 대화이다. 어느 주장이 옳은가라는 규정적 결론을 내리기에는 많은 논쟁과 시간이 요구되기 때문이다. 환언하면 세계화를 국내와 국외의 연계에서 구한다면 세계화에 관해 규정적으로 정의를 내리기는 어렵다.

하지만, 그에 따른 문제의 지적은 어렵지 않다. 투자와 자본의 유입은 국내 산업에 도움되기를 바라지만 대체로 선진국들이 오히려 그들이 주장하는 바와 다른 행동을 한다. 1997년 대우가 프랑스의 '톰슨'을, 삼성이 독일의 '포르세'를 인수하려 했을 때 프랑스와 독일은 자국민 여론을 일으켜 이를 무산시켰다. 미국에서 이 같은 일은 쉽지 않을 뿐만 아니라 일정한 자격을 갖추지 않으면 미국의 관광여행 비자 받기도 수월하지 않다. 자유주의 시장경제의 기수처럼 행동하는 선진국들이 보여주는 '차별과 규제'에 의한 보호무역주의를 취하고 있는 사실을 주목할 필요가 있다. '이것은 안 되고 요 것만 된다'는 식의 자기편의적 사고가 지배하는 세계화는 정착되기 어려운 것이 아니라 이루어져서는 안 된다.

세계화는 분명 획일화가 아닌 각 지역의 다양성이 유지되는 것을 포함해야 하기 때문이다. 현대사회의 다양성과 복잡화로 인해 각 개인들의 이해와 요구도 그만큼 다양하고 복잡하다는 것을 의미할 뿐만 아니라 해결 방법도 다양할 수밖에 없다는 것을 의미한다. 따라서 급격히 다가온 세계 경제의 냉혹함으로 인한 충격을 완화시킬 수 있는 장치를 마련하여 경제의 개별 주체에게 새로운 의식을 가져다 줄 시간적 보상이 더 필요하다. 왜냐하면 세계화로 인한 위기 속에 각국의 빈자들의 생활 불안과 반감은 세계화를 획일화로 간주하여 긍정적 세계화의 출현까지 막을 수 있음을 시사한다.

1997년 12월 한국에서 신자유주의를 등에 업은 경쟁의 원리가 무엇인가 여실히 나타났다. IMF의 조건 즉 적자생존이 적용되는 순간이었다. 그리고 많은 이들이 죽거나 길거리로 쏟아졌다. 자유와 경쟁. 누구든 자유를 가지고 있으며 자신의 몫은 자신이 능력 껏 획득한다는 신자유주의 담론은 거칠 것 없는 오늘날의 주의(To-day's ism)를 대표하고 있었다. 동정과 측은, 그리고 윤리 도덕 등 과거의 연원은 문제될 수 없었다. 그렇기 때문에 시장의 경쟁 원리의 한계가 빈자들에게만 선택적으로 적용되고 부자들은 공적 자금의 지원으로 이러한 비용과 위험부담을 사회로 이전하여 해소한다.

국제사회에서 이러한 기능은 IMF와 국제통화기금의 금융기관이 맡고 있다. IMF 금융지원을 졸업한 한국의 경제는 매우 빠른 속도로 회복되고 있지만 한국의 많은 자본은 한국의 것만이 아니다(주식의 30%, 금융, 기업, 서비스업 등이 외국인의 것으로 매매). 수십년 동안 노동자들의 피와 땀으로 이룩한 기업과 재산이 헐값으로 팔리다시피 외국 자본가들에게 넘겨졌다. 노동자들은 구조조정의 대상뿐만 아니라 보상의 적용 대상임에도 불구하고 그 동안 한국 경제 기반을 지탱해온 노동자들에게 해고 통지라는 면죄부를 발행했다.

구조조정은 경제의 체질 강화이다. 그러므로 사용자와 노동자가 동등하게 어려움을 극복하고 경제활동의 이익을 분배해야 함에도 불구하고 노동자들은 구조조정의 혜택을 입지 못하고 국제 투자가들이 구제되는 아이러니가 발생했다. 그러면서도 구조조정의 사회적 비용 즉 후유증은 국민 모두가 맡게 되었다. 각국이 자유무역을 내세우면서도 자국의 이익을 위해 시장 규제를 강화하는 모순된 모습을 보이고 있다.

WTO의 뉴라운드 출현으로 세계는 더욱더 신자유주의 기치를 휘날리게 될 것이다. 그러나 이에 대한 반란도 있게 될 것임을 주지해야 할 것이다. 과거의 바나나 공화국들이 그랬듯 신자유주의가 활개를 치는 동시에 이로 인해 민중의 열망이 무참하게 밟히며 고통받는 곳이 있다. 아직도 자본주의의 주요 산물인 고난과 죽음을 수입하는 절망과 참상이 계속될 것이라는 불만과 불평이 어떤 식으로든 폭발할 수 있다. 이제 이를 막을 작업도 아울러 요청된다. 이제 인류는 정도(正道)를 향해 갈 수 있는 길을 제시하며 테러와 무력 사용의 윤리를 역설할 수 있는 지식인들이 절실하게 되었다.

2) 피상과 본질

나이가 많다고 아는 것이 많다고 말할 수 없고 국토가 넓다고 살기 좋은 곳이 많다고 말할 수 없는 것처럼 과학 기술이 편리한 물건을 많이 만들어 낸다고 고도의 문명 속에 산다고 말할 수 없을 것이다. 즉 과학이 발달했다고 문명이 발전했고 유적이 많다고 훌륭한 유산이라고 볼 수 없다. 그래서 오늘을 살면서 '어떻게 하면 편리하게 살 수 있을까'를 많이 고민하고 이를 사회에 적용하는 속도와 시간이 짧아졌다 해서 문명사회이고 그렇지 못하다 해서 '문명사회가 아니다'라고 말할 수는 없다.

문화는 특정 지역에 사는 이들이 직·간접적으로 경험한 사실을 기록과 구전을 통해 축적해온 경험의 산물이다. 이 경험의 산물은 사회를 이루며 살아가는 구성원들이 자연스럽게 수용할 수 있는 부분들만이 걸러져 남은, 자연과의 조화를 위한 인위적 노력이다. 타잔이 사는 밀림에서의 효과적인 교통수단은 줄을 이용해 나무에 매달린 채 옮겨 다니는 것이다. 이것이 코스코폴리탄 도시에서 건물과 건물 사이를 오갈 수 없는 것처럼, 밀림에서 자동차는 효과적인 교통수단이 되지 못한다. 그리고 아파트가 인류의 주거 문화를 변화시켰고 매우 유용하게 이용되고 있지만 사막에 사는 이들에게는 다르다. 70년대 많은 중동국가들이 사막에 시멘트로 된 아파트를 지었는데 그곳은 금세 동물들의 우리가 되었다. 더운 곳에서는 천막이나 땅속을 파서 집을 짓는 것이 효과적이기 때문이다. 즉 천막집이나 이글루(igloo) 같은 얼음 조각에서 사는 것이 익숙한 이들이 아파트에 사는 이들에게 천막이나 이글루에서 살라고 한다면 아파트에 익숙한 이들이 세상이 끝나는 마냥 절대적 거부 반응을 일으킬 것이다. 이렇듯 문화는 다양성을 전제로 한다. 그럼에도 각기 자기가 익숙한 것만을 제시하곤 한다. 자기가 익숙하고 아는 것만이 최고라는 오만이다. 사람들은 자신들이 사는 곳, 아는 것, 그리고 존재하고 그 자체에 익숙하기 때문에 다른 이들도 그렇게 살고 알며 존재할 것이라는 편견에서 벗어나지 못한다면 오늘날 삶의 편리함이 과거보다 나아졌다고 문명이 발달한 것은 아닐 것이다.

　그렇다면 인류에게 문명은 진정 무엇인가? 많은 정의 중에는 문화를 광의적으로 혹은 협의적으로 구분하여 문화를 문명과 협의의 문화로 분류하지만 문명은 사회적 제 가치를 나누는 인류의 경험적 그리고 제도적 산물로 규정될 수 있다. 정신적 가치보다 물질적 가치가 더 중시되는 분배의 개념에 기초하고 있지만 오늘날 이와 같은 수단은 각기 분야에서 존재하고 있다. 최고 의사 결정자가 되기 위해 서로 다툴 경우 야만은 '힘'에 의존하지만 문명은 '약속'에 의존한다. 오늘날 정치의 '선거', 법률의 '공정', 경제의 '시장' 등이 이에 해당한다. 이러한 사회적 약속인 법률, 규범, 규율 등이 일관성 있게 유지될 때 사회는 질서가 유지되고 인류는 평화 속에 공존하게 된다.

하지만 이러한 약속이 지켜진다고 하더라도 불완전함은 남는다. 인간은 사후에 대한 불안감과 사회에 대한 불신을 해결할 수 있는 수단으로 종교를 선택하게 된다. 정신적 가치를 모색하는 것이다. 스스로를 불완전한 존재로 간주하고 완전함으로 다가가기 위해서가 아니라 신의 품에서 안위를 찾는 것이다. 물론 이 같은 기술이 문명과 종교를 다 말했다고 할 수 없다. 왜냐하면 오늘날에는 다양한 문명과 종교가 존재하기 때문이다. 말하자면 모든 문명과 종교가 위의 기준에 모두 맞는가 하는 것 때문이다. 사실 모두 그렇다. 모든 문명권의 법과 종교의 교리를 보면 모든 이들의, 모든 이에 의한 그리고 모든 이를 위한 것이라고 쓰여 있다. 그런데 왜 인류사는 갈등으로 점철되어 있는가?

문명과 종교로 행해지는 모든 공통분모는 불완전한 인간임을 누구도 부정할 수 없다. 이러한 불완전함으로 인해 인간은 이를 메워줄 어떠한 것이 필요하다. 그 불완전함은 '과학기술'로 때로는 '신의 이름'으로 메우려고 하였다. 그렇다면 과학과 종교가 인간의 불완전함을 채울 수 있을까? 그리고 완전하게 되어서 무엇을 하겠다는 것인가? 내가 불완전하다면 우주 만물의 모든 것이 불완전해야 된다. 왜냐하면 인간 이외의 다른 피조물들 역시 그렇게 생각할 수 있기 때문이다. 그러면 이 세상에는 완전한 것도 없게 된다. 어쩌면 우주 전체가 하나의 완성품이고 그 속에 속해 있는 갖가지 피조물들은 그 부속일지 모른다. 우주라는 작품을 완성하기 위해 만들어진 피조물이라면 인간은 그 일부가 된다. 마치 가구의 나사일 수 있다. 가구에서 나사는 나사의 역할을 하면 된다. 나사가 문이 될 수는 없다. 나사가 문이 되려 한다면 나사는 불완전한 존재로 전락하게 된다. 이러한 관점에서 보면 자신을 자연의 일부로서 간주하면 불완전할 것도 없다. 인간이 자연의 일부라면 완전하지만 그 이외의 역할을 하려 한다면 불완전한 존재가 된다. 이 불완전함을 메우기 위해 종교를 선택한다면 완전함을 추구하는 존재가 되어야 한다. 그러나 완전함은 신의 몫이다. 그래서 인간들은 이를 막기 위해 신의 대리를 통해 자연의 원리와 신의 말씀에 따른다. 인간이 원리와 말씀에 충실하는 것은 자연의 일부가 되어 자연의 다른 구성원들과의 공존과 공생을 위한 수단이다. 즉 우주에 산재해 있는 모든 피조물이 각자의 역할에 충실할 때 우주의 질서는 조화롭게 된다. 이것이 신의 뜻이다.

　그러나 여기서 간과해서는 안 될 것이, 신의 말씀은 조화의 수단이지 궁극적인 목적이 아니다. 그래서 인간이 종교를 선택했다 해서 신이 추구하는 궁극적 목적에 충실했다고 볼 수 없으며 그 말씀을 따르는 것만으로 자연의 일부를 다하는 것으로 간주될 수 없다. 종교의 선택 역시 자연의 조화를 위한 일부라는 것을 되새겨야 한다. 인간은 이를 오용하거나 곡해할 때 신의 말씀과 가르침은 종교의 이름으로 훼손되는 일이 종종 있다. 이는 종교의 안과 밖이 구별되지 못하는 데서 온다. 즉 자연 조화라는 종교의 안을 보지 못하면 자연적 현상에서 시작된 두려움이 사회적으로 적용되어 종교의 밖에서 종교를 피상적으로 보아 때로는 신을 거스르는 재앙을 몰고 오는 것이다. 내 역할이 중요하다고 다른 이의 역할을 간과하거나 내 역할을 중심으로 다른 피조물을 보려 하기 때문이다.

이로 인해 종교의 한계가 드러나기도 한다. 종교를 매개로 하는 권력과 부의 획득과 축적 그리고 이교도의 제거 등이 그것이다. 종교의 안은 보이지 않는 곳에서 이를 실천하는 분들이 있다. 주위를 살펴보라. 그러나 종교의 밖은 다르다. 종교를 오용하고 왜곡하고 있다는 사실조차 모른다. 여기에 더 무서운 것은 지식을 가장한 술수가 더해지면 걷잡을 수 없는 엄청난 결과를 초래한다는 것이다.

역사를 되돌아보면 이런 것들을 종종 볼 수 있다. 비이슬람권 사람들 특히 종교인들은 아프가니스탄이 이단의 문화권이라는 것을 알면서 그곳에 이교를 전파하려고 한다. 말하자면 먹을 것 앞에는 모시는 신(神)이 안 보일 것이라는 것이다. 내가 먹을 것을 줄 테니 네가 믿는 것을 버리고 내가 믿는 것을 믿으라는 것 아닌가? 그것 자체가 잘못된 것은 아닐 것이다. 문제는 정신(精神)을 앞세우는 이들이 그들의 목표를 위해 교리보다 다른 것을 미끼(물질)로 사용한다는 것이 왠지 눈살을 찌푸리게 하는 것이다. 둘러보면 세계의 오지라는 곳에서 선교의 이름으로 행해지는 많은 교리 전파가 이를 사용한다. 밥 줄 터이니 나의 신을 믿으라는 것이다. 그렇게 하면 그들이 가지고 있는 문제가 해결되는가?

수천 년 동안 문명과 종교는 존재했다. 하지만 문명에 대한 불만은 계속되고 있다. 그래도 계속되어야 한다면 한번 따져보자. 인류가 역사라는 것을 시작했을 때부터, 아니 그 이전부터 이러한 것들을 고민했을 것인데 지금도 고민하는 것은 무엇 때문인가? 지식이 모자라서인가? 결코 아니다. 문명과 종교는 필요에 따라 변화해왔다. 지금도 사회와 접목될 수 있다면 얼마든지 많은 문명과 종교는 탄생될 수 있다. 소위 인류의 삶의 총체인 문명과 종교가 맡은 바역할이 변질될 때 이상 기류가 흐르고 평화 대신 갈등, 질서보다 혼란이 뒤따른다. 인식의 혼돈(chaos)이다. 이 인식의 혼돈이 사회에 접목될 때 지식의 이름을 빌어 등장하는 편견과 술수가 꼭 따른다. 그 속에는 맹신도 한몫 한다. 어쩌면 그것을 최대의 혹은 최선의 것으로 간직하는 우직함보다 미련함이 크게 작용하는 탓이다. 예를 들어보자.

열 살 미만의 큰아이와 기어다니는 작은아이의 엄마가 시장에 가면서 큰애에게 작은아이를 잘 보고 있으라고 말했다. 그리고 큰아이는 그러겠다고 대답했다. 그리고 큰아이는 엄마에게 심부름 값으로 동생 보는 데 대한 선물도 부탁했다. 엄마는 이를 약속하고 시장을 보러 갔다. 잠시 후 집에 돌아온 아이 엄마는 기절초풍을 했다. 작은애는 기어다니다 엎어지고 굴러 떨어져 울고 있었고 상처까지 나 있었다. 그런데도 큰아이는 아이를 그저 보고만 있었다. 보라고 하니 그저 보기만 했던 것이다.

누구의 잘못인가? 신은 모든 것을 말씀하실 수 없고 법이 모든 것을 담을 수 없는 것처럼 애 엄마도 아이 돌보는 것에 관해 모든 것을 이야기할 수 없다. 만약 엄마가 "엄마가 시장에서 돌아올 때까지 동생이 다치지 않게 (구체적으로) 울면 안아주거나, 칭얼대면 엎어주고, 잠이 들려하면 얼러주고 이불을 덮어주어라……." 했으면 큰아이는 아이를 잘 돌보았을지 모른다. 하지만 일일이 다 설명하려면 아이 돌보기 설명서(a manual)를 주거나 아니면 데리고 가는 편이 나을 것이다. 그렇다고 아이에 관한 모든 것을 기록할 수는 없다. 만약 큰아이에게 '어떻게 하면 동생이 다치지 않고 잘 놀 수 있을지를 생각해서 돌봐라' 라고 말했으면 그저 바라만 보는 단순함은 피했을 것이다. 일부만 제시한 것을 마치 신주단지처럼 맹신하는 데 문제가 생긴 것이다.

시대와 환경에 따라 적용(법의 기준과 종교의 포교 방법)이 달라질 수 있지만 본질은 변하지 않는다. 그럼에도 불구하고 피상과 본질을 혼돈함으로써 행위의 혼란을 야기한 것이다. 누구나 알고 있듯 신의 계시나 모든 법이 만능이 아니다. 말씀의 취지나 본질은 사랑 그리고 사회적 약속의 질서이다. 모두 더불어 사는 방법을 고지시키고 있다. 그런데 무지하고 몽매한 이들은 이를 곧이곧대로 실천한다. 게다가 더 큰 문제는 모르는 자는 본질을 모르는 채 맹신하고, 아는 자는 본질을 외면한 채 약삭빠르게 악용한다는 것이다. 우리가 염려하는 것이 바로 이 맹목적 숭배이다. '자기가 믿는 것, 자기가 아는 것, 자기가 가진 것, 자기가 하는 것'만이 최고이고 제일이라는 사고가 극단적이고 맹목적으로 흐른다는 것이다. 박제(剝製)된 사고이다. 어떤 유용 가치가 없으면 없는 것만 못한 사고방식이다. 오늘날 문명과 종교가 없다고 이야기하고자 하는 것은 아니다. 제 역할을 못한다고 핀잔을 주고자 하는 것도 아니다. 문명과 종교가 제 역할을 하고 싶어도 이를 원용하지 못하는 박제된 사고를 비난하고자 하는 것이다.

오늘날 세계가 주목하는 테러와의 전쟁은 바로 이 같은 맥락에 있다. 미국은 미국식 사고방식에 따라 이슬람은 이슬람 율법에 따라 자신의 것을 앞세우고 있다. 이슬람은 미국과의 다툼을 지하드(성전)로 보고 미국은 일부 과격한 이슬람 교도들과의 다툼을 테러와의 전쟁으로 규정하고 있다. 부시 대통령은 이를 십자군 전쟁으로 비유하고자 하기도 했으나 급히 취소하는 소동을 벌이기도 했다. 종교 전쟁으로 비유되는 것이 싫었던 모양이다. 그럴 경우 미국은 전 이슬람과 싸워야 하는 부담을 지게 되기 때문이다. 그래도 미국은 아프가니스탄의 항복만 받아내면 이기는 것으로 간주할 것이다. 늘 그래왔기 때문이다. 모든 경쟁에서 미국은 승리했고 그 승리에 대한 대가는 반드시 취했다. 왜냐하면 미국이 힘이 세기 때문에 이기는 것은 당연하고 이기면 그 전리품을 챙기는 것은 자명한 것이다. 즉 이러한 사고는 H이온 2개와 O이온 1개가 합해지면 H_2O라는 물이 생성되는 것과 같다. 이러한 사고에 다른 것이 개입되면 불순물이 생기게 된다. 어떤 것도 개입될 수 없다. 이런 맥락에서 미국이 이기면 패자는 패한 대가를 치러야 한다. 미국은 이러한 사고에 충실했다. 경쟁력을 갖추면 발전하고 지금보다 더 나은 발전을 위해서 상대적인 발전이라도 거두어야 한다. 그러므로 패자를 돌봐야 한다면 발전은 없다. 그러면 이긴다는 것이 퇴색하거나 무색할 수 있기 때문이다. 그래서 발전은 승자의 유산이고 승자는 그만한 대우를 받는 것이 당연한 것으로 간주되는 것이다. 때에 따라서는 승자의 걸음이 거만하고 오만함으로 비춰져 다른 이들에게 혐오감을 줄지라도 승자는 그래도 된다는 사고가 정당화되었던 것이다.

이러한 사고를 가진 이들과 그렇지 못한 이들이 아프가니스탄에서 싸움을 하고 있다. 누구의 잘못이라고 할 수 없다. 이번 전쟁이 특이한 점 중의 하나는 이슬람은 종교를 기반으로 하고 있는 반면, 사상적 기반에서 군사적 무장까지 미국은 철저하게 과학을 기반으로 하고 있다. 미군은 직업적 성격의 군인들로 구성되어 있는 반면 병농일치제적인 성격이 농후한 아프가니스탄군은 군인이라기보다는 하루하루를 연명하는 일상인들이다. 이슬람과 아프가니스탄의 국가와 민족을 지키는 데 나이가 불문이었던 것이다. 탈레반과 알 카이다 그리고 빈 라덴이 진정으로 항복하지 않는 한 최후의 일인까지 항쟁할지 모르는 비극이 자행되고 있다. 전투가 일상이고 죽음은 알라신에게 가는 순교라고 믿는 이들에게 죽음은 문제가 되지 않기 때문이다. 종교는 물질적 가치를 추구하는 한계가 정신적 가치로 환원하는 것이지만 이러한 정신적 가치추구는 공동의 것이 아니라 공동의 적으로 다가올 경우에 엄청난 재앙을 초래하기 때문이다.

9·11테러에서 확인하고 있듯이 모두를 위한 것이 아닌 특정 세력을 위해 정신적 가치의 본질에 이반되게 종교에 위선의 가면을 쓰고 패권과 무력사용을 위한 양자의 정통성에 합리성을 세워주고 있다. 만일 9·11테러와 아프가니스탄 보복공격을 특정 국가의 대결이 아닌 국제사회의 문제로 인식한다면 9·11테러와 아프가니스탄 보복공격에서 승자는 특정세력의 이익도모를 획책하려는 이들이며 그 희생자는 미국 국민과 아프가니스탄 주민을 포함해 오늘을 사는 세계 시민들이 된다.

향후 문제는 미국이 이러한 알 카이다의 종교 맹신을 알고 있으면서 무리하게 쫓고 있지는 않은가 하는 점이다. 새천년에 발생된 아프가니스탄 사태는 외형상 미국이 엄청난 달러를 사용해 자아 도취적 승리를 가지는 것으로 종결될 것이다. 하지만 진정으로 이들을 굴복시키지 않는 한 그리고 극단적 반미 세력을 완전히 제거하지 않는 한 또 다른 제2, 제3의 테러에 대한 공포는 두려움 속에 남아 있게 될 것이다. 이겨도 이기지 못하는 전쟁이 된다. 이것이 9·11테러의 원인을 라덴의 것 혹은 미국만의 것으로 돌릴 수 없는 이유이며 미국이 오만하여 벌이는 전쟁으로만 말할 수 없는 까닭이다. 결국 빈 라덴이 일으킨 9·11테러와 미국의 아프가니스탄 보복

공격은 자기 것에 대한 집착과 자기 믿음에 대한 맹신 즉 피상과 본
질을 구분하지 못한 무지와 이를 이용한 술수에서 비롯된 것이다.

3) 자기 괄호풀기

사람은 누구나 새와 같이 자신의 의지에 따라 자유로운 삶을 영
위하고자 한다. 하지만 새장에 갇혀 날고 싶어도 가끔 자기로부터
스스로를 얽어매고는 매우 두려워하고 짜증내며 초조해 한다. 새장
을 열어야 날 수 있다는 것을 알고 새장 문을 열려고 한다. 하지만
그 전에 발목에 묶인 자신을 미처 발견하지 못하고 끝내는 새장 속
의 새로 전락한다. 그리고 새장 밖의 자유보다 새장 안의 주어진 편
리함과 달콤함의 유혹에 안주해 버린다. 새로움에 대한 변화와 과
거의 음영 사이에서 날고자 하는 바람을 자기 괄호 치기와 바꿔버
린 것이다. 하지만 날고자 하는 미련은 때때로 그 시도 속에 허위와
과장, 선동과 주동 속에 혹은 많은 희생을 치르며 진실의 호소 속에
당위적 변화에 도달하기도 하였다. 그 변화 속에는 배제를 동반하
여 갈등과 마찰이 크게 작용하여 새 역사가 창조되기도 하였다. 인
류는 끊임없이 이러한 과정을 경험해왔다. 그리고 이러한 경험은
인류의 역사가 생성, 성장, 발전, 그리고 쇠망을 거듭하며 지구의
생명이 끝나는 50억만 년 동안 우주의 삼라만상의 흥망성쇠에 고착
될 것이다.

이런 과정 중에서 20세기는 정치, 경제, 사회, 문화 등 모든 분야
에 걸쳐 엄청난 진폭의 변화를 겪은 엄청난 격동의 시대였다. 과학
의 진전으로 기술의 발전이 세상을 급속히 변화시켰고, 여성은 가

사노동에서 해방돼 자신의 자아를 실현할 기회와 선택의 폭이 넓어 졌고, 인터넷과 같은 각종 제품의 발명으로 세계가 하나로 연결되는 양상이 전개되고 있다. 누구도 지난 세기 생활이 윤택하고 발전했다는 것을 부인하지 못한다. 그러나 인류는 아직도 해결해야 할 문제를 안고 있다. 첫째, 대립과 갈등의 구조와 환경을 제거하지 못했다. 핵무기 등 대량 살상의 위험은 존재한다. 둘째, 개발 이후를 예측하지 못하는 환경문제이다. 셋째, 경제적 분배로 인한 남북문제이다. 넷째, 권력의 횡포이다. 이 문제는 영원한 인류의 고민거리인가? 인류는 이러한 문제를 해결하기 위해 고민하고 타협하고 협상하며 타결을 보기도 했지만 서로를 상쇄하는 대립과 갈등의 수단으로 극단적이고 비인간적인 결과를 초래하기도 했다.

이러한 반성은 먼저 서방에서 시작되었다. 그리고 르네상스 이래 계몽시대를 거치고 현대 과학이 부상한 지금까지 개념적, 경제적, 산업적, 과학적으로 여타 문제에 주도적인 역할을 해왔다. 서방은 현대 정치 경제사에서도 가장 중요한 역할을 해왔으며 그것은 제국주의, 민족주의, 마르크스 주의, 자유주의, 자본주의, 전체주의에 이르기까지 한때를 풍미했던 이념들은 이를 대변한다. 이제 국경의 해체와 지역 통합에서의 이념적인 동인으로 간주되는 세계화에 있어서도 상황은 변화되지 않았다. 이제까지 신의 영역으로 간주되었던 탄생은 '복제인간' 으로 만들어 낼 수 있게 되었다. 이는 신과 인간 사이의 거리 개념이 없어졌다는 것을 말한다. 신의 영역까지 침범한 인간은 근본적인 변화를 초래할 수 있다. 왜냐하면 더이상 신의 통치를 정당화시키는 도덕적인 권위가 존재하지 않는 것을 의미하기 때문이다. 전적으로 독자적인 기준으로 인간 스스로 책임지는 세속적 도덕률에 의해 움직일 수밖에 없다. 하지만 공동을 매개로 하는 도덕이 취약할 때 인류가 겪었던 격동의 자취를 되돌아보자.

중세에서 근세로 들어오기 전 종교는 이러한 역할을 충실히 했다. 헬레니즘의 총체라고 할 수 있는 희랍의 신에서 그리고 히브리의 유일신에서 서방 문화와 정체성이 태동되고 그 핵심을 이뤄왔다. 그러나 이러한 역할은 종교 본래의 취지가 특정인을 위한 정치권력과 경제력으로 인해 도덕적 비난에 처하자 중세의 술수와 무지의 난무에서 벗어나기 위해 인류는 자유와 평등을 향해 저항했다. 합리적이고 설득력 있는 설명보다는 강요와 무조건적인 희생만을 요구하였기 때문에 신에 대한 불신은 더욱 가중되었다. 그래서 신이 말씀하신 것 중에서 필요한 것만 추리고 나머지는 외면했다.

결국 인간 본래 있던 자리인 자연에서 누리던 자유를 회복하고 싶었다. 모두가 공감할 수 있는 곳은 자연이었다. 자연에 대한 이러한 믿음은 1776년 미국의 독립선언과 1789년 불란서의 인간과 시민의 권리선언 등에 잘 나타나 있다. 당시 믿음의 다양함은 개인의 자유와 밀접했다. 개인은 남을 해하지 않는 범위 내에서 누구로부터 간섭받지 않을 권리를 가졌다. 소위 자연법사상이 그것이다.

그리고 1948년 인류는 유엔 인권선언으로 천부인권을 확고히 했다. 그리고 이 과정에서 '신'을 제거함으로써 가능하다는 믿음을 정착시키려는 시도도 있었다. 니체(Friedrich Nietzsche 1843~1900)는 『인간적인 너무나 인간적인(1878)』에서 우상을 부정하고 새로움을 추구하고 『짜라투스트라는 이렇게 말했다(1883~1885)』에서는 신의 죽음을 선언했다. 신을 죽여 인간 해방을 달성하려 했지만 신이 해왔던 수많은 작업을 도맡아 할 수단이 필요했다. 그래서 찾아낸 것이 과학과 이성이었다. 이들은 매우 유효했다. 이 둘만 있으면 모든 것을 해결할 수 있을 것으로 믿고 있었다기보다 아주 맹신하였다. 왜냐하면 해가 동쪽에서 뜨고 서쪽으로 지는 이유에 대해서 신은 대답하지 못했기 때문이다. 자연, 종교, 그리고 과학을 발견해낸 인류는 여전히 해결하지 못한 것을 안고 있었다. 그것은 내 자신의 것을 위한 것은 찾아냈지만 내 자신과 동일한 다른 이들의 몫을 외면하고 있었다. 그들이 있어 내 존재가 빛나고 있었다는 것을 회피하고 있었다. 인류사는 공존과 공생을 위한 기반으로써 '도덕'을 위해 엄청난 시간과 비용을 치렀던 것이다. 그럼에도 불구하고 아직도 이를 실현하려는 움직임은 다른 것에 의해 대체되고 있다.

19세기 이래 절대적인 도덕률이 인간 외적으로 우주에 존재한다는 서방의 믿음은 붕괴되기 시작했던 것이다. 서방의 사상가들은 기존의 도덕 구조를 대신할 이성에 의한 세속적인 도덕률을 만들어내었다. 서양에서 생활과 종교가 확산되어 있으나 종교적이라기보다는 세속화된 믿음이 더 강하였다. 돌이켜보면 시간과 역사밖에 존재하는 구원에 대한 믿음과 종교적 기대는 세속적인 정치와 과학적 유토피아로 대치되었다. 아무도 다음 세기, 새천년에 무슨 일이 일어나리라고 예언할 수 없다. 다만 해야 할 것과 해서는 안 될 것이 구분되지 못하는 이 시대 인간은 완전한 자유의지를 갖고 있으며 무엇을 선택하든 혼자만이 우주에서 철저한 자유를 갖고 있다는 우리 속에 갇힌 우리를 발견할 것이다.

예를 들어보자. 자본주의는 사회적 제 가치를 분배하는데 자유경쟁을 도입했다. 경쟁력 있는 사회 단위들의 노력 여하에 따라 살자는 생각이다. 이에 반해 공산주의는 특정 권위체에 의한 인위적인 계획 분배이다. 어떤 것이 사회를 이루며 사는 사회 구성원들에게 적절한가에 대한 논쟁은 끊이지 않고 있다. 다만 72년 동안 사회주의의 실험은 90년대 실패로 끝이 났다. 그렇다고 해서 돈이 말하는 자본주의가 공산주의 혹은 여러 사회주의 체제보다 우월하다고 결코 말할 수 없다. 사회주의가 자본주의 때문에 붕괴됐다고 볼 수 없기 때문이다. 자본주의의 존속은 사회주의의 붕괴와 별개이며 어떠한 이념도 사라질 수 있음을 보여준다. 다만 자본주의에 대해 분명히 말할 수 있는 것은 존속 가능성이 크다는 것이다. 시장은 어느 곳이 부족하고 어디가 남아도는지를 자동적으로 파악하고 빠르게 대처하는 경이로운 메커니즘을 갖고 있기 때문이다. 이른바 가격 즉 '시장의 보이지 않는 손' 은 수요 공급의 원리에 따라 경제 질서를 잡아준다. 그러나 시장은 메커니즘일 뿐 철학은 아니다. 시장은 벌어들이는 수입보다 비용이 더 많이 드는 상품이나, 받는 돈보다 서비스하는 데 비용이 더 드는 고객에게는 관심이 없다. 이는 자본주의의 존속할 수 있는 핵심 원리이기도 하지만 생산성과 효율성을 강조한 나머지 생산에 투입된 노동의 가치와 인간 존엄성을 상실한다는 인간 중심적이지 못하다는 비난을 면하기 어렵다. 이윤 극대화에 대한 지나친 집착과 추구로 인해 자본주의 초기의 형태를 보이고 있다.

소위 신자유주의가 그것이다. 신자유주의는 자본주의와 대립하고 있던 공산주의가 붕괴됨으로 힘을 얻고 있지만 사회주의가 그랬던 것처럼 진보에 대한 우리의 욕구를 채워주지는 못하고 있는 것도 사실이다. 지식 정보화 사회가 도래할 것이라는 것은 피터 드러커(Peter E. Drucker)는 『자본주의 이후의 사회(1993)』에서 그리고 앨빈 토플러(Albin Toffler)의 『제3의 물결(1980)』에서 그리고 경영의 귀재 잭 웰치(Jack Welch)의 『잭 웰치 끝없는 도전과 용기(2001)』에서 잘 나타나 있다. 지식 정보화 사회 도래의 지적과 이러한 것이 벅차게 다가오기 전에 대비해야 한다는 이러한 사고들은 우리가 미처 대비하기 전에 새로운 물결들이 다가올 것이라는 것을 말해주고 있다. 하지만 이들은 노동에 대한 가치를 언급할 만큼의 여지를 남기지 않고 있다. 서둘러 문제를 덮어두고 새로운 것을 향해 출발시킴으로써 과거의 문제를 외면하고 있다. 게다가 그 미래마저 모호한 희망만을 언급하고 미래에 대한 책임은 망각하고 있다.

말하자면 미래 사회에서 살아남기 위해서는 끊임없이 새로운 것을 만들어야 한다는 것이다. 기업의 가치를 이윤과 노동의 비중을 동등하게 두지 않기 때문에 발생하는 문제와 의도적으로 결부시키지 않았다는 인상을 준다. 이들의 지식과 정보는 새로운 정보의 고지뿐만 아니라 과거의 문제를 악화시키고 분노를 축적하고 있다. 기업에 대한 일체의 사회적 통제를 거부해 극단적인 무정부주의에 빠질 위험을 제거할 노력이 절실하게 되었다. 앤소니 기든스의 『제3의 길(1998)』은 현실적인 측면이 강하게 반영되어 있다. 그리고 이러한 사회적 가치의 분배와 생산 그리고 노동의 가치와 문제를 해결하고자 시도함으로써 이 문제를 덮어둘 수 없다는 것을 보여주었다.

하지만 제3이라는 것은 제1과 제2와 별개의 시각이 아니라 여전히 자본주의 입장에서 노동자의 입장을 측은하게 수용하려는 동정주의 정도다. 그럼에도 불구하고 그의 공헌은 효율성을 강조하다 보면 인간성이 상실되는 경우 이를 회복하기 위해 드는 비용과 노력이 얼마나 많이 요구되는지를 보여준다. 따라서 자본주의든 또다른 형태의 자본주의든 혹은 반자본주의든 노동이 생산의 수단이 되는 주의주의(主義主義)가 되는 것을 막아야 한다. 그 동안 자유가 자본주의를 이끌어 왔던 견인차 역할을 했다면 이제 평등도 같이 동반되는 복지 지향적 원리를 창조할 필요가 있다.

결국 앞서 언급한 요인들은 각박하게 존재하는 사회 내에서 인간의 역할이란 자기 함정에 갇힌 '고도의 지능 높은 동물'이 되고 있는 것이다. 융통성 있고 탄력 있게 대응할 수 있는 방법이 있음에도 불구하고 주어진 틀 속에 스스로 안주하고 있다. 사회는 나만 존재하는 것이 아닌 것처럼 자연은 인간만 존재하는 것이 아니라는 것을 알아야 한다. 따라서 나만을 집착하는 사고가 갈등과 마찰을 초래하고 9·11테러와 아프가니스탄 보복공격 그리고 이라크 공격과 같은 인류의 재화(災禍)를 초래한다. 분명 헌팅턴과 후쿠야마는 자유세계의 전체주의적 공산주의 승리 이후 탈냉전 시대 가장 중요한 것은 문화적 대치라 간주하면서 미국은 새로운 사회 통합을 위해 필요한 존재이라고 확신하고 있는 것처럼 보인다.

그렇다면 오늘날의 문명과 문화에 대한 불신과 저항을 어떻게 치유할 것인가? 소위 자유와 평등을 위한 시민사회(civil society)를 어떻게 구현할 것인가? 특정 사회에서뿐만 아니라 국제사회의 보편적 용어로 확산된 시민사회는 시민 사회 운동을 위한 지적 투쟁의 무기가 되고 있다. 최근 세계화(globalization)에 대한 결사적인 반대는 각 지역의 상황에 맞는 처방 요구와 동반하면서 자유와 평등을 위한 지적 투쟁으로써 번지고 있다. 예컨대 WTO 출범 이후 각종 라운드가 제대로 성립되지 못하는 것은 이와 깊은 연관이 있다. 하버마스(Jurgern Harbermas)의 흠잡을 데 없는 시민 사회(Zivilgesell-schaft)는 아닐지언정 이에 유사하거나 흉내낼 수 있는 것은 있어야 하지 않을까?

이제 우리가 해야 할 일은 이러한 갈등과 그 갈등으로 인한 새로

운 업보를 낳은 악순환을 가능하게 하는 요인들을 해체하는 것이
필요하다. 정체된 사고의 괄호 풀기(De-texting)가 그것이다. 왜 그
런가? 냉전이 끝나자 문명이 충돌한다거나 서구는 역사가 끝났다
고 서둘러 말하는 오류를 피하기 위해서다. 그리고 앞으로의 역사
는 미국 중심적 가치가 반영되는 미국주의 혹은 세계화와 함께 확
산되고 이어질 것으로 성급히 역설하는 것 등을 피해야 한다. 물론
역사란 관점에 따라 끝났을 수도 있고 지속될 수도 있지만 오늘날
서구 문명의 실수는 경쟁자 사회주의의 실험이 실패했다고 해서 서
구의 이데올로기가 완전체가 될 수 없다. 서구 문명도 로마제국이
역사 속으로 사라졌다는 순환사관에 대입하면 주어진 시간 속에서
정체와 현상유지의 반복을 거듭할 수 있기 때문이다. 지난 역사는
어떠한 문명도 지속되지 못했다는 것을 증명하고 있을 뿐만 아니라
과거와 현재를 포함하는 개념이다. 지금 우리가 살고 있는 현재 역
시 내일의 역사가 되는 것이다. 만약 인간이 각자의 시대에서 최고
의 선, 또는 절대적인 사상이나 가치관을 가지려 한다면 언젠가 오
늘날의 문명도 쇠퇴하는 날이 올 수 있다. 각자의 최고의 선 또는
절대적인 사상이나 가치관만을 충족시켜 가는 과정에서 수많은 대
립과, 갈등, 전쟁을 야기하기 때문에 갈등의 업보를 해체하고 인간
본연의 원초적 선인 윤리와 도덕으로 돌아가야 한다.

　그렇다면 어떻게 돌아갈 것인가? 어떻게 역사를 종결시킬 것인
가? 그 해답은 근대의 보물, 자유와 평등에서 찾을 수 있다. 지난
십여 년 동안 인류가 목도한 것은 자유민주주의와 사회주의의 대립
속에서 아직 건재한 자유 민주주의이다. 자유는 개인적인 개념인
반면 민주 사회적이고 전체적인 개념이다. 자유는 타인의 간섭으로
부터의 해방을 의미하는데, 민주란 타인과 함께 하는 전체적 요소

를 내포하고 있다. 서방 국가에서 중요시하는 것은 바로, 남에게 해를 주지 않는 범위 내에서 가치를 획득하는 자유란 개념이고, 사회주의 국가에서 중요시하는 것은 가치를 분배하는 민주의 개념에 더불어 그 가치조차 평등하게 분배되어야 한다는 평등의 개념이다. 지금까지의 세계가 수많은 갈등과 분쟁, 전쟁의 역사를 가지게 된 것도 바로 이러한 사상의 모순적 추구에서 나온 것이다. 하지만 서구는 자유주의를 내세워, 이 사상이야말로 최고의 정점에 선 것이라고 맹신한 것이다. 즉 근 50년 동안 자유 중심적 시각만을 중시했기 때문에 그에 따른 경쟁의 양상을 발생시켰고 당연히 평등의 개념이 등한시될 수 없었다. 오늘날과 같은 갈등을 종식시키려면 그리고 앞으로 이러한 갈등을 겪지 않으려면 자유를 추구함과 동시에 평등과 동행해야 할 것이다.

2. 문명의 우화(羽化)를 바라며

새로운 천년과 새로운 세기의 시작은 많은 사람들에게 미래에 대한 기대와 희망을 갖게 하였다. 과거의 갈등과 혼란들을 정리하고 이제 화합과 평화의 시대가 도래할 것이라는 기대를 함과 동시에 그렇게 되기를 염원하고 또 바랐다. 그러나 시간이 흐르면서 그러한 기대는 서서히 사라지고 있는 듯하다. 여전히 세계는 과거의 유산을 그대로 간직하고 있고 그 바탕 가운데 움직이고 있기 때문이다. 인류의 역사를 돌아볼 때 우리는 그것이 의도되었든 또는 우연히 이루어진 소산이든 간에 그 속에서 대립과 갈등과 경쟁을 찾아

볼 수 있다. 물론 그것이 역사의 진실된 모습이라 말할 수는 없다 하더라도 표면적으로 드러나는 그러한 모습을 우리는 부인할 수 없을 것이다. 특히 이러한 대립과 경쟁의 양상은 근세에 더욱 두드러지게 나타난다.

인류는 그 동안 자신들의 세계와 자신들의 삶을 위하여 크게 세 번의 선택을 해왔었다. 처음에 사람들은 자연과 더불어 그 속에서 적응하며 살아가는 법을 배워야만 했다. 이후 그들은 자연의 공포로부터 벗어나고자 종교를 택하게 되었고 종교의 지배를 받으며 살아갔다. 그러나 그들이 선택한 종교 역시 그들에게 완전한 자유와 행복을 가져다주지는 못하였다. 그리하여 인간은 인간의 이성과 과학을 새로운 지지자로 선택하였고 그 바탕 가운데 오늘에 이르고 있다.

그러나 과학은 인류에게 많은 편의를 제공하고 이제까지는 상상할 수 없었던 물질적 풍요를 가져다 주었지만 반면 지금까지는 찾아볼 수 없었던 갈등과 경쟁을 동시에 낳았다. 그리고 그 연속선상에 있는 오늘 우리는 많은 문제점들을 발견하게 된다. 가진 자와 못 가진 자 사이의 불균형과 과도한 경쟁 속에서 의미를 찾지 못하고 방황하는 인간 소외 현상이 나날이 그 깊이를 더해가고 있다. 또 자연은 황폐화되었고 세계 곳곳에서 분쟁이 끊이질 않고 있다. 인류가 믿고 의지했던 세 번째의 선택도 이제 그 정당성을 상실해 가고 있고 인류는 다시 한번 혼란의 긴 터널 앞에 서게 되었다. 이제 우리가 가야 할 길은 무엇인가? 인류가 선택할 다음의 기준은 무엇이 되어야 하는가? 이제 우리는 네 번째의 선택을 하지 않으면 안 되는 시점에 다다랐다.

인류가 지구상에 출현한 시기가 언제인지는 아무도 정확하게 확언할 수 없다. 많은 신화나 전설들이 그리고 종교들이 인류의 기원에 대하여 말하고 있지만 대부분의 경우 그것들은 막연하거나 인간의 이성으로서 이해하기 어려운 것들이다. 과학자들 역시 그들의 지식과 노력을 통하여 인류의 기원에 대하여 추측을 해보지만 그것 역시 명확하게 믿을 만하다 말할 수 없다. 그러나 분명한 것은 생존과 사회적 제 가치들을 생각하기 시작한 어느 순간부터 인류는 많은 시간과 변화를 겪으면서 오늘에 이르렀다. 그리고 그러한 과정 속에서 인류는 자신들의 안정적인 삶과 생존 방식을 터득하기 위해서 많은 것들을 선택해왔다. 그들이 가장 먼저 선택한 것은 바로 최초의 그들과 가장 밀접한 관계를 맺고 있었던 자연이었다. 인류가 처음으로 자연을 선택의 대상으로 삼은 것은 그들과 항상 함께 있고 또 그들 생활의 터전이 된 것이 바로 자연이었기 때문이다. 그들은 자연 속에서 사냥을 하고 나무 열매를 채집하고 물고기를 낚시와 그물로 낚고 크고 작은 동물들을 사냥하며 생명을 유지해 나갔다. 처음 시기에 인류는 자연을 선택한 것이라기보다는 적응의 단계를 밟았을 것이다. 그들에겐 아무런 선택권도 주어지지 않았다는 것이 옳은 것이다. 그들이 처한 환경 속에서 생존을 위하여 적응하기에도 벅찰 것이기 때문이다.

그러나 시간이 흐르면서 그들은 자연을 이용하는 단계에 이르렀다. 자연에 있던 천연물을 단순히 수렵하거나 사냥하던 생활에서 탈피하여 경작하고 재배하고 또 기르게 된 것이다. 도구를 만들어 사용하게 되었고 불을 이용하여 그 전까지는 할 수 없었던 것들을 할 수 있게 되었다. 치수 사업을 하고 측량을 하고 하늘을 보며 미래를 점치기도 하였다. 점차 인간들은 그들에게 주어진 환경에 단순히 적응하는 단계를 넘어 이용하고 개척하게 되었다. 그들은 자연을 이용하고 개척하긴 하였지만 자연은 그들의 터전임과 동시에 여전히 공포의 대상으로 남아 있었다. 홍수와 가뭄, 천둥과 번개, 기이한 자연 현상 등은 그들에게 큰 두려움으로 다가왔으며 이러한 공포로부터 탈출하기 위하여 그들은 종교를 만들어 냈다. 그들은 모든 기이한 현상들, 좋지 않은 자연 현상들에 대하여 악마의 저주 혹은 신의 노여움이라는 생각을 갖고 있었으며 이러한 저주와 노여움으로부터 벗어나 자유롭기 위하여 신에게 예배하였으며 자신들을 지켜줄 신을 섬기게 되었다. 그러나 이 시기의 종교란 뚜렷한 사상이나 체계적 형식을 갖추고 있지 못하였고 대부분 주술적 혹은 미신적 요소가 강하였다. 그리고 여전히 그들에게 있어서 중요한 것은 자연에 대한 적응과 그 이용이었고 그것이 그들의 생활과 생존에 아주 중요한 요소로 작용하였다.

그러나 인간은 그것만으로 만족을 얻을 수 없었다. 여전히 자연은 인류에게 두려움의 대상이었고 또한 인간은 정신의 만족을 추구하게 되었다. 종교가 이러한 인류의 생활을 지배하게 된 것은 비교적 가까운 시기의 일이다. 물론 많은 종교들이 이전부터 있어 왔지만 훌륭한 사상적 기반과 형식적 체계를 갖춘 종교가 출현한 것은 기원 후 1세기의 일이었다. 예수와 사도 바울의 공로로 인하여 기독교가 탄생하였던 것이다.

이후 기독교는 로마와 유럽의 여러 지역으로 전파되었고 A.D. 313년 콘스탄티누스 대제(Constantinus Great) 치하 밀라노 칙령에 의하여 공인을 받게 되었다. 또 A.D. 380년에는 데오도시우스(Theodosius Great) 황제에 의하여 국교화되었다. 이후 로마 시대의 기독교는 국가의 보호를 받으며 급속도로 성장하게 되었다. 특히 밀라노의 주교였던 성 암브로시우스(St. Ambrosius)는 황제권과 교권의 분리를 주장하면서 교권의 우위를 암시하기까지 하였다.

　기독교의 확립에 가장 큰 공헌을 한 사람은 바로 성 아우구스티누스일 것이다. 그는 그의 저서『신국론』을 통해서 기독교에 입각한 새로운 역사관을 제시하였다. 그에 의하면 세상의 역사는 신의 나라와 지상의 나라의 투쟁의 연속이며 최후의 날에 신의 나라의 승리로 인류의 역사가 막을 내린다고 한다. 그리고 그러한 역사의 과정은 신의 섭리에 의하여 이루어진다. 그의 역사관은 기존의 순환사관에 대하여 역사의 시작과 끝을 시사하고 신의 나라와 지상의 나라의 투쟁이라는 극적이고 역동적인 것이었으며 인류에게 앞으로의 방향과 의미를 제시해 주는 획기적인 것이었다. 그러나 그의 역사관은 선과 악의 대립을 역사의 핵심 주체로 봄으로써 이후 세계를 선과 악의 대립적 역사로 보게 만드는 데 크게 기여하게 되었고, 이는 중세 천 년간의 교회의 지배에 대한 정당성을 지지해 주는 것이었다. 이러한 여러 가지 환경과 노력들을 통해서 기독교는 더욱 굳건하게 되었고 이후 오게 될 종교의 세기를 예비하였다.

　이후 중세는 기독교가 지배하는 종교의 세기가 되었다. 철학은 종교에 봉사하는 시녀로 전락하였으며 아리스토텔레스의 철학을 이용하여 기독교 신앙을 설명하고자 한 스콜라 철학이 크게 성하였다. 또 아퀴나스(St. Thomas Aquinas 1225~1274)는 이성과 신앙의 문제를 나름대로 해결하고 '은총은 자연을 파괴하는 것이 아니라 이를 완성시킨다' 는 말을 통해서 신앙의 우위와 정당성을 설명하였다. 교회는 나날이 그 세력을 확장하게 되었고 신자와 국왕, 제후들의 기증으로 교회는 큰 재산을 소유하게 되었다. 심지어 한때 서유럽의 4분의 1의 땅을 교회가 소유하기도 하였다고 한다. 이러한 과정을 통해서 교회는 막강한 권한을 행사하게 되었고 세속 영주와 다름없는 모습을 보여주었다. 또 교회 내의 질서가 해이해지고 부패하여 성직 매매가 이루어지고 성직자의 혼인과 내연관계 문제가 빈번히 나타났다(민석홍 1997, 191~193). 특히 이 시기의 이시도르 위문서집 사건은 교회의 부패상을 보여주는 대표적인 예라 할 수 있다.[39]

이러한 교회의 부패에 맞서 새로운 개혁의 움직임이 나타났다. 특히 레오 9세(Reo IX)는 성직자의 혼인과 성직 매매를 금지하였으며 개혁적인 고위 성직자를 추기경으로 임명하여 그들의 도움을 받았다. 또 유럽을 순회하며 개혁을 독려하기도 하였다. 그러나 이러한 개혁의 노력도 잠시 성공을 거두는 데 그치고 근본적인 교회의 타락상을 근절시키는 데는 역부족이었다. 특히 교회가 백성들로부터 외면을 받게 되는 일련의 사건들을 통해서 사람들은 교회의 권위와 교회의 지배에 대하여 회의를 갖게 되었다. 인류의 안정과 만족을 위하여 선택된 종교는 더이상 사람들의 쉼터나 지지대가 되어주지 못하였다. 교회는 타락하여 세속 영주와 다름없이 자기 백성을 억압하고 착취하였으며 세속의 이권과 권력을 놓고 분쟁을 계속하여 혼란을 초래하였다. 그리고 이러한 과정 속에서 사람들은 그들의 두 번째 선택이 잘못되었음을 서서히 인정하지 않을 수밖에 없었다. 이후 벌어진 십자군 원정, 아비뇽 유수 사건, 대기근, 흑사병, 그리고 면죄부 사건 등은 사람들의 마음을 종교로부터 완전히 돌아서게 만들었다. 7차에 걸친 대원정에도 불구하고 십자군 전쟁은 소기의 목적을 달성하지 못하고 실패하게 되었다. 그리고 이로 인해서 교황권은 약화되고 왕권이 신장되었고 경제적으로는 상공업이 활성화되어 장원 경제가 붕괴되는 데 결정적 역할을 담당하게 되었다.

또 14세기 중반부터 이후 100여 년간 그 위세를 떨쳤던 흑사병으로 인하여 전 유럽 인구의 3분의 1이 줄어드는 엄청난 충격을 겪게 된다. 이러한 여러 가지 극한 상황에서 사람들은 종교를 대신할 새로운 것을 갈망하게 되었다. 그리고 그러한 열망은 르네상스라는 문예부흥운동을 통해서 일어나게 되었다. 이제 신과 교회의 테두리에서 벗어나 인간을 중심으로 한 새로운 세계를 꿈꾸게 된 것이다. 그리고 그러한 분위기를 더욱 고조시키고 결정적으로 교회에 대한 믿음을 저버리게 한 사건은 바로 교황청의 면죄부 판매와 이에 반발한 종교개혁일 것이다. 중세 말기 교회는 성당 건설과 포교를 위해 필요한 돈을 마련하고자 면죄부를 판매하기 시작하였으며 교황 레오 10세(Reo X) 때 절정에 이르게 되었다.[40] 이에 대해 마틴 루터(Martin Luther 1483~1546)는 95개조 반박문을 써서 발표하고 구원은 믿음으로 인하여 얻어진다는 신념으로 종교개혁에 나서게 되었다. 그리고 종교개혁을 통하여 과거 중세 천년을 지배하던 카톨릭은 서서히 그 권위를 상실하게 되었다. 그리고 이와 동시에 새로운 기운이 세상을 지배하게 되었다.

인류가 종교에 대신하여 선택한 제3의 것은 바로 이성과 과학이었다. 중세 천년은 종교에 대한 실험장이었다. 종교를 통하여 인류는 인류의 안녕과 번영을 얻으려고 하였었다. 그러나 결국 그러한 계획과 기대는 산산이 깨어져 버렸다. 교회는 백성의 인도자나 위로자가 되어주지 못하고 오히려 그 위에 군림하려 하였다. 또 많은 부패와 타락상을 보여주며 스스로 무너져 내렸다. 사람들은 이러한 종교에 대하여 회의를 느꼈고 새로운 것을 갈구하게 되었다. 그리고 그들은 신에서 눈을 돌려 인간을 바라보게 되었고 특히 인간의 이성에 주목하게 되었다. 인류는 인간이 이성의 힘으로 무한히 발전하고 번영해 나갈 것이라 믿게 되었다. 그리고 그러한 바탕 가운데 모든 노력들이 경주되었다. 이렇게 해서 나온 것이 바로 진보 사상이다.

  인류는 합리적이고 논리적으로 사고하기 시작하였으며 모든 것을 이 두 기준에 맞추어 재고 분석하였다. 그리고 이러한 과정에서 그들은 관찰과 실험을 하였으며 결국 17세기에 이르러 과학혁명을 불러 일으켰다. 코페르니쿠스(Nicolaus Copernicus 1473~1543) 갈리레오(Galileo Galilei 1564~1642)는 로마시대 이후 굳어진 프톨레마이오스(Claudius Ptlemy A.D. 2)의 천동설을 깨뜨리고 지동설을 주장하였다.[41] 또 행성운동을 발견한 티코 브라헤(Tycho Brache 1546~1601)와 케플러(Johann Kepler 1571~1630)에 이어 나온 뉴턴(Issac Newton 1642~1727)에 의하여 근대 역학이 완성되었고 보일(Robert Boyle 1627~1691)에 의하여 근대 화학이 자리를 잡게 되었다. 이외에도 수많은 과학자들이 나와 그 이전에는 볼 수 없었던 활발한 연구를 통하여 비약적인 과학 발전을 이루었다. 특히 17세기에는 영국에서 'Royal Society' 가 생기는 등 각국에서 과학 연구 단체가 설립되어 과학혁명을 이끌었다. 한편 인간 개개인의 존엄성과 자유를 추구하는 계몽주의가 발생하였고 홉스(Thomas Hobbes 1588~1679), 로크(John Locke 1632~1704) 그리고 루소(Jean J. Rousseau 1712~1778)는 자연법적 사상의 주된 근거와 기초를 확립했다. 이로 인해 자연법적 사상의 주된 근거와 기초하여 사회 계약 사상이 발생하게 되었다.[42] 이외에도 볼테르(Voltaire, Francois Marie Aroute 1694~1778), 몽테스키외(Charles Montesquieu 1689~1755) 등 많은 계몽주의 사상가들이 출현하여 인간의 존엄성과 자유를 그리고 사회 계약 원리를 주장하였다. 이러한 사상은 결국 미국의 독립전쟁과 불란서의 대혁명으로 이어져 오늘날의 민주정치 체제를 낳는 모태가 되었다.

동시에 사람들은 시야를 현실과 외부로 돌리기 시작하였다. 상업이 급속도로 발전하고 도시가 성장하였기 때문이다. 탐험과 지리적 발견이 활발히 이루어지면서 서구 열강들은 앞 다투어 식민지 개척에 열을 올리기 시작하였다. 18세기 산업혁명과 맞물려 이러한 식민지 쟁탈전은 더욱 과열되었다. 아담 스미스(Adam Smith 1723~1790)는 『국부론』(1776)에서 모든 경제적 사회적 문제들이 시장이라는 보이지 않는 손을 통해서 자동적으로 조절되고 해결될 수 있다는 주장을 하였다. 그는 이러한 입장에서 정부의 규제를 반대하였으며 자유로운 경쟁을 내세웠고 이러한 그의 주장은 당시의 상황과 맞아 떨어졌다. 산업혁명과 함께 성장한 자본주의는 자유 경쟁 원리 가운데 더더욱 발전하여 민주주의와 함께 유럽 사회의 지배적 이념이 되었다.

그러나 그 안에는 많은 문제점들이 쌓여가고 있었다. 가장 큰 문제는 바로 빈부의 격차 즉 배분의 불균형이었다. 가진 자는 더욱더 가지게 되고 가지지 못한 자는 더더욱 어려워지는 빈익빈 부익부 현상이 가속화되었다. 당시 노동자들은 극심한 노동에 시달리면서도 겨우 생명을 유지할 수 있는 수준의 임금밖에 받지 못하였다. 심지어 어린아이들까지도 탄광에 나가 일을 하거나 굴뚝을 소제하면서 타죽는 비참함은 일상이 되었고 그들의 생활은 매우 참담하였다. 이러한 암담한 상황을 브레이크(William Blake 1757~ 1827) 같은 낭만주의파 시인들은 소년들의 굴뚝 청소로 인한 인권박해를 「굴뚝 청소하는 소년(Chimney Sweeper)」에서 잘 묘사하고 있다. 빈자와 부자 두 계층 사이의 갈등의 양상은 더욱더 고조되기 시작하였고 결국 마르크스(Karl Marx 1818~1883)에 의하여 경제가 인간의 행위와 사회적 지위를 결정한다는 경제결정론에 기초하여 공산주의 이론이 형성되기에 이르렀다.

마르크스의 이론에서 특히 중요한 것은 바로 인간 소외이다. 그는 크게 두 가지 면에서 소외를 주장하고 있는데 하나는 인간 자체의 소외이고 다른 하나는 노동과 자연으로부터의 소외가 그것이다. 자본주의의 발달은 결국 두 계급 사이의 갈등과 대립을 낳았고 인간 소외를 야기했다. 과학과 이성 그리고 그로 인한 자본주의는 인간으로 하여금 인간다움을 상실하게 하고 기계적이고 경직된 인간상을 만들어냈다. 인간의 자유나 존엄성은 단지 저 멀리 있는 메아리에 불과하였다. 사람들은 자신들의 정체성을 상실하고 점점 기계화되는 자신 속에서 삶의 의미를 상실하게 되었다. 또 노동은 더이상 삶의 일부나 기쁨이 아닌 고통이 되어 버렸다.

인간의 이성과 과학에 대한 신뢰는 그리고 이를 바탕으로 한 진보에 대한 믿음은 흔들리기 시작했다. 인간의 이성도 과학도 인류에게 만족과 행복을 가져다 줄 수는 없는 것이었다. 오히려 그것은 많은 문제들 특히 경쟁과 대립을 만들어내고 말았다. 이러한 모습은 양차 세계대전을 통해서 확실히 증명되었다 하겠다. 서구 열강의 팽창 경쟁은 결국 제국주의라는 모습으로 변모하였고 세계대전이라는 엄청난 결과로 이어졌던 것이다. 이성적 존재로 인식되었던 인간은 양차 대전을 통해 잔인한 모습을 여실히 보여주었다. 양차 대전 이후 인류는 많은 반성과 각성을 하였다 하나, 역시 과거의 유산 속에서 이성과 과학의 연속선상에서 생활하고 있다. 그리고 그러한 증거는 바로 최근에 대두되고 있는 신자유주의와 세계화를 통해서 증명될 수 있을 것이다. 미·소의 양극 체제 속에서 반세기 가량 지속된 냉전의 시대가 지나자 다시 세계는 자유주의 열풍에 휩싸이게 되었다. 다시 세계는 경쟁 속에 자신들의 몸을 맡기게 되었다.

인류가 종교를 대신하여 선택한 이성과 과학은 본래의 기대를 충족시키지 못하였다. 오히려 인간 소외 현상과 계급간의 갈등을 야기했고 국가간의 경쟁과 대립이 심화되었다. 그리고 파괴된 자연과 파괴된 인간상을 만들어내고 말았다. 그럼에도 불구하고 인류는 아직 새로운 선택을 하지 못하고 있으며 이러한 상황에서 앞으로 인류는 많은 어려움을 겪게 될 것으로 전망되어진다. 환경의 파괴는 현재에도 이상 기온, 이상 기후 현상 등 많은 문제를 일으키고 있다. 앞으로 환경 파괴는 더욱더 진행될 것이며 이것은 훗날 인류에게 있어서 커다란 재앙으로 다가올 수 있을 것이다. 급속한 발전 추구는 지구의 자원을 급속도로 소비하게 하였다. 그리고 현대 문명의 중심에 있는 석유 자원은 그리 오래 가지 못해 바닥을 낼 전망이며 이는 매우 심각한 문제로 받아들여진다.

갈수록 민족주의 문제가 크게 대두되고 있으며 분쟁이 더욱 빈번히 벌어지고 있다. 경제적 문제 또한 갈수록 심화되고 있고 세계 곳곳에서 대량 실업 사태가 속출하고 있다. 기술의 진보와 과학의 발달은 일자리의 창출기회보다 실업을 더 빠르게 증가시키면서 노동시장의 유연성을 부추기고 있는 게 현실이다. 또한 사람들은 점점 일의 노예로 전락해가며 점점 더욱 바쁜 생활로 피로에 시달려야만 한다. 신자유주의와 세계화는 다시금 경쟁에 불을 지피고 있으며 앞으로 세계 빈부 차이가 8대 2의 사회가 될 것이라는 예측도 나오고 있는 실정이다. 갈수록 더욱더 각박해지고 더욱더 경쟁적이고 또 서로 대립하게 될 가능성이 많이 존재한다.

　지금까지의 고찰을 통해서 우리는 그 동안 인류가 때마다 중요한 선택들을 해왔으며 그러한 선택들이 한 시대를 지배하고 이끌어 왔음을 알 수 있었다. 또한 그 선택들이 결국엔 본래의 기대와 뜻에 미치지 못하여 새로운 선택으로 대체됨을 보아왔다. 초기의 인류는 그들이 처한 상황 가운데서 생존을 위하여 자연을 선택하였고 이에 적응하고자 노력하였다(제1의 선택).

　그러나 그들은 그것으로는 만족을 얻을 수 없었고 자연의 공포로부터 벗어나고자 또 정신적 위안과 만족을 얻고자 종교를 선택하였다. 종교의 선택은 중세 천년을 통해서 확실히 그 모습을 보여주었다(제2의 선택).

　그러나 인류가 선택한 종교 역시 기대에 부흥하지는 못하였다. 오히려 그 종교가 부패하고 타락하여 인간 위에 군림하고 압제하는 강제자가 되어 버렸다. 인류는 다시 한번 새로운 선택을 하지 않으면 아니 되었다. 그렇게 해서 선택된 것이 바로 이성과 과학이었다(제3의 선택). 그들은 신을 떠나 인간을 바라보았고 특히 인간의 이성을 믿고 무한히 인간이 발전할 것이라는 기대에 부풀어 있었다. 그리고 그러한 기대에 부흥한 것이 바로 과학이었다. 그러나 이성과 과학이 이루어놓은 세계 역시 인류의 상상과는 많이 다른 모습을 보여주었다. 사람들은 서로 경쟁하고 빼앗고 지배하려 하였으며 계급간의 대립이 양산되었다.

　또 사람들은 삶의 의미를 찾지 못하고 기계화되어 갔으며 자신과 세상으로부터 소외되어 갔다. 전쟁과 혁명을 겪었고 이제 인류는 미처 느끼지 못할 만큼 지나치게 빠르고 거대하지만 지난 세기와 다를 바 없는 진부한 새로움의 시대로 돌입하게 되었다. 세상은 여전히 상대를 누르고 이겨야 하는 극단적 경쟁과 대립의 길을 걷고 있기 때문이다. 세상은 나서서 일을 하는 사람뿐만 아니라 어쩌면 보이지 않으면서 맡은 바 자신의 일을 착실히 하거나 타인을 위해 선행을 하는 이들 때문에 유지되고 있다. 그럼에도 불구하고 세상의 공은 이들에게 돌아가기보다 잘난 체하는 이들에게 주어지는 경우가 종종 있다. 그리고 그 경우는 매우 크게 주어지는 경우가 허다하다. 이러한 왜곡된 것을 바로 잡기 위해 치르는 대가는 너무 가혹하고 커서 종종 선과 악으로 대비되어 투쟁과 저지가 반복하게 된다.

여기서 우리는 한 가지 중요한 문제를 제기해 볼 필요가 있다. 그것은 곧 인류에게 있어서 과연 무엇이 중요하며 인생에 있어서 궁극적인 목표가 무엇인가 하는 물음이다. 물론 지금까지 인류는 항상 이러한 물음 가운데 그들의 최선책을 선택해왔을 것이다. 그러나 현재에 있어서 우리는 다시 한번 이러한 질문을 하지 않으면 안된다. 우리에게 있어서 가장 중요한 것은 무엇인가? 모든 인류의 공통된 목표 중 가장 큰 것 역시 바로 행복일 것이다. 그리고 이 행복은 물질적 풍요와 편리만으로 획득될 수 있는 것이 아니다.

과연 우리는 이성과 과학을 선택하여 행복해졌는가? 이제 인류가 나아갈 길은 분명해졌다. 이성과 과학만의 선택은 이미 그 한계를 드러내고 있으며 인류에게 더이상 최후의 희망이 되지 못하고 있다. 종교만으로 혹은 과학만으로 인간관계를 해결하려 할 때 어떠한 재앙과 비극이 초래되는가 하는 것을 9·11테러와 아프가니스탄 보복공격에서 확인하였다. 위 사태들은 인류사에서 수많은 현상 중의 하나로 간주되거나 그저 스쳐 지나갈 수 있는 역사적 에피소드가 아니라 인류 스스로 해결할 수 있는 윤리적 수단을 외면하거나 무시하면 사탄의 미소가 서려있는 뫼비우스의 띠와 같은 길에서 헤어나지 못한다는 것을 보여주고 있다.

　이제 다수가 만족하는 평화로운 세상을 위한 새로운 선택이 요청되는 시점이다. 인류가 네 번째로 선택할 것은 도덕이다. 더이상 경쟁하거나 대립하지 않고 서로 화합하고 공존하는 세상을 위해서 본래의 순수한 밑바탕으로 되돌아갈 필요가 있다. 먼저 가지려 하기보다는 나누어 베풀어주려 하고, 서로 높아지려고 하기보다는 서로 높여주며, 서로 이해 받으려 하기보다는 먼저 이해하려는 노력이 선행되어야 한다. 서로 차지하려 하는 그래서 경쟁하는 사회 속에서는 경계와 불안함을 늦출 수 없기 때문이다. 서로 대접하는 사회 속에서 우리는 평화롭고 안정된 삶을 영위할 수 있다. 이러한 분위기 속에서 비로소 사회는 그리고 세계는 협력하고 화해하며 서로 공존 공영하는 길을 모색해 나갈 수 있을 것이다. 이제 과거에 그랬듯이 새로운 선택에 의한 새로운 패러다임이 형성되어야 한다. 물론 '먼저 가지려 하기보다는 나누어 베풀어주려 하고, 서로 높아지려고 하기보다는 서로 높여주며, 서로 이해 받으려 하기보다는 먼저 이해하려는 노력이 선행되어야 한다' 는 것은 매우 이상적이고 실현되기가 매우 어려운 비현실적이다.

　하지만 우리 주변에 널려있는 경전과 교과서를 보고 부모가 자식에게 들려주는 소리를 들어보라. 그것도 어려우면 자신이 친구에게 해줄 수 있는 말을 생각해 보면 '먼저 가지려 하기보다는 나누어 베풀어주려 하고, 서로 높아지려고 하기보다는 서로 높여주며, 서로 이해 받으려 하기보다는 먼저 이해하려는 노력이 선행되어야 한다' 는 것이 비현실적인 것이 아니라 마땅히 해야 할 당위적인 것으로 인식될 수 있을 것이다. 우리가 알고 있어야 할 것은 이것이 전혀 새로운 것이 아니라 당연히 인식되고 있어야 할 본래의 자유와 평등의 확산이라는 것이다.

말하자면 오늘날 우리가 알고 있는 정치 선진국에서도 자유와 평등을 제대로 교육시키고 실천하는 곳은 몇 곳에 지나지 않는다. 역설하거니와 제3세계의 기아는 세계의 식량이 모자라서 발생되는 식량 생산의 문제만이 아니라 잘 사는 국가들이 식량을 쌓아놓고도 서로 먼저 주기를 기다리다 발생되는 분배의 불균형의 문제다. 게다가 그 식량을 무기로 '내 말 들으면 조금 주고 안 들으며 안 주는 식'으로 먹을거리를 자원의 무기화하는 치졸함이 드러나는 몰공존적 행위이다. 당연하겠지만 이제 이러한 몰공존적 행위에 대한 새로운 인식이 있어야 한다. 비현실적이라고 간주하기보다는 당위적인 것으로 인정하려는 시도와 노력을 바탕으로 윤리적 패러다임의 정당성과 당위성을 확립하고 새로운 사회를 향한 노력들이 여러 분야에서 경주되어야 할 것이다.

결론적으로 지금까지 인류는 자연을 통하여 그리고 종교를 통하여 또 이성과 과학을 통하여 행복하고 만족스런 삶을 얻고자 노력하여 왔었다. 그럼에도 인류는 매번 그 기대를 충족시키지 못하고 좌절해야만 했다. 특히 근세의 이성과 과학은 물질적 풍요는 가져왔지만 갈등과 대립, 경쟁을 낳았고 정신적 황폐와 소외 현상을 불러왔다. 현재 지구촌이 당면한 평화와 환경 문제를 해결하자는 것은 다름 아닌 인간이었음에도 불구하고 그 동안 문제 해결 과정에서 정작 해결 주체인 인간이 소외된 것은 모순이 아닐 수 없다. 그리고 이곳에서 우리는 참다운 행복을 얻어낼 수 없다. 우리는 새로운 선택을 하지 않으면 안 되는 시점에 와 있다. 기존의 질서는 한계를 드러내고 있으며 이러한 연속선상에서 우리는 매우 어두운 미래를 겪게 될 것이다. 공공선을 기피하는 경쟁 속에서 인간을 행동을 합리적으로만 보려는 시각을 극히 일부의 당위만 있다. 이제 인간이 공통의 규범을 바탕으로 상호 협력을 위한 신뢰와 존중이 전제가 되는 도덕이 중요해졌다.

앞으로 선택해야 할 새로운 것은 제4의 선택 즉 도덕뿐이다. 단지 도덕만이 최선은 절대 아니다. 지금까지 인류가 소중히 경험했던 자연, 종교, 과학 그리고 앞으로 선택해야 할 도덕이 어울리는 융합적 조화가 절대적이다. 각기 하나만을 내세워 발생된 재화를 막을 수 없는 근본은 도덕이 배제된 까닭이다. 부정적 지배 개념을 넘어 무한 경쟁 속에서 대립을 극복할 가치의 중심은 바로 인간이기 때문이다. 자연 상태의 순수한 마음과 포용으로 서로 베풀고 도와갈 때 우리는 더이상 대립하거나 경쟁하지 않고 공존, 공영의 길을 찾아낼 수 있다. 이제 이를 확산하고 보급한 것은 지식인들의 몫이 되었다. 이것이 9 · 11테러가 가르쳐 준 교훈이다.

참고문헌

1. 국문

강문구 역, 『자유주의 이후』 (서울: 당대, 1996).

강성위 역, 『新約聖書入門』 쿨먼 저 (서울: 삼성미술문화재단, 1971).

강성진 역, 『현대자본주의 국가의 정책과정』 (서울: 대영문화사, 1991).

강영수, 『뒤집어서 읽는 유대인 오천년사』 (서울: 청년정신, 1999).

강우영 역, 『파리대왕』 윌리엄 골딩 저 (서울: 청목, 1994).

계명원 역주, 『論語』 (서울: 삼중당, 1975).

고범서, 『이데올로기와 신학』 (서울: 범화사, 1983).

구상회, 『테러학 개론』 (서울: 동문, 1999).

구승희 역, 『트러스트』 (서울: 한국경제신문사, 1995).

권삼윤, 『자존심의 문명 이슬람의 힘』 (서울: 동아일보사, 2001).

김 명, 『민주주의론』 (서울: 해남, 1997).

김갑철, 『북한학개론: 북한공산체제의 현재와 미래』 (서울: 문우사, 1999).

김강녕, 『남북한정치외교론』 (서울: 대왕사, 2000).

김국신, 『미국의 대북정책(남북정상회담 및 미대선결과에 따른 변화)』 (서울: 통일연구원, 2000).

김명섭 역, 『거대한 체스판』 즈비그뉴 브레진스키 저 (서울: 삼인, 2000).

김병국 역, 『빈 라덴과 알 카이다(*Usama Bin Laden's Al-Qaida*)』 Yonah Alexander 저 (서울: 동아시아, 2001).

김순규, 『국제정세와 이슈』 (서울: 국제정경연구원, 2000).

김영진 역, 『로마제국쇠망사』 에드워드 기본 저 (서울: 대광서림, 1998).

김의곤, 『현대국제정치이론』 (서울: 집문당, 2000).

김정휘, 『이슬람사상사』 (서울: 민음사, 1987).

김종빈, 『갈등의 핵 유태인』 (서울: 효형출판, 2001).

김종완, 『미국 정치에 있어 개인 자유와 평등의 제도화에 대한 문화이론의 분석』 (성남: 세종연구소, 2001).

김주환 편, 『미국의 세계전략과 한국전쟁』 (서울: 청사 1989).

김중관, 『한 권으로 읽는 아랍』 (서울: 평민사, 2001).

김진철, "21세기 세계질서와 국가패러다임," 『사회과학연구』, 제6호 (동국대학교 사회과학연구원 1998).

김진철, 『세계정치경제론』 (서울: 세계정치경제연구소, 1995).

김진철 임광빈, "자본주의 세계체제의 지문화(Geoculture)에 대한 연구: 지정학(Geopolitics)과의 상관성을 중심으로," 『세계정치경제』, 제4호, (세계정치경제연구소 1997).

김현욱 역, 『좌파와 우파를 넘어서』 앤소니 기든스 저 (서울: 한울, 1997).

김홍수, 『국제관계와 한국정치』 (서울: 세종출판사, 1999).

남규형 외 역, 『이슬람 그들은 누구인가』 가토 히로시 저 (서울: 고도, 2001).

라종일 외, 『페레스트로이카의 충격과 파장』 (서울: 예진, 1990).

미국정치연구회 역, 『현대 미국정치의 새로운 도전』 (서울: 한울 아카데미, 1997).

민석홍 역, 『프랑스혁명사론』 (서울: 까치, 1988).

민석홍, 『서양사 개론』 (서울: 삼영사, 1997).

박갑성 역, 『소크라테스 評傳』 (서울: 삼성미술문화재단, 1971).

박건영 외 역, 『예방적 방위전략』 월리엄 페리 저 (서울: 프레스21, 2000).

박경서, 『국제정치경제론』 (서울: 법문사, 2001).

박광순 역, 『서구의 몰락』 오스발트 슈펭글러 저 (서울: 범우사, 1995).

박광순 역, 『역사의 연구』 아놀드 토인비 저 (서울: 범우사 1992).

박상익 역, 『서양 문명의 역사 II』 E.M. 번즈 외 (서울: 소나무, 1994).

박순신 편역, 『제국주의란 무엇인가』 해리슨 와이트 저 (서울: 까치, 1981).

박영미 역, 『제국주의론』 울프강 몸센 저 (서울: 돌베개, 1983).

박찬길 역, 『고르바초프』 메드베데프 저 (서울: 방한, 1988).

박충석 · 진덕규 편, 『민주주의를 위한 변명 : 민주주의 이론과 전개』 (서울: 삼영사, 1986).

배영동 역, 『전환기의 자유민주주의』 맥퍼슨 저 (서울: 청사, 1983).

배종호 역, 『退溪言行錄』 (서울: 삼성미술문화재단, 1983).

배찬복 · 안정수, 『자유 민주주의의 본질과 미래』 (서울: 을유문화, 1992).

백경남, 『민주주의론』 (서울: 법지사, 1988).

백학순, 『북한의 개혁 개방과 탈사회주의화 전망』 (서울: 세종연구소, 2001).

변지현 역,『히브리 민족: 끝나지않은 경전』미레유 하다스 르벨 저 (서울: 시공사, 1998).

성진근 외,『식량안보: 21세기를 위한 또 다른 준비』(서울: 농민신문사, 1996).

소병일 역,『추악한 전쟁』준 K. 쿨리 저 (서울: 이지북, 2001).

小室直樹,『惡の 民主主義』(東京: 靑春出版社, 1997).

손주영 외 편,『중동의 새로운 이해』(서울: 오름, 1999).

송기도 외,『권력과 리더쉽5』(서울: 인물과 사상사, 2000).

송두율,『역사는 끝났는가』(서울: 당대, 1995).

신동아 역,『사회주의대변혁 핵심문헌 50選』(서울: 동아일보사, 1991).

신복룡 역,『현대정치사상』바라다트 저 (서울: 평민사, 1984).

심이석 역,『신국론 요약 핸드북』성 어거스틴 저 (서울: 크리스챤다이제스트사, 1990).

양동안,『민주화와 위기』(서울: 삼영사, 1990).

양호민 역,『민주주의 이념』소울 K. 파도버 저(서울: 탐구당, 1981).

오기평,『세계외교사』(서울: 박영사, 1985).

이건우 편저,『지방자치제: 주권재민』(수원: 다산, 1988).

이규호,『이델올로기의 정체』(서울 : 태양문화, 1978).

이극찬 역,『민주정치체제와 기능』데이비드 C. 코일 저(서울: 탐구당, 1981).

이동헌 역,『잭 웰치 끝없는 도전과 용기』잭 월치 저 (서울: 청림출판, 2001).

이민수 역,『孝經』(서울: 을유문화, 1974).

이삼성,『세계와 미국』(서울: 한길사, 2001).

이상구,『민주정치론』(서울: 대왕사, 1984).

이상민 외,『21세기의 남북한 정치: 새로운 남북관계와 통일한국의 미래』(서울: 한울, 2000).

이상우,『국제관계이론』(서울: 박영사, 1999).

이수윤,『역사철학』(서울: 법문사, 1983).

이수형 역,『미국외교정책사』제임스 E. 도거티 & 로버트 L. 팔쯔그라프 저 (서울: 한울 아카데미, 1997).

이수훈,『세계체제론』(서울: 나남, 1993).

이아정 역,『오만한 제국』하워드 진 저 (서울: 당대, 2001).

이원삼,『이슬람법사상』(서울: 아카넷, 2001).

이원섭 역주, 『孟子』 (서울: 삼중당, 1975).

이재규 역, 『자본주의 이후의 사회』 피터 드러커 저 (서울: 한국경제신문사, 1993).

이정구 역, 『인티파다: 시온주의 미국과 팔레스타인 저항』 필 마셜 저 (서울: 2001).

이정록 외, 『20세기 지구촌의 분쟁과 갈등』 (서울: 푸른길 1997).

이정식 역, 『민주주의의 모델』 (서울: 인간사랑, 1989).

이중호 역, 『국가와 권력 그리고 민주주의』 존 호프만 저 (전주: 신아, 1981).

이중호 역, 『민주주의의 이념과 역사』 알블라스터 저 (전주: 신아, 1983).

이태일 외 역, 『사회계약론』 루소 저 (서울: 범우사, 1989).

이현주 역, 『선생님이 가르쳐 준 거짓말』 제임스 W. 로웬 저 (서울: 평민사, 2001).

이호철, "2002년 국제정치경제 전망: 선택적 자유주의의 국제질서," 『정세와 정책』66호 (세종연구소 2002-1).

이희수 역, 『중동의 역사』 버나드 루이스 저 (서울: 까치, 1998).

이희수 외, 『이슬람』 (서울: 청아, 2001).

이희재 역, 『문명의 붕괴』 조지프 A. 테인터 저 (서울: 대원사, 1999).

이희재 역, 『문명의 충돌』 샤뮤엘 P. 헌팅톤 저 (서울: 김영사 1997).

임명방 역, 『군주론』 마키아벨리 저 (서울 : 미문출판, 1986).

임석진 역, 『세계철학사』 스토리그 저 (서울: 분도, 1983).

임성희 역, 『통치론』 로크 저 (서울: 미문출판, 1986).

임효선 박지동 역, 『미국의 민주주의』 알렉시 토크빌 저 (서울: 당대, 1997).

장명국 역, 『세계사 편력』 J. 네루 저 (서울: 석탑, 1994).

장병옥 역, 『이슬람과 미패권주의』 파워즈 거즈스 저 (서울: 명지사, 2001).

장영준 역, 『불량국가』 노엄 촘스키 저 (서울: 두레, 2001).

장의관, "미 테러 참사 이후의 북미 관계 전망," 『아태평화포럼』 통권 제54호(2001).

전기원, 『미국과 국제 정치경제』 (서울: 세종출판사, 2000).

전희직 역, 『제3의 물결』 앨빈 토플러 저(서울: 혜원출판, 1992).

정경환, 『국제관계와 한반도통일』 (서울: 세종출판사, 1998).

정세진, 『계획에서 시장으로: 북한체제 변동의 정치경제』(서울: 한울아카데미, 2000).

정항석, "미국패권 지속경향에 관한 실증고찰,"『한국과 국제정치』17권 2호(경남대 극동문제연구소, 2001).

정항석,『미국패권의 이해』(서울: 평민사, 2001).

조기숙,『지역주의 선거와 합리적 유권자』(서울: 나남출판, 2000).

주종환 역,『제3세계와 미국의 경제전략』마이켈 호드슨 저 (서울: 일조각, 1984).

차기벽,『민주주의의 이념과 역사』(서울: 한길사, 1980).

차재호 · 나은영 역,『세계의 문화와 조직』홀스테드 저 (서울: 학지사, 1995).

차하순 외 역,『20세기의 역사』마이클 하워드 외 (서울: 가지 않은 길, 1998).

채경석 역,『민주주의와 정치참여』콥 & 엘더 저 (서울: 동성사, 1984).

최승자 역,『짜라투스트라는 이렇게 말했다』프리드리히 니체 저 (서울: 청하, 1984).

최영보 외,『미국 현대외교사』(서울: 비봉, 1998).

최진태,『테러, 테러리스트 그리고 테러리즘』(서울: 대영문화사, 1997).

최효찬,『테러리즘과 미디어』(서울: 커뮤니케이션북스, 2001).

하병주,『현대 중동정치 이해』(부산: 부산외대 출판부, 2001).

하영선 편,『탈근대 지구정치학』(서울: 나남, 1993).

한국 서양사학회 편,『근대 세계체제론의 역사적 이해: 브로델과 월러스틴을 중심으로』(서울: 까치, 1996).

한국정치학회 편,『민주주의론』(서울: 법문사, 1983).

한기찬 역,『인간적인 너무나 인간적인』프리드리히 니체 저 (서울: 청하, 1984).

한상진 박찬욱 역,『제3의 길』앤소니 기든스 저 (서울: 생각의 나무, 1998).

형선호 역,『잭 웰치 최후의 리더쉽*Get Better or Get Beaten*』로버트 슬레터 저 (서울: 명진출판, 2001).

홍순남,『중동정치질서의 이해』(서울: 한국외대출판부, 1997).

홍승면 역,『민주주의 위기』미셸 J. 크로지에 저 (서울: 탐구당, 1981).

황주홍 역,『서양정치사상』브라이언 저 (서울: 문학과 지성사, 1993).

황주홍 역,『자유주의와 민주주의』느르베르토 베비오 저 (서울: 문학과 지성사, 1988).

홍시중, 『근대시민사회사상사』 (서울: 한길사, 1981).
백현락, 『미국분 미국인 미국인 2』 (서울: 도솔, 1994).
백현락, 『미국분 미국인 미국인』 (서울: 도솔, 1994).
강주현 역, 『그들에게 국민은 없다』 노엄 촘스키 저 (서울: 모색, 1999).
최병권, 『세계시민입문』 (서울: 박영률출판사, 1994).
정도영 역, 『식인과 제왕: 문명인의 편견과 오만』 마빈 해리스 저 (서울: 한길, 1995).
주형일 역, 『문화의 세계화』 wid-피에르 바르니에 저 (서울: 한울, 2000).
김성곤 · 정정호 역, 『문화의 제국주의』 (서울: 창출판, 1995).

2. Articles, Releases, Newspapers

Albright, David, "How Much Plutonium Does North Korea Have?" *The Bulletin of the Atomic Scientists* (September-October 1994).

Albright, Madeleine K., "The testing of American Foreign Policy," *Foreign Affairs*, Vol.77, No.6 (November/December 1998).

Allison, Graham T., *Essence of Decision : Explaining the Cuban missile Crisis* (Boston : Harvard University Press, 1971).

Almond, Gabriel A. "The Return to the State," *American Political Science Review*, Vol. 82, No. 3 (September 1988).

Appadurai, Arjun, "Disjuncture and Difference in the Global Cultural Economy," in Mike Featherstone (ed.), *Global Culture: Nationalism, Globalization and Modernity* (London: SAGE Publications, 1990).

Arreguin-Toft, Ivan, "How the weak win wars : A theory of asymmetric conflict," *International Security*, Vol. 26, No.1 (Summer 2001).

Art, Robert J., "Geopolitics Update: The Strategy of Selective Engagement," *International Security*, Vol.23, No.3 (Winter 1998/99).

Barnett, Michael N., "Bringing in the New World Order: Liberalism. Legitimacy. and the United Nations," *World Politics*, Vol.49, No.4 (July 1997).

Berger, Samuel R., "A Foreign Policy for the Global Age," *Foreign*

Affairs, Vol. 79, No. 6 (Nov./Dec., 2000).

Bernstein Richard & Rosso H. Muno, "The Coming Conflict with American," *Foreign Affairs,* Vol.76, No.2 (March/April 1997).

Betts, Richard K., "Wealth, Power, and Instability: East Asia and the United States After the Post-Cold War," *International Security,* Vol. 18, No. 3 (winter 1993/94).

BMDO, "National Missile Defense," *FACT SHEET,* BMDO FACT SHEET 123-00-06, Nov. 2000.

Boli, John, and George M. Thomas, "World culture in the world polity: A century of International Non-governmental Organization," *American sociological Review,* Vol. 62 (April 1997).

Bracken, Paul, "Nuclear Weapons and State Survival in North Korea," *Survival,* Vol. 35, No. 3 (Autumn 1993).

Brzezinski, Zbigniew, "The Premature Partnership," *Foreign Affairs,* Vol.73, No.2 (March/April, 1994).

Christensen, Thomas J., "Posing Problems without Catching Up: China's Rise and Challenges for U.S. Security Policy," *International Security,* Vol.25, No.4 (Spring 2001).

Clausebitz, Carl Von, *On War* (New Jersey : Princeton University Press, 1976).

Cotton, James, "The Two Koreas and Rapprochement: Foundations for Progress?" *The Pacific Review,* Vol. 5, No. 2 (1992).

Cummings, Bruce, "The Origins and Development of the Northeast Asian Political Economy: Industrial Sectors, Product Cycles, and Political Consequences," *International Organization,* Vol.38, (1984).

Destler, I.M., *American Trade and Politics* (Washington D.C./ New York: Institute for International Economics with The Twentieth Century Fund)

Elster, Jon, "Marxism, Functionalism, and Game Theory," *Theory and Society,* Vol.11, No.2, (1982).

Executive Summary of the Report of the Commission to Assess the Ballistic Missile Threat to the United States, Pursuant to Public Law 201, July 15, 1998.

Featherstone, Mike, "Global Culture: An Introduction," in Mike Featherstone (ed.), *Global Culture: Nationalism, Globalization and Modernity* (London: SAGE Publications, 1990).

Fukuyama, Francis, "The End of History?" *National Interest,* No. 16 (Summer 1989).

Fukuyama, Francis, *The End of History and the Last Man*(New York : Avon Books, 1992.

Gaddis, John L., "The Long Peace: Elements of Stability in the Postwar International System," *International Security,* Vol.10 (Spring 1986).

Gertz, Bill, "North Korea tests its missile engine," The Washington Times, July 3, 2001.

Ghali, Boutros Boutros, "Global Leadership After The Cold War," *Foreign Affairs,* Vol.75. No.2 (March/April 1996).

Gholz, Eugene, Daryl G. Press, and Harvey M. Sapolsky, "Come Home. America: the Strategy of Restraint into the Face of Temptation," *International Security,* Vol. 21, No. 4 (Spring 1997).

Giddens, Anthony, *Central Problems in Social Theory: Action. Structure and Contradiction in Social Analysis* (Berkeley: University of California Press,1986);

Giddens, Anthony, *The Consequences of Modernity* (Cambridge: Polity Press, 1990).

Giddens, Anthony, *The Consequences of Modernity* (London: Polity Press, 1990);

Glain, Steve, "U.S. Officials Question South Korea Readiness to Fight Off the North," *The Wall Street Journal,* January 17, 1995).

Goldgeier, James M. and Michael Mcfaul, "A Tale of Two Worlds: Core and Periphery in he Post~Cold War Era," *International Organization,* Vol.46, No.2 (Spring 1992).

Goldstein, Joshua S., "The Possibility of Cycles in International Relations," *International Studies Quarterly,* Vol. 35 (1991).

Goldstein, Joshua S., "Three Instances of Hegemony in the History of the World Economy," *International Journal of Comparative Sociology,* Vol.24, (1983).

Goldstein, Jushusa S., "Condratieff Waves and War Cycles," *International Studies Quarterly,* Vol.29, No.4 (1986).

Gordon, Geroge J., Public Administration in America 4/e (New York: St. Martin, 1992).

Ha, Joseph M., "Free Trade in the New World Order: An Essay," *Asian Perspective,* Vol.16, No.1 (Spring/Summer 1992).

Haass, Richard N., "Paradigm Lost," *Foreign Affairs,* Vol. 74 (January/February 1995).

Hadar, Leon T., "America' s Moment in the Middle East," *Current History,* Vol.95 (January 1996).

Haggard, Stephane and Beth A. Simmons, "Theoretical of International Regimes, *International Organization,* Vol.41 (Summer 1987).

Haggard, Stephen and A, Simmons Beth, "Theories of International Regimes," *International Organization,* Vol. 41, No. 3, Summer 1987).

Haggard, Stephen and A. Simmons Beth, "Theories of International Regimes," *International Organization,* Vol. 41, No. 3 (Summer 1987).

Hannerz, Ulf, "Cosmopolitans and Local in World Culture," in Mike Featherstone (ed.), *Global Culture: Nationalism, Globalization and Modernity,* London: SAGE Publications, 1990.

Harbermas, Jurgen, *Between Facts and Norms : Contributions to s Discourse Theory of Law and Democracy* (Cambridge : The MIT Press, 1996).

Harbermas, Jurgen, *Moral Consciousness and Communication Action Trans.,* Christian Lenhardt & Shierry W. Nicholsen (Cambridge : The MIT Press, 1990).

Harbermas, Jurgen, *Toward Rational Society trans.,* Jeremy Shaopro (Boston : Beacon Press, 1970).

Harbermas, Jurgern, *The Philosophical Discourse of Modernity* (London: Polity Press, 1987);W. E Connolly, *Political Theory and Modernity* (Basil Blackwell, 1988).

Heginbotham, Eric and Richard J. Samuels, "Mercantile Realism and Japanese Foreign Policy," *International Security,* Vol. 22, No.4

(Spring 1998).

Hong, Soon-young, "Thawing Korea's Cold War: changing relations between North and South Korea," *Foreign Affairs,* Vol.78, No.3 (May/June 1999).

Huntington, Samuel P., "A Clash of Civilizations?," *Foreign Affairs,* Vol.72 (Summer 1993).

Huntington, Samuel P., "The Lonely Superpower: U.S. Military and Cultural Hegemony resented by Other Powers," *Foreign Affairs,* Vol.78, No.2 (March 1999).

Ikenberry, G. John, "Institutions, Strategic Restraint, and the Persistence of American Postwar Order," *International Security,* Vol.23, No. 3 (Winter 1998/99).

Janice, Gross Stein., "The Arab-Israeli War of 1967," in Alexander L. George (eds), *Avoiding War : Problem of Crisis Management* (Boulder Colorado : Westview Press, Inc, 1991).

Johnson, Chalmers, "South Korean Democratization: The Role of Economic Development," *The Pacific Review,* Vol. 2, No. 1 (1989).

Kennedy, Paul, & Bruce Russett, "Reform the United Nations," *Foreign Affairs,* Vol.74. No.5 (September/October 1995).

Khalilzad, Zalmay, "Losing the Unipolar Moment?," *The Washington Quarterly* 18 (Spring 1995).

Kindleberger, Charles, "Dominance and Leadership in the International Economy: Exploitation. Public Goods. and Free Riders," *International Studies Quarterly,* Vol.25 (1981).

Kindleberger, Charles, "International Public Goods without International Government," *American Economic Review,* Vol.76 (1986).

Krasner, Stephen D., "Approaches to the State: Alternative Conceptions and Historical Dynamics," *Comparative Politics,* Vol. 16, No. 2(1984).

Krasner, Stephen D., "Global Communication and National Power: Life on the Pareto Frontier," *World Politics,* Vol.43 (1991).

Krauthemmer, Charles, "The Unipolar Mount," *Foreign Affairs,* Vol.70, No.1 (Winter 1990/1991).

Krepon, Michael, "Lost in Space: The Misguided Drive Toward Anti-satellite Weapons," *Foreign Affairs*, Vol.80, No.3 (May/June 2001).

Kupchan, Charles A., "After Pax Americana: Benign Power. Regional Integration. and the Sources of a Stable Multipolarity," *International Security*, Vol.23, No.2(Fall 1998).

Layne, Christopher, "From Preponderance to Offshore Balancing: America's Future Grand Strategy," *International Security*, Vol. 22, No. 1 (Summer 1997).

Layne, Christopher, "Rethinking American Grand Strategy: Hegemony or Balance of Power in the Twenty-First Century?" *World Policy Journal*, Vol.15, No.2 (Summer 1998).

Layne, Christopher, "The Unipolar Illusion: Why New Great Powers Will Arise," *International Security*, Vol.17, No.4 (Spring 1993).

Lepgold, Joseph, "NATO's Post-Cold War Collective Action Problem," *International Security*, Vol. 23, No.1 (Summer 1998).

Lewis, Bernard, "License to kill," *Foreign Affairs*, Vol 77, No. 6 (Nov/Dec., 1998).

Lieberthal, Kenneth, "A New China Strategy," *Foreign Affairs*, Vol.74, No.6 (September/October 1995).

Lynn-Jones, Sean M., "Realism and America's Rise: A Review Essay," *International Security*, Vol.23, No.2 (Fall 1998).

Lyotard, J. F., *The Postmodern Conditions* : A Report on Knowledge (Minneapolis : University of Minnesota Press, 1984;

Mack, Andrew, "North Korea and the Bomb," *Foreign Policy*, No. 83 (Summer 1991).

Mack, Andrew, "The Nuclear Crisis on the Korean Peninsula," *Asian Survey*, Vol. 33, No. 4 (April 1993).

Mack, Andrew, and Pauline Kerr, "The Evolving Security Discourse in the Asia-Pacific," *The Washington Quarterly*, Vol. 18, No. 1 (Winter 1995).

Mastanduno, Michael, "Preserving The Unipolar Moment: Realist Theories and U. S. Grand Strategy After the Cold War," *International Security*, Vol. 21, No. 4 (Spring 1997).

Mathews, Jessica Tuchman, "Redefining Security," *Foreign Affairs*, Vol.68 (Spring 1989).

Maynes, Charles William, "A Workable Clinton Doctrine," *Foreign Policy*, Vol.93 (Winter 1993/1994).

McGrew, Anthony, "A Global Society?" in Stuart Hall, David Held and Anthony McGrew (eds.), *Modernity and Its Futures* (Cambridge: Polity Press in Association with The Open University, 1992).

Merrill, John, "North Korea in 1993: In the Eye of the Storm," *Asian Survey*, Vol. 34, No. 1 (January 1994).

Moravcsik, Andrew, "Taking Preference Seriously: A Liberal Theory of International Politics," *International Organization*, Vol.51, No.4 (Autumn 1997).

Mowlana, Hamid, *Global Information and World Communication* (London: SAGE Publications, 1997).

Myers, James T., *The American Way: An Introduction to U.S. Government and Politics* (Lexington, Massachusetts/Toronto: D.C. Heath and Company, 1997).

Myers, Steven L., "Bush's Choice For Defense Sees Immediate Bid To Raise Spending," *The New York Times*, January 12, 2001.

Nye, Joseph S. Jr., "What New World Order?" *Foreign Affairs*, Vol.71 (Spring 1992).

Oh, Kongdan and Ralph C. Hassig, "The North Korean Bomb and Nuclear Proliferation in Northeast Asia," *Asian Perspective*, Vol. 19, No. 2 (Fall-Winter 1995).

Olsen, Edward A., "A New American Strategy in Asia?," *Asian Survey*, Vol. 31, No. 12 (December 1991).

Oslin, James S., *The Ethnic Dimension in American History* (New York : St. Martin's, 1979).

Peter, Cowhey. and Edward Long, "Testing Theories of Regime Change: Hegemonic Decline or Surplus Capacity?" *International Organization*, Vol.37 (Spring 1983).

Pfaff, William. "The Question of Hegemony," *Foreign Affairs*, Vol 80, No.1 (Jan./Feb., 2001)

Pollins, Brian M., "Global Political Order, Economic Change, Armed

Conflict: Coevolving Systems and the Use of Force," *American Political Science Review*, Vol. 90, No.1 (March 1996).

Powell, Robert, "Stability and the distribution of Power," *World Politics*, Vol.48, No.2 (January 1996).

Prezeworski, Adam, "Marxism and Rational Choice," *Politics and Society*, Vol. 14, No. 4. (1985).

Remarks by The President to Student and Faculty at National Defense University, The White House, Office of the Press Secretary, May 1, 2001

Rice, Condoleeza, "Campaign 2000:Promoting the National Interests," *Foreign Affairs*, Vol.79, No.1(Jan/Feb. 2000).

Robertson, R, "Mapping the Global Condition: Clobalization as the Central Concept," in Mike Featherstone (ed.), *Global Culture: Nationalism, Globalization and Modernity* (London: SAGE Publications, 1990).

Robertson, R., *Globalization: Social Theory and Global Culture* (London: SAGE Publications, 1992).

Rockman, Bert A, "Minding the State or a State of Mind?: Issues in the Comparative Conceptualization of the State," *Comparative Political Studies*, vol. 23, No. 1, 1990.

Rosecrance, Richard, "A New Concert of Power," *Foreign Affairs*, Vol.71 (Spring 1992).

Rosenau, James N., "The Two Worlds of World Politics," in Phil Williams, et. al. (eds.), Classic Readings of International Relations, Belmont: Wadsworth Publishing Company, 1994.

Ross, Robert S., "Beijing as a Conservative Power," *Foreign Affairs*, Vol.76. No.2 (March/April 1997).

Ruggie, John G., "Territoriality and beyond: Problematizing modernity in international relations," *International Organization*, Vol.47, No.1 (Winter 1993).

Ruggie, John G., "The Past as Prologue?: Interests. Identity. and American Foreign Policy," *International Security*, Vol. 21, No. 4 (Spring 1997).

Russett, Bruce, "The Mysterious Case of Vanishing Hegemony; or, Is

Mark Twin Really Dead?," *International Organization*, Vol.39, No.2 (Summer 1985).

Scanford, Dan C., "ROK' s Nordpolitik: Revisited," *The Journal of East Asian Affairs,* Vol. 7, No. 1 (Winter/Spring 993).

Segal, Gerald, "East Asia and the Containment of China," *International Security*, Vol.20, No. 4 (Spring 1996).

Sheetz Mark S. and Michael Mastanduno, "Debating the Unipolar Moment," *International Security*, Vol.22, No.3 (Winter 1997/98).

Skocpol, Theda. "Wallerstein' s World Capitalist system: A Theoretical and Historical critique," *American Journal of Sociology,* Vol. 82, No. 5 (March 1977).

Snidal, Duncun, "The Limits of Hegemonic Stability Theory," *International Organization*, Vol.39, No.4 (Autumn 1985).

Spanier, John, *American Foreign Polcy Since World War II* (Washington D.C.: Congressional Quarterly Inc., 1992).

Statement of General Thomas A. Schwartz Commander in Chief United Nations Command/Combined Forces Command & Commander, United States Forces Korea Before The Senate Armed Services Committee, USFKUSFK, 27 March 2001.

Tavlas, George S., "The International Use of Currencies: The U. S. Dollar and the Euro," *Finance and Development*, Vol.35, No 2 (June 1998).

Tehranian, Majid, *Global Communication and World Politics: Domination, Development, and Discourse* (Colorado: Lynne Rienner Publishers, 1999).

Tomlinson, John, "Globalization and Culture," in John Tomlinson (ed.), *Globalization and Culture* (Cambridge: Polity Press, 1999).

Tucker, Robert, "The Future of a Contradiction," *The National Interest,* No.43 (spring 1996).

Wallerstein, Immanuel M., "Three Instances of Hegemony in the History of the World Economy," *International Journal of comparative Sociology,* Vol.24 (1983).

Wallerstein, Immanuel M.,. "Globalization or the Age of Transition?: A Longterm view of the Trajectory of the World-System," *Asian*

Perspective, Vol.24, No,2 (2000).

Wallerstein, Immanuel, *Unthingking Social Science: The Limits of Nineteenth-Century Paradigms* (Cambridge: Polity Press, 1991).

Wallerstein, Immanuel, "The Inventions of TimeSpace Realities: Towards and Understanding of our Historical Systems?" in I. Wallerstein (ed.), *Unthinking Social Science: The Limits of Nineteenth-Century Paradigms* (Cambridge: Polity Press, 1991).

Wallerstein, Immanuel, "The national and the universal: can there be such a thing as world culture," in I. Wallerstein (ed.), *Geopolitics and Geoculture: Essays on the Changing World-System* (Cambridge: Cambridge University Press, 1992).

Waltz, Kenneth N., "Evaluating Theories," *America Political Science Review*, Vol.91, No.4 (December 1997).

Wang, Fei-Ling, "To Incorporate China: A New Policy for a New Era," *The Washington Quarterly*, Vol.21, No.1 (Winter 1998).

Warren, Christopher, "Principles and Opportunities for American Foreign Policy," *U.S. Department of State Dispatch*, Vol.23, No. 4 (January 1995).

Wendt, James, "Conventional Arms Control for Korea: A Proposed Approach," *Survival,* Vol. 34, No.4 (winter, 1992-93).

Went, Alexander E., "The Agent~Structure Problem in International Relation Theory," *International Organization*, Vol.41, No.3 (Summer 1987).

Wohlforth, William C., "The Stability of a Unipolar World," *International Security*, Vol.24, No.1 (Summer 1999).

Young, Oran. "International Regimes: Toward A New Theory of Institutions," *World Politics*, Vol. 39, No. 1 (October 1986).

Zhenyuan, Guo, "Prospects for Security Cooperation in the Asia-Pacific Region," *Beijing Review*, No. 28 (July 11-17, 1994).

Ziegler, David W., *War, Peace, and International Politics* (Boston, Toronto, Western Washington University, 1984).

주 석

1) 행위주체와 객체 사이에 발생하는 현상에 관한 접근방법에서 자주 거론되는 표현이다. 양자의 인과 관계를 행위자의 창조적 구상에서 기인하는 것이 아니라 주어진 것으로 전제한다. 이 같은 입장에 대해서는 Graham T. Allison, *Essence of Decision : Explaining the Cuban missile Crisis* (Boston : Harvard University Press, 1971), pp.67~96.

2) 부시의 속마음을 노출시킨 이 표현은 이틀 뒤 전 이슬람을 자극할 수 있다는 이유로 취소하는 해프닝을 벌였다.

3) 테러를 받은 펜타곤(Pentagon 국방부 건물)의 pen과 세계무역센터 쌍둥이 건물(twin towers of the world trade center)의 tt에 폭탄(bomb)의 bom을 합성한 말이다.

4) 이와 같은 미군병사의 사망에 무척 신경을 쓴 것과 달리 2002년 3월 20일 알 카이다 잔군들의 결사적 저항으로 미국병사 10여명이 사망했다.

5) 장기적 평화에 관해서는 Charles W. Kegley Jr., *The Long Postwar Peace : Contending Explanations and Projections* (New York : Harper Collins Publishers, 1991), chapter.2 ; George Modelski & William Thomson, "Testing Cobweb Models of the Long Cycle," in *Exploring Long Cycles,* ed G. Modelski (Boulder : Lynn Rienner, 1987), p. 40;John Lewis Gaddis, "The Long Peace : Elements of Stability in the Postwar International System," *International Security,* Vol. 10 (Spring 1986), pp. 99~142.

6) 클라우제비츠는 나폴레옹 전쟁을 경험하며 그가 관찰한 것을 칸트(Kant)와

헤겔(Hegel)의 관념 철학과 국가주의에 기초해 {전쟁론(On war)}에 담았다.
Carl Von Clausebitz, *On War* (New Jersey : Princeton University Press, 1976).

7) 미국의 반테러 정책은 네 가지 원칙을 정하고 있다. 테러리스트와 절대 타협하지 않으며, 반드시 심판할 것이며, 테러를 지원하는 국가나 세력은 고립시키거나 압력을 행사할 것이며, 미국을 도와 반테러에 대해 지원하는 국가에 대해서는 상응하는 지원을 할 것이다.
http://www.state.gov/s/ct(2001/10/8).

8) 미국은 1990년 걸프 전 이후 사우디 리야드 남쪽 프린스술탄 공군기지에 약 5천 명의 병력을 주둔시키고 있다. 이 병력의 주요 역할은 이라크의 비행금지구역 감시이고, 기지는 미군기들의 발진지로 이용되고 있다. 하지만 사우디의 미군 주둔은 사우디에게 많은 부정적 요인을 안겨주었다. 첫째, 빈 라덴이 사우디 내 미군 철수를 반미 테러의 목표로 하고 있다는 주장을 논외로 한다 하더라도 사우디 국민들의 반미감정이 커지면서 정권위협 요인이 되고 있다. 둘째, 사우디는 지역 경쟁자인 이란과 원만한 관계를 유지하고 있고 이라크를 안보위협으로 간주하지 않게 되었다. 물론 미군의 주둔으로 사우디가 이라크로부터 안전한 상태에 놓이게 된 것을 간과할 수는 없다. 다만 현재 사우디는 미군의 주둔을 탐탁치 않게 여기고 있다. 그럼에도 불구하고 미국 정부 관계자들은 미군의 사우디 주둔 필요성을 강조했다. 2002년 1월 20일 콜린 파월 미 국무장관은 사우디에서 미군철수는 '우리가 꿈꾸는 세계가 온 뒤에야 이루어질 것'이라며 미군 병력을 계속 유지할 의도를 시사했다.

9) 약 5세기 경에 조성되었을 것으로 추정되는 바미얀(Bamiyan) 석불은 아프가니스탄 수도 카불 북서쪽으로 129㎞ 떨어진 지점에 위치한 바미안 계곡의 해발고도 2,590m 지점에 자리잡고 있다. 세계에서 가장 높은 입불상은 높이가 53m에 달한다.

10) 움마는 부족을 의미하는 유대어로써 절대신의 구원을 목적으로 하는 신앙을 매개로 인종과 언어의 공동체 건설을 목적으로 한다. (김정휘, 1987, 27)

11) 팔레스타인 문제의 원인과 발생에 관한 자세한 설명은 다음을 참조. 이재

호, "팔레스타인 문제의 본질," (김정휘, 1987, 27)『걸프 전쟁과 아랍 민족
운동』(서울 : 눈, 1991), 53~62쪽.

12) 팔레스타인의 민중봉기(인티파타)는 1987년 12월, 가자 지구의 난민캠프
    에 사는 4명의 청년이 이스라엘의 군용 트럭에 깔려 죽은 사건을 계기로 확
    대, 순식간에 이스라엘 점령하의 요르단 강 서안 가자 지구를 석권, 장기화
    하는 이스라엘군의 주둔에 저항하는 민중운동으로 발전했다. 이 민중운동
    은 국제사회에 장기점령 지배의 가혹한 실태를 호소, 팔레스타인의 해방과
    독립을 희구한다는 메시지를 전했다. 이 인티파타가 팔레스타인 해방운동
    에 준 영향은 큰 것이었다. 1년 후인 1988년 11월 PLO는 팔레스타인인의 국
    회에 해당하는 제19회 팔레스타인 민족평의회(PNC)를 개최, 팔레스타인 전
    국토의 해방을 겨냥한 종래의 운동 목표를 크게 전환시켜, 팔레스타인 가운
    데 77%를 점하는 이스라엘 국가의 존재를 처음으로 받아들이고, 이 유대국
    가 바로 옆에 나머지 23%를 차지하는 서안 가자 지구를 영토로 하는 '팔레
    스타인 국가'의 출현을 목적으로 하는 '2국가 공존방식'의 실현에 착수했
    다. 인티파타라는 민중봉기에 편승해 자신을 얻은 팔레스타인 운동은 서안
    가자 주민에 뿌리내린 현실적인 국가 만들기에 착수, 동예루살렘을 수도로
    하는 '팔레스타인 독립국가' 안을 제시했는데 이에 대한 세계적인 지지와
    승인이 이어졌다.
    http://www.cncho.pe.kr/kric/kric/중동분쟁%20100년.htm(2001/11/25)

13) 1964년 창설된 팔레스타인해방기구(PLO)는 반이스라엘의 인티파타로써
    테러와 게릴라전으로 독립운동을 펼쳐 1999년 중 팔레스타인 국가건설을
    계획했지만 무산되었다.

14) 1999년 9월 5일 이스라엘과 팔레스타인은 1998년 11월 체결된 와이리버
    협정(the Wye River Landfor Security Accord)을 일부 수정한 새로운 협정에
    서명했다. 협의 내용은 팔레스타인 지역내 이스라엘군 철수, 팔레스타인 최
    종 지위 협상 일정과 이스라엘이 수감 중인 팔레스타인 석방에 관한 수정
    와이리버 협정이다.

15) Bank for International Settlements, Bank Survey of Foreign Exchange
    and Derivatives Market Activity, in April 1998 : Preliminary Data(Basle :
    BIS Monetary & Economic Dept., 1998), p.7.

16) 그 분할마저 1947년 유엔은 팔레스타인의 올리브 농장과 곡창지대 80%와
아랍인 공장의 40%를 유대인에게 배정, 유대인에게 유리한 팔레스타인 분
할안을 의결했다. 이 결과 팔레스타인이 난민 지위로 전락하게 되자 이슬람
의 분노는 극에 달했다.(유달승 1991, 139)

17) http://www.cncho.pe.kr/kric/kric/중동분쟁%20100년.htm(2001/12/30).

18) 이 사건으로 1979년 이집트는 아랍 연맹에서 추방되었고, 1989년에 다시
가입하게 된다.

19) 남아프리카 공화국 더반에서 개최되는 비인종차별회의(WCAR)이 NGO
포럼에서 노예제도와 이스라엘 문제 등을 주요 현안으로 채택하고 이스라
엘을 인종차별국으로 규정할 것을 촉구했다. 대체로 아프리카 및 아랍 국가
위주로 구성된 7000여 명의 NGO 포럼 참석자들은 '이스라엘이 팔레스타
인 난민들을 고향에 돌아가지 못하게 점령함으로써 자결권을 침해하고 있
다' 라는 요지의 선언문 초안 그리고 노예제도에 대한 공식 사과 및 배상 요
구, 이스라엘의 시오니즘도 인종차별에 포함시켜야 한다는 아랍측 주장에
대해 미국은 미국내 유대인들을 의식해 미국의 대표단을 철수하게 하였다.

20)『한겨레』, 2001년 9월 24일.

21) 양국의 분쟁은 이보다는 종교적인 이유가 더 컸다. 급진적 범이슬람주의
를 주창하는 호메이니의 혁명 이데올로기는 세속적이고 민족주의적인 바스
당 이데올로기를 견지하고 있던 후세인 정권에 매우 위협적인 것이기 때문
이다. 호메이니의 혁명 이데올로기는 누구를 막론하고 억압받는 자를 해방
시키고 구원하기 위해 통일된 이슬람국가를 건설하는 것을 지상목표로 하
고 있다. 호메이니는 이러한 이데올로기를 표방하면서 후세인 정권을 맹렬
히 비난하였다. 그에 반해 후세인은 호메이니의 이데올로기를 거부하면서
아랍혁명이 사회발전을 위해 필요하다고 역설하였다. 그에 의하면 아랍 민
족을 보호하고 재건하며 정의를 달성하기 위해서는 아랍 혁명이 필요하다
는 것이다. 하지만 호메이니는 이라크 내의 다수를 형성하고 있는 시아파
이슬람 교도들에게 자신의 혁명 이데올로기를 전파하여 반체제활동을 강화
시킴으로써 후세인 정권을 무너뜨리려 하는 것으로 후세인은 판단했다.

22) House National Security Committee, "Emerging Missile Threats to North America During the Next 15 Years," Hearings on Ballistic Missile Defense Statement for the Record by Richard N. Cooper Chairman National Intelligence Council for Hearings of the 28 February 1996.

23) Executive Summary of the Report of the Commission TO Assess The Ballistic Missile Threat to The United States, Pursuant to Public Law 201 July 15, 1998.

24) North Korea Advisory Group Report to The Speaker U.S. House of Representatives, Congress of the United States, October 29, 1999.

25) USFKUSFK, 27 March 2001, 9.

26) 북한은 체제를 보장 받기 위해 미국과의 수교를 원했지만, 미국은 북한과 협상하려 하지 않았다. 98년의 금창리 사찰, 대포동 미사일 발사에 관한 99 년의 페리 보고서 등은 북한이 미국을 끌어들기 위한 수단이었고, 북한의 의도가 무엇인지를 확인시켜 주었다. 더욱이, 미국은 94년 이후 지금까지 북한이 핵무기 개발을 재개했다는 아무런 단서를 찾지 못했다. 그럼에도, 미국이 북한의 핵과 미사일에 대해 의구심을 가지고 있다는 것을 보여준 단 적이 표본이었다. 북한의 협상전략과 의도에 대해서는 척 다운스, 송승종 (역), 『북한의 협상전략』(서울 : 한울 아카데미, 1999;리언 시걸, 구갑우(역), 『미국은 협력하려 하지 않았다』(서울 : 사회평론, 1999) 참조.

27) 국민의 정부가 햇볕정책으로 사용된 것에 일부인사들이 '퍼주기' 라고 비 아냥거렸지만 실상은 그렇지 못하다. 1998에서 2001년까지의 4년동안 국민 정부가 1억 8833만불을 사용한 것은 문민정부가 대북정책과정에서 2억 6172만불을 사용한 것에 비교해서 훨씬 못미친다. 그리고 국제사회가 2.1억 불을 지원한 비율에서 한국은 0.86억불으로 미국 6억 4350만불, 일본 2억 5537만불, 중국 2억 156만불, EU 1억 8774만불에 비할 수 없을 정도다. 게 다가 1972년에서 89년사이 독일은 매년 32억불(GNP의 0.252%)을 지원했 다. 당시의 독일의 지원총액은 522억불로서 매년 30.5억불을 지원하였는데 이는 GNP수준에서 0.252%이다. 이와 비교해서 한국(1995년에서 2001년사 이)의 지원총액은 6.1억불으로 매년 0.9억불이다. 이는 GNP의 0.019%로 유

엔이 권고하는 대외원조 규모(GNP의 0.7%의 약 30/1수준에 불과하다.

28) 1980년대 후반부터 본격적으로 시작된 세계금융시장의 개방과 각종 투기성 금융상품의 개발에 힘입어 투자 기회가 확대되었다. 그러나 이러한 국제금융을 순기능적으로 활동할 수 있게 하는 국제금융시장 제어장치가 마련되지 못하였다. 멕시코 이후 아시아에서 금융위기를 초래한 것이 대표적인 것이다. 1조 달러가 넘는 헤지펀드 등 국제 투기성 자본은 세계금융자유화의 흐름을 타고 국경을 넘나들면서 국제금융시장을 매우 불안정하게 만들었던 것이다.

29) "Bush's Hard-line Engagement May Force Seoul Into Uncharted Waters," The Korea Times, May 18, 2001; "Korea to Face Pressure to Join US-Led TMD," The Korea Times, August 3, 2001.

30) 전국 경제인 연합회는 2001년 11월 16일에서 17일까지 2일간 서울에서 국제 자문단 회의를 개최했다. 〈세계 경제의 변화와 지속성장의 모색〉이라는 주제로 키신저(Henry Kissinger) 전 미 국무장관, 디니(Lamberto Dini)이태리 상원의원, 좀머(Theo Sommers) 독일 Zeit 지 발행인, 시티(Onno Ruding Citi) 그룹 부회장, 에이스케(Sakakibara Eisuke) 일본 게이오 대학 교수, 유샤오송(劉松) 중국 국제 무역 촉진위원회 회장, 인도의 타타(Faqir Chand Kohli Tata) 컨실턴시(Consultancy)사 부회장, 이홍구 서울 국제 포럼 이사장, 남덕우 한국 산학재단 이사장, 사공일 세계 경제연구원 원장 등이 참여하였다. 이 포럼에서 디니 의원은 오늘날의 상황을 자유로운 자본주의와 시장, 세계화의 탓으로 돌리는 사람들이 있으며 이들은 세계가 지나친 권력을 갖고 있는 소수에 의해 지배된다고 보았다.

31) 콘돌리사 라이스는 1954년 11월 14일 알라바마주 버밍햄(Birmingham)에서 목사의 딸로 성장했다. 74년 덴버 대를 졸업하고 75년 노트르담(Notre Dame)대에서 석사를 취득하고 81년 덴버 대 박사학위(Ph.D.)를 취득했다. 그해 스탠포드 대학 정치학 교수로 임용되었다. 1982년 민주당원에서 공화당원으로 당적을 변경했다. 당시 카터의 이란 인질 사건(444일)에 대한 미온적 태도에 매우 분노하여 당적을 옮겼던 것으로 전한다. 그리고 1989년 백악관 국가 안보 회의 재직하였고, 1993년에는 최초의 유색인종, 여성, 최연소로 스탠포드 대학 학장으로 등용되었다. 흑인으로서는 매우 드문 일이

었다. 그녀는 노력과 그 대가가 무엇인가를 알고 있는 것 같다. 그렇다고 해
서 모든 흑인한테 자신과 같은 출발과 결과가 기다리고 있는가는 의문이다.

32) 월러스타인(Immanuel Wallerstein)에 따르면 자본주의 체제에서는 다른
   인간에 대한 착취 없이는 어떠한 부도 만들어질 수 없다고 비난한다. 결국
   이러한 현상은 1989년 공산주의가 붕괴될 수 있었던 까닭을 적나라한 착취
   를 하지 않고서는 자유주의가 존재할 수 있다는 것을 환상으로 보았다.

33) A January 2001 report from the Washington Institute for Near East
   Policy; Joseph Lieberman, "Terrorism: Strengthen Response to New
   Threats; "Sam Nunn, "The Day After A Chemical Terrorist Attack Is Too
   Late!," February 12, 1997, http://www.clw.org/coalition/poison/cwterror.
   htm.

34) 예를 들어 유전자 조작으로 만들어진 콩(US No.1)을 미국에서는 시판되지
   않고 모두 외국으로 수출하고 있다. 이는 지난 날 선진국의 제약회사들이
   약을 개발하고 후진국과 개도국으로 약을 싸게 팔고 그 약의 효과에 대한
   결과를 시험하는 것과 다르지 않다.

35) 미국에서 자유와 평등을 현실에 접목시키기 위한 정치 제도화하기까지 법
   적 제도적 검토는 김종완 2001, 14~32쪽 참조.

36) 후기 산업사회에서 노정되는 국가독점 자본주의의 실태를 신랄하게 비판
   하는 포스트모더니즘을 규명한다는 것은 모더니티가 무엇이냐를 규명하는
   것으로 동전의 양면과 같다. 즉 인식의 대상, 사회적 현상, 실천 지향적 운
   동에 따라 상이할 수 있다. 예를 들어 근원을 같이하면서도 구조주의는 인
   간 그 자체를 중시하여 발생하는 주변 관계를 경시한 실존주의의 비판에서
   그리고 후기 구조주의는 구조주의 인간 경시 사상에 반작용으로 출현하였
   다. 리오타르는 근대 과학이 해결하지 못하고 있기 때문에 새로운 대안이
   필요하다고 역설한다. 반면 하버마스는 포스트 모던이란 모더니티의 연장
   으로 보고 근대성이 근대적 병리현상을 부분적으로 해결하지 못하였지만
   기본적 해결은 모더니티에서 가능하다고 본다. 이밖에도 다의적인 개념으
   로 코널리는 모더니티가 끊임없이 변화하는 것으로, 기든스는 근대성이 생
   산해낸 병리적인 현상을 전지구적인 차원에서 극복하기 위한 미래상으로

파악한다. 규정을 어떻게 하든 이들의 공통점은 근대성이 문제를 야기한 원
인은 인간중심주의(Human centric approach)가 제대로 사회에 접목되지
못하고 있다는 것을 지적하고 있다. Anthony Giddens 1986; Anthony
Giddens 1990;J. F. Lyotard 1984; J Harbermas 1987;W. E Connolly 1988.

37) 여기서 무지(無知)는 당위에 관계없이 염치 불구하고 자기만을 집착하는
것을 그리고 술수는 당위를 가릴 줄 알지만 의도적으로 자기 것을 위한 집
착을 인과적으로 그럴듯하게 포장하고 설명하는 행위를 말한다.

38) 1997년 12월 20일 국제통화기금(IMF)이 발표한 '세계 경제 전망(The
World Economy Outlook)' 에 따르면 동아시아 경제 위기의 원인으로 네 가
지를 지적했다. 첫째, 아시아 경제에 외국의 직접투자나 장기성 외채가 아
닌 단기성 외채의 대규모 유입이다. 둘째, 선진국 경제의 침체와 환율의 상
대적 평가절상으로 인한 수출 경쟁력 상실과 수출 감소다. 셋째, 대규모 외
국자본의 유입으로 환율 유지 정책이 어렵게 되고 인플레이션, 외국자본의
민간부문 유입 등 과열 경제에 대한 적절한 거시 경제 정책이 결여됐다. 넷
째, 금융부문과 기업구조, 경제구조의 취약성이다. 금융기관 규제와 감시의
부적절성, 위기상황에 대처하는 금융기관의 경험과 관리능력 부족, 취약한
기업 구조, 부패 등이 부실 대출을 더욱 증대시켰다.

39) 9세기 고위 성직자와 지방 제후로부터 심한 압박을 받고 있던 불란서 주교
들은 자기들의 독립성을 지켜줄 교회법의 선례를 찾지 못했다. 이에 초기
기독교 시대의 반전설적인 교황들의 서한을 위조하여 법령화하고 그 문서
들을 진짜 교황의 교령과 뒤섞어 놓고 이를 스페인 학자 성 이시도르가 편
찬한 것으로 위장하였다. 그 내용은 주교는 교황에 의해서만 폐위되며 주교
의 토지는 세속 귀족의 간섭에서 면제된다는 것이었다.

40) 면죄부는 중세 후반기에 십자군 종군자나 자선 행위자에게 교황이 발급하
는 것으로서 죄, 그것도 비교적 가벼운 죄를 교회에 누적된 성자의 공덕으로
면제해 주는 것이었다. 그러나 이후 교황의 재정적 확보를 위해 남용되어 그
효능도 연옥에서의 구제로까지 확대되었다. 종교개혁의 발단이 된 면죄부
사건은 교황 레오 10세가 성 베드로 대성당의 수축 비용을 마련하기 위하여
발급한 것으로 이때 마인츠 대주교인 알브레히트가 초입세를 내기 위해 빌
린 돈을 갚기 위하여 교황으로부터 면죄부 발급권을 얻어내어 판매하였다.

이들은 면죄부를 산 사람은 본인뿐 아니라 부모와 친지의 죄까지도 면죄부
를 산 돈이 금고에 떨어지는 짤랑 소리와 함께 구원을 받는다고 하였다.

41) 로마의 천문학자로 우주의 체계는 정지해 있는 지구를 중심으로 달, 수성,
금성, 태양, 화성, 목성, 토성, 항성의 순으로 놓여져 있다고 주장하였고 이
러한 주장은 중세 교회의 지지를 받아 계속 코페르니쿠스 때까지 이어져 내
려왔다.

42) 자연 상태에서 발생하는 문제점들을 해결하기 위하여 사람들이 모여 계약
을 맺고 국가를 형성하였으나 그 권리를 국가에게 양도한 것이 아니라 언제
든지 다시 시민이 국가의 권력을 빼앗아 다시 건설할 수 있다는 논리로 근
대 민주주의의 기본 바탕이 되는 사상이다.